苏东坡《次辩才韵诗帖》

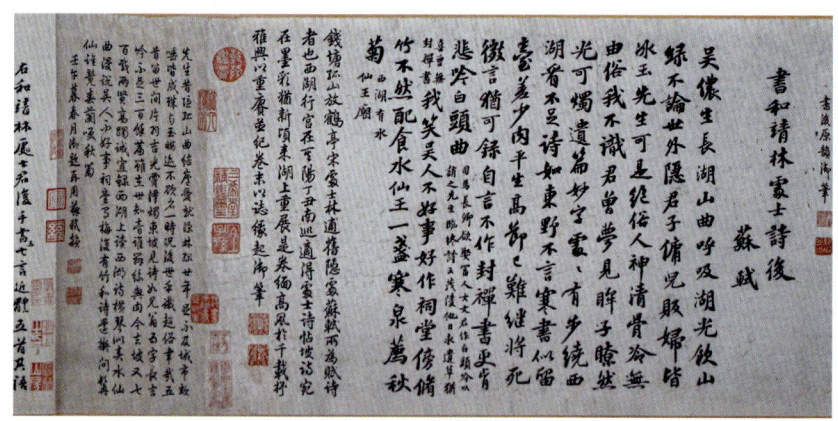

苏东坡《书和靖林处士诗后帖》,故宫博物院藏

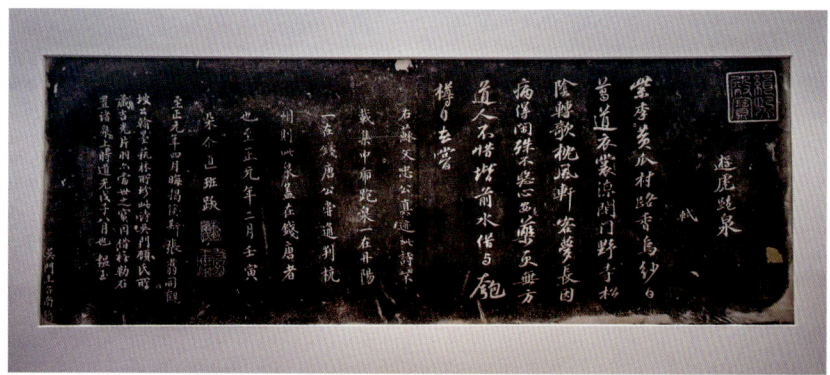

苏东坡《游虎跑泉诗帖》

《重修表忠观碑记》(胡伟民 摄)

苏堤秋色(林鸣 摄)

苏东坡雕像(俞国海 摄)

龙井路东眺望西湖(林鸣 摄)

西湖雨景(徐旭升 摄)

夏日西湖（张兆明 摄）

相国井（胡伟民 摄）

九堡大桥钱江潮(林鸣 摄)

茅家坞茶园(林鸣 摄)

《春常在》(俞国海 绘)

苏东坡在杭州

俞国海 著

旅游教育出版社
·北京·

图书在版编目（CIP）数据

苏东坡在杭州 / 俞国海著. -- 北京：旅游教育出版社, 2025. 7. -- ISBN 978-7-5637-4897-6

Ⅰ. K825.6

中国国家版本馆CIP数据核字第2025A93H03号

苏东坡在杭州

俞国海 著

责任编辑	贾东丽
出版单位	旅游教育出版社
地　　址	北京市朝阳区定福庄南里1号
邮　　编	100024
发行电话	（010）65778403　65728372　65767462（传真）
本社网址	www.tepcb.com
E - mail	tepfx@163.com
排版单位	北京旅教文化传播有限公司
印刷单位	唐山玺诚印务有限公司
经销单位	新华书店
开　　本	880毫米×1230毫米　1/32
印　　张	8.875
彩　　插	8
字　　数	176千字
版　　次	2025年7月第1版
印　　次	2025年7月第1次印刷
定　　价	68.00元

（图书如有装订差错请与发行部联系）

序

杭州，这座历史悠久的江南名城，山水如画，各种元素的"故事含量超标"，自古以来吸引了无数文人墨客驻足停留。在璀璨的文化星河中，苏东坡与杭州的情愫无疑是一段令人感怀的佳话。

苏东坡，北宋大文豪、政治家、书画家，一位才华横溢的文人，也是中国文学史上独具魅力的人物。他一生辗转流离，仕途坎坷，却始终以豁达乐观的态度面对生活中的风雨，而杭州于他，是一个特殊的地方。在杭州他找到了知己钱塘美女王朝云，杭州还是他仕途中唯一一个曾两次到任的城市[熙宁四年（1071年）任杭州通判；元祐四年（1089年）任杭州知州］。他在杭近五年，"居杭积五岁，自意本杭人"，这五年是他一生中为数不多极为畅怀和舒心的五年。一些历史书、视频号、小红书常说"苏东坡不是被贬就是在被贬的路上"，这是不准确的。从文献记载可以发现，苏东坡两次来杭都是自愿的。杭州，对于苏东坡而言意义重大。第一，他得以放开手脚，在地方做出一番业绩，满足自己的入世之心，达成自己的爱民之意，也体味到功成名就、百姓爱戴的幸福感；第二，他可以远离京城的繁忙政务，更避开了危险重重的政治风波，在地方上找到心灵的宁静，收获思想上的怡然自得；第三，杭州特有的湖光山色让他陶醉，他感受到不曾有过的宁静、清新和愉悦，杭州为他提供了绝好的赏玩之地，使他有更好的条件纵情山水，恣意游赏；第四，在杭州任职时的共事之人也让苏东坡感觉特别舒畅顺意。苏东坡在杭为官期间始终信守儒家"以民为本"的思想，为政清廉，爱民为民，求真务实，他以德政造福杭城父老百姓，巨椽挥洒题点湖山。苏东坡在杭州期间的政绩是其政治生涯中成就最为辉煌的，他将工程治理与景观美学相结合，为后世的水利治理树立了一个标杆。

苏东坡自己说，他有一种神秘的感觉，自来杭州，每到之处，常常觉得这个地方从前都曾来过，印象还很清晰，他归之为前生旧游的记忆。《过旧游》说："前生我已到杭州，到处长如到旧游。"杭州可以说是苏东坡的一个心灵归宿地，杭州给予苏东坡精神上的浸润和慰藉，成为他的第二故乡。苏东坡不仅为杭州留下了脍炙人口的诗文，还留下了他在杭州开创的近十个"第一"，给杭州这座城市带来了深远的影响。

来到杭州，苏东坡被眼前的美景深深吸引。西湖碧波荡漾，群山环绕，四季变换，宛如一幅幅画卷在他眼前展开。面对如此美景，苏东坡的诗兴如泉涌，一句"欲把西湖比西子，淡妆浓抹总相宜"，从此让苏东坡变成了杭州有史以来最合格的"代言人"。西湖在他的笔下，仿佛成为一个活泼灵动的女子，时而淡雅如仙，时而娇艳如花。西湖的美，在他眼中，不仅是自然景观的胜境，更代表着一种心灵的安宁与诗意的栖居。西湖的晴天和雨天都有着不同的韵致，这让苏东坡体味到了自然与心境的深层交融。

在杭州，苏东坡不仅是诗人，更是一个心系百姓的父母官。在杭州为官近五年，并不算长，但他用心为民的政绩却让杭州百姓永远铭记于心。作为一位有远见卓识的官员，他不仅重视经济建设，还对民生疾苦格外关怀。当时，杭州的水利问题严重，百姓深受其害。苏东坡多次前往勘察，并主持修井治河浚湖，还在西湖上建了"苏堤"，这条横贯南北的长堤，至今依然矗立在湖面上，既是惠民工程，又是游客心中的一道亮丽风景线。

除此之外，苏东坡还积极推进农田水利建设，帮助百姓修缮堤防，改善农业生产条件，推动了杭州的经济发展。他还悲天悯人地自捐黄金五十两，动员民间力量建立起中国第一家民办医院安乐坊，救治病患千余人，杭城百姓把他奉为活菩萨。他的仁政不仅体现在大事上，也在小处见情。他经常亲自下乡"视政"，倾听百姓心声，解决他们的切身问题。这位从不摆架子的"老市长"，用实际行动赢得了百姓的敬仰与爱戴。

在杭州的岁月里，西湖的秀丽风光，让他在繁忙的政务中寻得片刻宁静，而他的坚韧，又为这片宁静平添了几分坚毅。他曾在诗中写道："从来佳茗似佳人。"这句诗不仅表现了他对茶文化的喜爱，也流露出他在杭州的悠然自得。西湖边的晨雾、江南的细雨、茶香弥漫的山间小屋，都成了他诗词的主角。

在杭州的美食中，苏东坡更是找到了一种别样的生活乐趣。他自创的"东坡肉"，不仅成为美食佳话，更象征了他与杭州的深情厚谊。他对美食的热爱，不仅限于味觉享受，更表达了他对生活的热忱，体现了他性情的豁达。

苏东坡终究还是离开了杭州，但杭州从未离开他。他在晚年被贬谪海南，虽然身处天涯海角，但杭州的山山水水仍然常常出现在他的梦中。苏东坡对这座城市的思念，早已超越了对山水的喜爱，而是一种融入血脉的情感。杭州也没有忘记苏东坡。当得知苏东坡被囚御史台狱时，杭州百姓为他放鸽祈福，而曾经的杭城百姓家更是"家有画像,饮食必祝,又作生祠以报"。如今的杭州苏东坡纪念馆就是一个很好的缅怀场所,苏堤依然屹立在西湖之上,千百年来,不知有多少文人墨客在此流连驻足,怀念这位伟大的文人。每当春风吹拂,堤上的柳树随风飘舞,仿佛在低吟着那句"淡妆浓抹总相宜"的古老情思。

　　苏东坡在杭州的岁月,是他生命中光彩夺目的一段。在这座江南名城里,他不仅留下了千古诗篇,还为这片土地注入了新的生命。正如西湖永远静谧美丽,苏东坡的名字也将永远与杭州紧密相连,成为这座城市历史中不可或缺的篇章。

目 录

第一章　西湖情韵

第一节　东坡与西湖 …………………………………… 3
第二节　动人心弦的诗词 ……………………………… 14
　　《江城子·凤凰山下雨初晴》 ……………………… 15
　　《饮湖上初晴后雨》 ………………………………… 17
　　《行香子·过七里濑》 ……………………………… 20
　　《於潜僧绿筠轩》 …………………………………… 22
　　《陌上花》三首 ……………………………………… 24
第三节　夜游西湖第一人 ……………………………… 27
第四节　从来佳茗似佳人 ……………………………… 33
第五节　西湖上的情缘 ………………………………… 41
　　王朝云（1062—1096 年） ………………………… 42
　　琴操（1073—1098 年） …………………………… 46

第二章　为政情怀

第一节　东坡倅杭第一个月记事 ……………………… 53
　　第一件事 ……………………………………………… 53

第二件事 …………………………………………… 56
　　第三件事 …………………………………………… 56
第二节　东坡杭州办案记 ……………………………… 60
第三节　东坡杭州赈灾情 ……………………………… 71
第四节　东坡与杭州水利 ……………………………… 79
　　治理六井 …………………………………………… 80
　　疏浚西湖 …………………………………………… 83
　　治理运河 …………………………………………… 83
　　拟开石门河 ………………………………………… 86
第五节　东坡与安乐坊 ………………………………… 89

第三章　钱塘情愫

第一节　第一次主持州试 ……………………………… 97
第二节　东坡与富阳 …………………………………… 105
第三节　东坡与临安 …………………………………… 119
第四节　东坡与临平 …………………………………… 130
　　东坡与禅茶 ………………………………………… 139
　　东坡与安平泉 ……………………………………… 141
　　东坡洗砚池 ………………………………………… 142
　　东坡与临平山 ……………………………………… 143
　　苏东坡与佛日寺 …………………………………… 145
第五节　走进西兴赏灯笼 ……………………………… 148
第六节　寻访东坡运河足迹 …………………………… 157

第四章　同道情义

第一节　富有真知灼见的好领导 ……………………169
第二节　东坡在杭的好部属 …………………………181
　　疏浚西湖的监理师——刘景文 …………………182
　　疏浚西湖的设计师——苏坚 ……………………186
　　疏浚西湖的后勤部长——袁毂 …………………191
第三节　清正爱民的好县令 …………………………193
　　铁杆粉丝钱塘县令周邠 …………………………193
　　属吏加好友新城县令晁端友 ……………………198
　　与民打成一片的於潜县令刁璹 …………………203
第四节　细说东坡的清廉 ……………………………205

第五章　生活情趣

第一节　山色空蒙雨亦奇 ……………………………215
第二节　月下观潮第一人 ……………………………221
　　《催试官考较戏作》 ……………………………221
　　《八月十八日看潮五绝》 ………………………222
　　《瑞鹧鸪·观潮》 ………………………………225
　　《望海楼晚景五绝》 ……………………………227
　　《观潮》 …………………………………………228
第三节　杭州书写的墨宝 ……………………………230
　　满纸灵气的《西湖诗卷》 ………………………230
　　《功甫帖》 ………………………………………232
　　《游虎跑泉诗帖》 ………………………………232

《次辩才韵诗帖》……………………………………… 234
　　《书和靖林处士诗后帖》……………………………… 235
　　《北游帖》……………………………………………… 236
第四节　又说杭州的佛缘 ………………………………… 237
第五节　寻觅东坡杭州石刻 ……………………………… 246
　　大麦岭题名 …………………………………………… 247
　　《表忠观碑》…………………………………………… 248
　　吴山感花岩诗碑 ……………………………………… 249
　　石屋洞的石刻 ………………………………………… 250
　　飞来峰题名 …………………………………………… 252
　　西泠印社里的石刻 …………………………………… 253
　　苏东坡石像 …………………………………………… 254
第六节　东坡美食造福杭城 ……………………………… 255
　　东坡肉 ………………………………………………… 255
　　东坡豆腐 ……………………………………………… 257
　　糟烩鞭笋 ……………………………………………… 258
　　东坡鱼 ………………………………………………… 259
　　蓑衣饼 ………………………………………………… 261
　　天目暖锅 ……………………………………………… 262

主要参考文献 ………………………………………………… 265
后　　记 ……………………………………………………… 267

第一章　西湖情韵

第一节 东坡与西湖

苏东坡之杭州是杭州之幸也是苏东坡之幸：一个诗人为一座城市留下了宝贵的遗产，到如今仍然福泽一方百姓；而一座城市为一位诗人提供了源源不断的创作源泉，让他创造出了流传千古的名句。

西湖在历史上不同时期，存在不同的称谓。

东汉班固所撰《汉书·地理志》中曾提及"武林山""武林水"。一般认为，武林山即今灵隐、天竺一带群山的总称，而发源于这一带的南涧、北涧等山涧汇合为金沙涧，东流注入西湖，是西湖最大的天然水源，因此"武林水"是最早见于记载的西湖的名字。湖水源于武林山所出的溪涧泉流，常年丰满，四季清澈，因纳龙川、钱源之水，又或以"龙川""钱源""钱水"作为湖的指称。民间又传说有金牛卧在湖底，每当天旱季节，湖水快要干涸的时候，卧在湖底的金牛就会浮出水面，口中涌出清泉，迅速将湖水填满。人们认为这是吉祥之兆，便把此湖称为"明圣湖"，也称"金牛湖"。由于金牛湖在当时的钱唐县境内，且紧邻钱唐县治，故又称"钱唐湖"，简称"钱湖"。到了隋朝，钱唐湖的形态基本固定，时称"上湖"。"钱唐湖"这个名字到唐朝时，随县名的更改又改作"钱塘湖"。白居易在《舟中晚起》一诗中写道："且向钱唐湖上去，冷吟闲醉二三年。"诗中便是以钱唐湖代指杭州。

北宋以后，官方文件中出现西湖之名，是在苏东坡所写奏章《杭州乞度牒开西湖状》中，该文中第一次出现"西湖"二字，此后名家诗文集中也均以西湖之名替代钱塘湖，钱塘湖一名逐渐为人所淡忘。苏东坡在《饮湖上初晴后雨》中赞美西湖："水光潋滟晴方好，山色空蒙雨亦奇。欲把西湖比西子，淡妆浓抹总相宜。"于是，西湖又多了"西子湖""西子""潋滟湖"的别名雅称。西湖的妩媚之美，由此破题，从而提升了西湖风景文化品位，点化出西湖的基本气候、气质和内涵。

杭州是苏东坡仕途中唯一一个曾两次到任的城市，苏东坡在杭州留下了很多可圈可点的政绩，其中最重要的可能就是对西湖的改造了。他对西湖产生了哪些影响？回答应该是：主要体现在西湖的治理工作上，筑堤修建不仅解决了西湖的淤积问题，也为行者游走西湖周边创造了便利条件；设置开湖司管理西湖水域，这一工程对杭州的繁荣产生了持续而深远的影响。苏堤的美丽不仅仅局限于建筑本身，还包括了它所承载的文化意义。"苏堤春晓"作为西湖十景之首，每年吸引着无数游客前来观赏，成为杭州乃至中国的一张文化名片。苏堤的存在，不仅是对苏东坡的一种纪念，也是中国古代治理智慧的一种展示。

西湖三面环山，一角通江，以风景名胜享誉天下；在古代，西湖是杭州城的一大蓄水潭，群山所受的泉水、雨水，流注西湖，湖水不只是供给居民饮用，还用于灌溉白乐天治湖，做石函泄水，湖水灌溉附近的田亩，达千顷之巨。吴越王时代，特置撩湖兵士千人，日夜开浚。自入宋朝以后，西湖被定为皇家放生池，就疏忽了浚湖的工作，每年干旱时节，水草丛生，横长蔓出，在湖面上出现了一块一块的葑田，葑田占据了湖面，湖水无所容纳，便越来越少了。杭州父老农民一十、一五甚至近百人到府衙来请愿，他们说："西湖之利，上自运河，下及民田，亿万生聚，饮食所资，非止为游观之美。而近年以来，堙塞几半，水面日减，茭葑日滋，更二十年，无西湖矣。"

钱塘县尉许敦仁建议"西湖可开",他说:"议者欲开西湖久矣,自太守郑公戬以来,苟有志于民者,莫不以此为急,然皆用工灭裂,又无以善其后。"

到元祐四年(1089年),东坡再次来杭州,担任知州,这时,葑田已占了湖面的二分之一。当地百姓忧心忡忡,生活艰辛。杭州大旱,米价上涨近一倍,离湖较远的地方,湖水每担卖七八钱,相当于平时的米价,河运也十分困难。入秋以后,连逢大雨,钱塘江、太湖泛滥成灾,杭州郊区一片汪洋,"农民栖于丘墓,舟楫行于市"。虽经多方筹措,杭州居民勉强度过了两次灾荒,但苏东坡已经感觉到了整治西湖的迫切性。苏东坡亲自沿湖进行实地考察。当地老百姓告诉他,十年以来,西湖水愈浅葑愈横,"如云翳空,倏忽便满",若任其自流,二十年后,西湖可能不复存在。苏东坡派人丈量了湖上葑田,计有二十五万丈,需要二十万人才能开浚好。若把葑草淤泥堆置于岸,不仅费时费工,也没地方可堆。于是他想到了钱塘寺丞苏坚(杭州监税官),他的这位诗词好友是园林建筑设计师。请苏坚设计浚湖方案,要做到湖水浚深,葑田又除,行人称便,有一举三得之利。苏东坡与地方官商议后,于元祐五年(1090年)四月二十九日向朝廷上奏《杭州乞度牒开西湖状》,指出"杭州之有西湖,如人之有眉目,盖不可废也"。寥寥数语就道出了西湖对于杭州城市建设的重要性。苏东坡还从经济效益着眼,评述了治理西湖的五大好处。"西湖有不可废者五":一是以西湖为放生祝寿之地。二是有西湖和六井,杭人不复饮碱苦之水。三是西湖水可溉田千顷。四是可调剂运河水量,否则钱江潮水必将倒流,厚积泥沙,复易淤恶。五是西湖之水泉可以造官酒。宋时取西湖山泉酿酒,"岁课二十余万缗",于全国为

最盛。苏东坡在奏议中言辞恳切地说:

> 杭州之有西湖,如人之有眉目,盖不可废也。唐长庆中,白居易为刺史。方是时,湖溉田千余顷。及钱氏有国,置撩湖兵士千人,日夜开浚。自国初以来,稍废不治,水涸草生,渐成葑田。熙宁中,臣通判本州,则湖之葑合,盖十二三耳。至今才十六七年之间,遂堙塞其半。父老皆言:十年以来,水浅葑横,如云翳空,倏忽便满,更二十年,无西湖矣。使杭州而无西湖,如人去其眉目,岂复为人乎?

苏东坡呼吁疏浚西湖,在朝廷中遭到一些人的诽谤,说他疏浚西湖"志事游观,公私无利"。过了六天苏东坡又起奏上书《申三省起请开湖六条状》,提出请求三省开湖的六条建议,这些建议涉及河道的管理、维护以及公共资源的合理利用等方面,体现了苏东坡对于公共事务管理的深刻思考和远见卓识。

此时的朝廷摄政王为高太后,她看到苏东坡的奏章后颇为高兴并大力支持,朝廷最终同意了他的请求,没钱拨款支持但给了苏东坡一百道僧人度牒以资鼓励。度牒,是出家人的身份证明。宋朝,度牒由中央政府专卖,一个人要出家做和尚,须先买好度牒,才能由寺院剃度。政府出卖度牒,在财政收入中占有重要地位,有时竟超过朝廷岁收的十分之一。一道度牒的价格,因时因地不同。神宗时的官价,每道卖钱一百三十千;但在夔州路则卖到三百千,广西路卖到六百五十千(《宋会要辑稿》)。如依米价每斗九十文计算,一纸官价度牒可折合白米百石以上。老百姓要买度牒,因为和尚道士可以逃避兵役、劳役，不需缴纳出身丁钱和其他苛捐杂税。

苏东坡卖掉度牒得一万七千贯钱，加上赈灾余粮一万石左右，以及募捐得来的钱粮，凑足了整个工程所能用的三万四千贯钱。钱款有了点但还是杯水车薪，当时苏东坡的浚湖得力助手苏坚提出了三个处理葑草和淤泥的建议，三个建议各有利弊，苏东坡左右为难，一直无法下决心拍板。闭门造车不行，苏东坡又走调查研究之路，带着书童走街串巷或坐船游湖听听百姓之言。一天两天……接连几天都无收获，到了第六天时近中午，苏东坡准备打道回府时，忽听远远传来渔歌声："南山男，北山女，隔岸相望诉情难；天上鹊桥何时落，环湖要走三十三！"苏东坡一听，心想，这歌谣不是向我献计吗？刚想到此时，湖上的小船上又响起一阵歌声："北山女，南山男，年岁大过二十三；两情相慕终难诉，牛郎织女把堤盼。"听到这里，苏东坡哈哈大笑道："唱得好！唱得好！也使我苏某开了窍。"此时此刻的苏东坡想到了白堤上许仙和白娘子人妖相恋的神话；想起长桥十八里相送，梁山伯与祝英台殉情化蝶成双成对的悲惨故事；又想起西泠桥边，苏小小与阮郁私订终身，相思成疾郁郁而终……想着想着，又从西湖上已有的自西至东的长堤和白乐天筑堤得到灵感。

那两道湖堤是这样的：西湖原来有道自西至东的长堤，历史非常久远，长庆年间白居易浚治西湖以前便已存在。堤岸西边，密植垂柳，自钱塘门至西泠桥止。《湖山便览》一书中说此堤"不知所从来"，又曰堤"径三里余，唐称白沙堤，宋称孤山路"。因为原有白沙堤名，所以后人往往误以为这道湖堤为白乐天所筑，其实白诗言"谁开湖寺西南路，草绿裙腰一道斜"，连他自己也不知道此堤由谁开筑，则非乐天之功可知。

不过白居易确也筑过一堤，起自钱塘门水闸，过昭庆寺，沿宝石山麓北行，至松木场止，是《西湖志》所说"白公堤，在钱塘门北，由石函桥北，至余杭门筑以蓄上湖之水……"，即今武林门上的那一条，现已久废。

于是苏东坡的脑海中浮现出一个想法：我在湖上建条堤，让南北变通途，成为月下老人，让男女青年有情人终成眷属。一个大胆的决定呼之欲出——建一条"爱情堤"。

苏东坡决定筑成一条南北走向的长堤，而建堤要有石块和硬土，因为西湖淤泥太软，如果全部用淤泥，湖堤根本就筑不起来，必须用木柱在两边打桩基，而后沿木桩基面用石块砌筑好，再用硬土拌上淤泥不断堆积才能筑成堤。为了解决筑堤用的石块和硬土，苏东坡想用南高峰下的一部分石头和赤山硬土。苏东坡主动与南高峰下慧因高丽寺的大和尚商量此事，方丈大师一听苏东坡的想法，立马答应苏东坡的请求，说道："善哉！善哉！我寺山门前的石块和硬土任施主挪用，分文不收！"苏东坡谢之又谢，高兴而归，但当工匠去挖掘赤山土石时，遭到僧人们的强烈反对，理由是：赤山乃风水宝地，挖土将会导致祸患。面对跪成一地的僧人，工匠头目一筹莫展，工程被迫搁置下来。苏东坡听到这个消息，亲自赶到施工现场。道理讲了再讲，可僧人们却丝毫不退让，理由还是那条：破坏风水，天降灾祸谁担当？在苏东坡生活的年代，佛教盛行，得罪僧人绝不是件小事。赤山硬土挖还是不挖，苏东坡反复掂量，心中的天平难以倾斜。孰轻孰重？最后，他选择了生民百姓。他凛然地告诉僧人们："这件事由我而起，上天若降灾祸，就冲着我来，但筑堤之事绝不能耽误。我愿雕刻自身石像，为高丽寺护法。"于是，慧因高丽寺伽蓝殿里便有了这尊苏东坡"护法"石像。风雨沧桑，千百年来，这尊石像如金刚般一直守护着慧因高丽寺。石块和硬土问题解决了，于是西湖疏浚建堤工程在四月二十八日动工。

自开工之日起，苏东坡便亲临指挥，闲日就至湖上，亲自督察工事，奔走于砾石泥淖之中，甚至忘记回家吃饭，好在他生活习惯简率，就便与堤工同吃。施德操《北窗炙輠录》说："筑新堤时，坡日往视之。一日饥，令具食，食未至，遂于堤上取筑堤人饭器，满贮其陈仓米一器，尽之。"

苏东坡不但招募二十万民工清挖葑泥，还差兵六七百人协理督助，调动上百艘船只运载葑草。当时正值水涝接旱灾，饥荒之时，百姓无业，得知苏东坡浚湖开工，有钱米供给而且实行"以工代赈"（就是给予清浚民工优惠的报酬），遂蜂拥而来，掘的掘，挖的挖，挑的挑，将湖中淤泥运向南北岸之间，分段筑堤。因为西湖面积大，挖淤、除葑草工程量太大，人力和船只还是紧张，苏东坡亲自写信向秀州太守章衡（字子平）求救，要他集合秀州人船前来助力，语气迫切，可见当时工程紧张的情况："公见劝开西湖，今已下手成伦理矣，想不惜见助。赃罚船子，告为尽数划刷，多多益佳……仍告差人驾来，本州诸般，全然阙兵也。至恳！至恳！"

转眼到了八月，湖上的葑田已全部清浚，石块和山泥也已基本用完，长堤宛如一条长长的玉带浮现在众人眼前，可是堤坝上出现六个没有连接上的堤孔，苏东坡本想在堤孔上造桥，但钱银全无，只好暂停工程。不几日，苏坚告诉苏东坡说，桥造好了！苏东坡不信，跑去一看，摸着稀松的胡子，大笑道："善哉善哉，他们比我还着急。"原来两岸的青年男女为了早日见到对岸的恋人，南岸打柴青年砍来了六棵南山上的大树，一剖为二，做成六座吊桥，安放在六个堤孔上面，多数时间吊桥吊起，让里湖外湖船只通过堤孔，每当早市、午后和傍晚吊桥就放下来让两岸的行人通行，免却渡船的麻烦。每到夜晚，两岸男女相会，那番"鹊桥相会"的情景，被两岸百姓赞为西湖上的奇景，称为"西湖奇景六吊桥"。

到了九月，西湖构成一条贯穿南北的2.8公里长堤。苏东坡在大堤完工后，在两岸遍植芙蓉和杨柳，而不是后来的桃花，利用芙蓉树根的生长盘曲，巩固堤岸，又建九个凉亭，便于行人歇脚。南宋时代吴自牧的《梦粱录》记曰："自西迤北，横绝湖面，绵亘数里。夹道杂植花柳，置六桥，建九亭，以为游人玩赏驻足之地。"堤上修九亭六桥，增添"六桥烟柳"的景色，这些都是苏东坡离任后的举措，对此举苏东坡也很得意，在颍州赋诗以记其事："我在钱塘拓湖渌，大堤士女争昌丰。六桥横绝天汉上，北山始与南屏通。"于是"西湖大堤"，直到南宋，舟船可直抵西山之麓。苏东坡的后任知州林希颂其德，榜曰"苏公堤"，杭城人"为轼立祠堤上"。苏堤将湖面分出了层次，主湖在东，次湖在西，一大一小，主次分明。这得益于苏东坡丰富的筑堤经验。在修筑苏堤的十年前，即熙宁十年（1077年）秋，苏东坡任徐州知州不久就修筑了一条被后人称为苏堤的防洪大堤。苏堤名闻天下，据说乾隆皇帝在策划修建北京清漪园时也着意模仿西湖苏堤六桥，在昆明湖上筑建了"西堤六桥"。为了不被人说是抄袭，他辩称只是模仿西湖，"略师其意，不舍己之所长"。

苏东坡实现了当时的想法：挖除葑草淤泥，浚深湖底，全面整治了西湖。"西湖复唐之旧，环三十里"，恢复了烟波浩渺的景观。更让他很欣慰的是，这条长堤建成后，为西湖南北两方的大龄青年创造了相爱的机会，成为西湖不可或缺的一条爱情堤，堤上男女争相斗艳，形成一道亮丽景色。苏堤为杭州的爱情之都加上了浓重的一笔。清代查容咏苏堤诗云："苏公当日曾筑此，不为游观为民耳。"

为永久保护西湖的环境，苏东坡在奏章《申三省起请开湖六条状》中又规定了四事：一是责令钱塘县成立开湖司，由负责治安的钱塘县尉专门负责整治与疏浚西湖，"如有茭葑不切除治，即申所属点检，申吏部理为违制"。二是"新开界上，立小石塔三五所，相望为界"，规定石塔以内水面不准种植或侵占，"如违，许人告，每丈支赏钱五贯文省，以犯人家财充"。后来，三座石塔就成了"西湖十景"之一的"三潭印月"。三是划出部分湖区招募农民种菱，用其收入作为修湖费用。四是原本上交杭州府公使钱，"所有新旧菱荡课利钱，尽送钱塘县尉司收管，谓之开湖司公使库"，作为治湖专项经费。这样，从机制上有效解决了长期治理西湖淤塞的问题。此后整个北宋时期，再未见西湖湮塞的记载。

苏堤，又称"苏公堤"，它南起南屏山山麓，北至岳王庙东，横贯湖中。堤东是西湖，堤西有小南湖、西里湖、岳湖等。苏堤边围植桃、柳，配植樱花、紫薇、桂花、桅枝、芙蓉等。每逢春季，堤上柳烟如云，碧桃灼灼，如人间仙境。堤上六桥全用安徽茶园石筑成，色呈微绿，与周围景色十分和谐。"苏堤春晓"被评为西湖十景之首。如果你漫步苏堤，自南而北会先经过映波桥，桥边垂柳飘拂，桥下碧波荡漾。左边西湖一角名为小南湖，湖边有一座楼台，粉墙黛瓦、曲廊回栏，景色清幽。过花港正门，向前是锁澜桥，两边湖面渐阔，风软波柔，景色宜人。向前第三桥，名为望山桥，湖面开阔，宝石山与吴山左右对峙，三潭印月（也称小瀛洲）、湖心亭和阮公墩一览无余。过望山桥便是"苏堤春晓"碑亭，为清朝康熙皇帝御笔。再向前便是压堤桥和东浦桥，三潭远去，西泠渐近。桥左堤名金沙堤，将西里湖隔开。北面是岳湖，湖面种植荷花，"曲院风荷"之景即在岸边。最后一桥为跨虹桥，至此已是苏堤北端。

惠洪在《冷斋夜话》中说："东坡守钱塘，无日不在西湖。"可以说在苏东坡之后，西湖才真正成为一处名扬天下的风景名胜，以致后人认为"西湖初兴于白居易，形成于苏轼"。苏东坡离开杭州后，百姓在苏堤修亭作祠以作纪念。西湖上两处三贤祠中都有苏公祠：一座是孤山竹阁，祭祀白居易、林逋、苏轼；另一座在龙井寿圣院，祭祀赵抃、辩才和苏轼。后来，人们又在葛岭上建祠纪念历史上对西湖有杰出贡献的人物：李泌、白居易、林逋、苏轼。苏眉山（苏东坡）、白香山（白居易）、林孤山（林逋）合称"三山"。苏东坡曾做过杭州、颍州、惠州三州的地方官，而三处均有西湖。因此南宋著名诗人杨万里曾写诗称赞苏轼是"西湖长"："三处西湖一色秋，钱塘颍水更罗浮。东坡原是西湖长，不到罗浮便得休？"（《惠州丰湖亦名西湖》）

全国各地的西湖虽多，但杭州的西湖却以其风光美丽、古迹众多、文化璀璨而闻名中外。"天下西湖三十六，就中最好是杭州。"苏东坡是西湖的再造者，不仅因为他对西湖有疏浚开发之功，使西湖成为造福一方的宝地，更因为他笔下尽情展现了西湖之美。自从苏东坡"水光潋滟晴方好，山色空蒙雨亦奇。欲把西湖比西子，淡妆浓抹总相宜"的诗句问世以后，众口流传，美女西施就和西湖结下了不解之缘，以致人们艳称西湖为西子湖。在苏东坡之后，才有了更多吟咏西湖的诗文。清人阮元为西湖的苏文忠公祠撰写的对联可以说道出了杭州百姓的心声:"欲共水仙荐秋菊,长留学士住西湖。"在杭州西湖北侧的岳王庙里有一副著名对联:"西湖有幸来白苏,宋都无辜容秦贾。"白居易和苏东坡是西湖的灵魂人物,作为地方官,他们努力疏浚西湖、改善水利;作为诗人,他们以湖山为伴,登山泛舟,用丹青妙笔临摹出西湖山水的特色。周紫芝《苏公堤》诗云:"翰林一去几经秋,犹有平堤绕碧流。谁向西洲还度曲,此翁零落已山丘。"苏东坡虽然离开了西湖,离开了杭州,但苏堤的存在,某种意义上已是把苏东坡永久留在了杭州,留在了西湖。有一个传说:苏东坡用自己的大手笔,把自己的"心"留在了西湖里,这颗"心"永久在西湖与城同存。苏东坡筑好堤后为防止西湖再度淤塞又于湖最深处置三塔(西湖十景之一:三潭印月),三塔之内,不得侵占种植菱藕。三座石塔名义上是界碑,但苏东坡匠心独具,用长堤为心字底,三座石塔如心字上的三点,使苏东坡的博爱之"心"永留西湖。现在用遥控飞机俯视,2.8 公里的苏堤如绵延曲折的心字底,三个塔如心上三点,见证了苏东坡把"心"永留西湖的图像,真是非常人之所为。也正如郁达夫《咏西子湖》一诗所说:"楼外楼头雨似酥,淡妆西子比西湖。江山也要文人捧,堤柳而今尚姓苏。"

　　第二代领导人邓小平考察杭州时曾说过,上有天堂,下有苏杭,杭州真是个好地方。他还嘱咐要保护好西湖。从此西湖不仅是杭州的西湖、浙江的西湖,更是中国的西湖、世界的西湖。西湖及周边地区的每一寸岸线、每一块绿地、每一处设施、每一处景观,都让市民和游客共享,实现公共资源利用效益最大化、最优化。2003 年环西湖全线打通,环湖六大公园门票全部取消。然而更大更宏伟的钱塘江向西湖引水工程让西湖水更清天更蓝。西湖原有四条天然水源金沙涧、龙泓涧、长桥溪和赤山涧，西湖换水主要靠自然降雨，随着城市发展，原有天然溪流逐渐难以承担西湖水体置换，引水工程让钱塘江水成为西湖的"源头活水"。引水工程包括在钱塘江边闸口处新建取水泵站一座，配备装机容量720千瓦的取水泵4台，并建水质监察室；输水管线全长3194.5米，从闸口小桥外街江边开始，经复兴街、南星桥铁路货运站、鱼塘、浙赣铁路、南山公墓；穿过玉皇山、九曜山，经太子湾注入小南湖。工程设计日取水能力为30万立方米，相当于西湖总贮水量的3%，每日实际引水20余万吨。从小南湖进口，转三潭印月西，沿花港东进入西里湖、岳湖，再经映波桥分两股入外湖，一是三潭印月东，二是平行苏堤，在少年宫、涌金门等处泄入大运河，每个月西湖水换一次，使西湖主湖区平均透明度突破80厘米，湖水清澈见底。

2011年6月24日，在法国巴黎举行的联合国教科文组织第35届世界遗产委员会会议上，杭州西湖文化景观成功列入《世界遗产名录》。申遗成功后，西湖的保护工作持续进行，生态环境和文化遗产得到了进一步的优化和保护。如苏东坡地下有知西湖申遗成功，一定会喜笑颜开。

第二节　动人心弦的诗词

宋代苏杭被称为"地上天堂"，是最能体现古代悠闲惬意的市井生活的地方，也是江南风情最淋漓尽致的所在。诗词与苏杭的相遇，是艺术世界与现实地理的交会，而这一交会的中介，则是宋代的那些诗人、词人。在宋词走向鼎盛的过程中，以"杭州词"最为耀眼，这也是后世将杭州称为"中华诗词之乡"的缘由。描绘杭州的宋词宋诗,不说浩如烟海,也是多不胜数。其中,少不了苏东坡的贡献。苏东坡是北宋最著名的词人,也是一位敏锐的艺术鉴赏家,同时代的文人,都希望作品能得到他的称赞和题跋。他的朋友圈中既有书法家、画家、收藏家,也有官吏、商贾、僧人甚至艺伎,其中有许多人是他在杭州结识的。两次仕杭,苏东坡的"杭州诗词"却风格迥异,这让人不禁想问:到底是什么造成了他如此之大的转变?一个真实的宋代杭州,又是什么样子的?

苏东坡两次在杭州担任地方官期间,修井疏河浚湖筑堤建医院,造福杭城父老百姓,巨椽挥洒题点湖山,留下众多文化史迹。这五年,他爱上了杭州的山水以及城市、百姓,《游灵隐寺,得来诗,复用前韵》诗中言:"……溪山处处皆可庐,最爱灵隐飞来孤。乔松百尺苍髯须,扰扰下笑柳与蒲。"《书林逋诗后》:"……吴侬生长湖山曲,呼吸湖光饮山渌。不论世外隐君子,佣儿贩妇皆冰玉。"就连他弟弟苏辙也说:"昔年苏夫子,杖屦无不之。三百六十寺,处处题清诗。"这些不仅展示了苏东坡在杭州的生活状态,也说明在杭州的几年是苏东坡坎坷一生中为数不多的、极为畅怀与舒心的五年。苏东坡给杭州人民留下了一条芳堤、一湖碧水、四百多首诗词,无数民间传说,得到了杭州人民深切的感念和追思。今天就让我来说几首苏东坡在杭州创作的、动人心弦的最美诗词。

《江城子·凤凰山下雨初晴》

苏东坡在杭州创作的第一首词是《江城子·凤凰山下雨初晴》。据说苏东坡的父亲苏洵并不赞成他写词,认为诗言志,词是花前月下的歌词。苏东坡在杭州写词的老师张先〔张先

（990—1078年），字子野，乌程（今浙江湖州）人。北宋著名词人。善作慢词，与柳永齐名，造语工巧，曾因三处善用的"影"字，被世人称为"张三影"］，是宋朝写词的高手，成就很高，融五代花词及秾丽的特色，自创清丽词风，成为唐五代词与北宋词之间的桥梁。张先创制的词牌行香子，对苏东坡的词学创作有着重要的影响，对其文学创作影响深远。可以说张先是苏东坡作词的老师，没有张先就没有成为北宋第一词人的苏东坡。

我们先来欣赏苏东坡在杭州写的第一首词——《江城子·凤凰山下雨初晴》。

江城子·凤凰山下雨初晴

（湖上与张先同赋，时闻弹筝。）

凤凰山下雨初晴，水风清，晚霞明。一朵芙蕖，开过尚盈盈。何处飞来双白鹭，如有意，慕娉婷。

忽闻江上弄哀筝，苦含情，遣谁听！烟敛云收，依约是湘灵。欲待曲终寻问取，人不见，数峰青。

此词为咏筝之作，写弹筝而不见弹筝人，而以闻筝所见和想象来衬托其美妙的意境。在对人物的描写上，作者运用了比喻和衬托的手法，将弹筝人置于雨后初晴、晚霞明丽的湖光山色中，使人物与景色相映成趣，音乐与山水相得益彰。

宋人张邦基《墨庄漫录》记载了这首《江城子》的来历："东坡在杭州，一日，游西湖，坐孤山竹阁前临湖亭上。时二客皆有服（戴孝），预焉。久之，湖心有一彩舟，渐近亭前。靓妆数人，中有一人，尤丽，方鼓筝。年且三十余，风韵娴雅，绰有风度。二客竟目送之。曲未终，翩然而逝。公戏作长短句。"苏东坡这首词只写弹筝而不见弹筝的人，读完这则记载，聪明的读者很快就能悟出来，原来，弹筝的人和听筝的人都在词里藏着呢。"一朵芙蕖，开过尚盈盈"不正是那"年且三十余，风韵娴雅，绰有风度"的弹筝人吗？"如有意，慕娉婷"的双白鹭正是两个呆若木鸡、失魂落魄的听筝人的写照！

全词描摹了琴声之绝美。仿佛湘水女神在倾诉自己的哀伤，流落他乡的游子听到琴声也悲伤至极。琴声凄苦时，即使金石听了也会伤心，琴声高亢时，可以响遏行云，传到无尽的苍穹之中。苍梧山听到了琴声，也产生了思怨仰慕之情，山上的白芷纷纷吐出芬芳。琴声随着流水传遍湘江两岸，随着凄迷的风吹过洞庭湖。

诗人凭借惊人的想象力，极力描摹琴音的神奇力量。总之，这琴声弥漫在广袤的宇宙，使天地为之悲苦，草木为之动情。任何诗人的笔都无法描述现实中的音乐之声，但此词为我们提供无限的想象空间。全词最后以曲终"人不见"，江上"数峰青"作结，把人从梦幻般的想象世界拉回到现实中来，堪称神来之笔。

《饮湖上初晴后雨》

饮湖上初晴后雨

水光潋滟晴方好，山色空蒙雨亦奇。欲把西湖比西子，淡妆浓抹总相宜。

苏东坡任杭州通判期间，曾写过大量歌咏西湖景物的诗，此篇是最脍炙人口的一首。诗的题目《饮湖上初晴后雨》短短七个字，给我们交代了许多信息，苏东坡这次泛舟湖上，正在饮酒，而这天的天气情况先是天晴，然后就下雨了。潋滟指波光粼粼的样子，空蒙指迷迷茫茫的样子，从"好"和"奇"可以看出，作者的心情很好。诗的前两句用了互文的修辞手法，"水光潋滟晴方好"这句省略了"雨亦奇"，而"山色空蒙雨亦奇"这句省略了"晴方好"，所以这两句的意思是西湖的山水不管是天晴还是下雨，都是令人心旷神怡的好风景。不能拆开理解为西湖的水只有晴天好，西湖的山只有雨天好，诗人这一空灵之笔"遂成为西湖定评"（陈衍《宋诗精华录》）。正如《新白娘子传奇》里船夫唱到的："西湖美景三月天嘞，春雨如酒柳如烟嘞。"区别在于苏轼这次游西湖是在夏天，不是在春天。船夫用歌声唱出了西湖之美，而苏东坡以诗词写出了西湖之美。不管是船夫，还是苏东坡，对他们来说共同之处便是西湖的美，足以让人流连忘返。"水"和"山"，"晴"和"雨"相对出现，独立成画，勾画成了"东边日出西边雨"的美景。苏东坡不愧为绘画高手，不仅要从文字上给人写出西湖美景，在绘画上也要给人画出西湖美景。诗的后两句历来为人称道，如果前文的"山""水""晴""雨"只是西湖的外貌，那么"欲把西湖比西子，淡妆浓抹总相宜"这两句就道出了西湖景色的精髓。这两句用了比喻手法，将西湖比喻成西施，同时，这两句也用了拟人手法，赋予了西湖人格化的形象，增加西湖的灵动感，更是"喻人而不敢喻，道人之所未能道"。西湖的美是自然的，西施的美是天然的，不是所谓的"人靠衣装"的美，就算西施穿上粗衣敝履、不施粉黛，那也是西施。就像王维所说："艳色天下重，西施宁久微。"苏东坡在这里有意将西湖与西施等同，其实是想告诉我们，西湖美景不仅是外在的美，西湖如同西施那样，也有内在的美，西施如果代表了吴越文化中的人文，那西湖就蕴含了吴越文化的地理。而这内在、精髓之美往往是我们所容易忽视的。这一出色的比喻，被宋人称为"道尽西湖好处"的佳句，以致"西子湖"成了西湖的别名。

苏东坡的这首诗没有从一处之景、一时之景描写西湖，而是从整体角度概括地介绍了西湖的外在美和内涵，被称为"前无古人、后无来者"的咏西湖名篇佳作。也难怪后来的诗人为之搁笔："除却淡妆浓抹句，更将何语说西湖？"（宋人武衍《正月二日泛舟湖上》）

关于此诗，还有一种说法：此诗是送给当时杭州舞伎王朝云的。苏东坡邀请了几位好友泛舟湖上，并请一戏班子助兴。王朝云是台柱子，台上浓妆艳抹，衣袂飘飘，裙裾飞扬，舞姿曼妙，如天女下凡。舞罢王朝云穿着素净的衣服，眉黛轻扫，前来给苏东坡敬酒，宛如空谷幽兰，让苏东坡满目芬芳，因"美如春园，目如晨曦"，令苏东坡有感而作。笔者从小长在西湖边，对家乡的美景如数家珍，说起西湖：晴西湖不如雨西湖，雨西湖不如雾西湖，雾西湖不如夜西湖，夜西湖不如雪西湖，雪西湖不如诗西湖。可以这样认为，诗中的西湖，那是人间天堂。

苏东坡本人对这一首诗显然是相当得意的。这首诗中的一些词语，苏东坡在后来的诗歌中反复使用。例如：《次韵仲殊雪中游西湖》：水光潋滟犹浮碧，山色空蒙已敛昏。《次韵刘景文登介亭》：西湖真西子。《次韵答马中玉》：只有西湖似西子。《再次韵德麟新开西湖》：西湖虽小亦西子。

苏东坡醉中所作的这首《饮湖上初晴后雨》诗，写尽西湖晴雨丰姿，成为历代万千赞美西湖诗词中的绝唱，有如王羲之酒后所作《兰亭集序》的文章书法，酒醒之后是写不出来的，真乃"神来之笔"。伟人毛泽东平生 41 次来西湖,工作人员请他老人家为西湖留下点墨宝,毛主席说,有苏东坡的此诗,"不敢造次"。

《行香子·过七里濑》

行香子·过七里濑

一叶舟轻,双桨鸿惊。水天清、影湛波平。鱼翻藻鉴,鹭点烟汀。过沙溪急,霜溪冷,月溪明。

重重似画,曲曲如屏。算当年、虚老严陵。君臣一梦,今古空名。但远山长,云山乱,晓山青。

七里濑,又名七里滩、七里泷,在今浙江省桐庐县城南三十里。由于钱塘江两岸山峦夹峙,水流湍急,连绵七里,故名七里濑。此词作于熙宁六年(1073 年)春,苏东坡这首词的开头六句,所描写的便是七里濑流域清澈宁静的江水之美。苏东坡为了描绘出风光的生机盎然,在这里不仅动静结合,还点面兼顾,体现出了他对江南水乡的热爱之情。

诗的大概意思是说:苏东坡乘着一叶小舟,荡起双桨,像惊飞的鸿雁一样,飞快地掠过水面。水色清明,波平如镜,蓝天白云、两岸山色尽入水中。游鱼清晰可数,不时跃出明镜般的水面,水边的沙洲上,白鹭点点,悠闲地栖息着。即使单纯看苏东坡的这几句景色描写,它无疑也足够美到令人心醉。上片的后三句"过沙溪急,霜溪冷,月溪明",则是苏东坡对沿途景色和主观感受的高度概括。即白天的溪水,清澈能见沙底;清晨的溪水,清冷而有霜意;月下的溪水,明亮而纯粹。可见苏东坡选取了自己三个不同时候的舟行之景,来营造出一种清寒凄美的意境。此举也为下片抒写人生的感慨起到了铺垫作用。

如果说上片苏东坡写尽了七里濑的水光，那么下片的开头两句"重重似画，曲曲如屏"，便是写尽了七里濑的山色。看似简单的八个字，实则传神地写出了苏东坡在江上舟中观察到的景物的特点。即两岸连绵不绝的山峰，纵看重重叠叠，如画景一样，横看则曲曲折折，似屏风一样。紧接着的"算当年、虚老严陵"，引用了东汉初年严光与刘秀的典故。据史书记载，严光辅佐刘秀打天下以后，就隐居不仕，垂钓富春江上，人们都说严光垂钓实是"钓名"。苏东坡如今在同一地点，却是笑严光当年白白在此终老，却没有领略到山水的妙处。所以苏东坡才会说"君臣一梦，今古空名"，即严光与刘秀，一臣一君，如今也只留下了空名。由此可见，苏东坡在这首词中，抒发的是一种人生如梦的感慨。而在词的最后，苏东坡又发表了自己的议论感慨："但远山长，云山乱，晓山青。"即永恒不变的只有连绵不绝的山峰，山峰上缭绕变幻的白云，青翠欲滴的山色。概括来说，就是人生如梦，永恒的只有大自然。

那年苏东坡的同宗苏颂从婺州知州转任亳州知州，在上任过程中到杭州来见苏东坡，之后苏东坡就一路送苏颂从杭州出发乘舟经富阳、桐庐、严州等地，真真切切地记录着一段苏颂和苏东坡的亲密关系，以及他们同游富春江时所见的美景。江南好景让两位诗人诗兴大发，好词好诗不断涌现，如《行香子·过七里濑》《富阳道中》《送江公著知吉州》等，诗人用简练的笔墨，动静结合、点面兼顾地描绘途中所见的春日景色和感受以及宁静清澈和生机盎然的江水之美，体现出作者热爱自然、热爱生活的情趣。远山连绵，重峦叠嶂；山间白云，缭绕变幻；晓山晨曦，青翠欲滴。诗词写雨有感知，水则特详，山则至简,章法变化,体现了在江上舟中观察景物近则精细远则粗略的特点。苏东坡的《行香子·过七里濑》对后人尤其是黄公望的影响巨大,毫不夸张地说,《富春山居图》受苏东坡《行香子·过七里濑》影响较大。两位大师在不同的年代,不同的年龄,用不同的笔墨,或诗词或画笔共同描绘了富春江山水的清澈秀美、烟波浩渺、重峦叠嶂、高山流水、宁静致远,再次让我们欣赏到:富春江水甲天下!苏东坡《行香子·过七里濑》与黄公望《富春山居图》,可谓是:"味东坡之诗,诗中有画;观公望之画,画中有诗。"顺便说一句,黄公望有苏东坡的为官风格和人品气质。

《於潜僧绿筠轩》

於潜僧绿筠轩

可使食无肉,不可居无竹。

无肉令人瘦,无竹令人俗。

人瘦尚可肥,士俗不可医。

旁人笑此言,似高还似痴。

若对此君仍大嚼,世间那有扬州鹤。

据乾隆重刻康熙《於潜县志》卷一"舆地志"记载:"绿筠轩,即金鹅山巅,平五亩余。"绿筠轩千年前,是於潜县的一座寂照寺,寺里面有一个茶轩,因为茶轩周边遍植绿竹,故名绿筠轩。苏东坡在於潜县"视政",到"绿筠轩"歇脚,临窗远眺只见满目皆是茂林修竹,苍翠欲滴,景色宜人,苏东坡情不自禁地连连叫绝。据传,寂照寺主持慧觉禅师见此,知苏东坡已被眼前的绿竹景色所倾倒,就故意逗道:"房前屋后栽几株竹子，我们於潜自古以来如此，不过点缀一下而已。"苏东坡摆摆手道："此言差矣，门前种竹，绝非点缀而已，此乃高雅心神之所寄。我这儿有一首好诗赠你。"于是，苏东坡即兴挥毫，写下了这首闻名遐迩的《於潜僧绿筠轩》。

苏东坡借题"於潜僧绿筠轩"歌颂风雅高节，批判物欲俗骨。绿筠轩在寂照寺内，轩前种竹，以竹点缀环境，十分幽雅。此举备受东坡赞赏。本诗是借题绿筠轩的竹歌颂风雅高节，批评物欲俗骨。此诗以议论为主，写出了精神与物质、美德与美食在相互比较中的价值。苏东坡诗中的竹子早已人格化，成为高尚精神的象征。诗中"可使"与"不可"的用语准确表达了苏东坡在处理精神与物质、美德与美食关系上的倾向性选择。"可使食无肉"意味着什么？意味个人失去种种名利地位、放弃诸多荣华富贵。"不可居无竹"意味着坚守道德底线，保持高风亮节。在此基础上，苏东坡又斩钉截铁地吟出"无竹令人俗""俗士不可医"的诗句。这种坚定的人生选择与价值观自然为社会上的俗士所不容，于是他们圆滑地提出了"似高还似痴"的冷嘲热讽，却被苏东坡一语千钧所击退。诗中的"此君"指竹子。"扬州鹤"语出《殷芸小说》中的故事。大意是有客相聚，各言其志，有人想当官，有人想发财，有人想骑鹤上天成仙，其中一人想兼得升官、发财、成仙之利。本句的诗意是：你想种竹得清高之名，又要面竹大嚼其甘味，人间安有此等美事？是的，既欲肥鲜，又思脱俗是不可能的。精神和物质、美德和美食往往难以两全，鱼和熊掌不可兼得。苏诗中"可使"与"不可"的论证是富含哲理的。诗言志，上面这首咏竹诗是苏东坡人生的宣言，也是我们解读其一生所走道路的金钥匙。苏东坡一生风雅刚直，不见风使舵，不俯仰权势，不汲汲于眼前的名利和物欲，在挫折和艰苦环境中百折不挠。这和他诗画中的君子境界是一致的。苏东坡的咏竹诗画是中华民族宝贵的精神遗产，具有永恒的魅力。

苏东坡对竹子有着深厚的情感，在他的作品中，"竹"的复现率极高，除了《於潜僧绿筠轩》外，还有其他写竹的诗、词、赋、画合计262篇。竹子在中国文化中象征着高洁、坚韧和谦虚，与松、梅并称为"岁寒三友"，同时也是"花中四君子"之一，代表着中国人对理想人格的追求。

苏东坡，一生与竹结缘，与竹为伴，在他人生的起伏辗转与兴衰荣辱中，东坡与竹的精神一脉相承，竹成为他笔下的风景和风骨。竹化东坡，东坡化竹，苏东坡与竹相生相融，紧密相连，更是与竹"坚韧、高直、中空、有节"的精神品质融为一体，甚至赋予了竹子更深层次的内涵。苏东坡的足迹历经中国70多个城市，纪念东坡先生的点位多达500多处，这是史无前例的，足以窥见苏东坡身上伟大的人民性。"他就像竹一样，无论在什么样的空间，都能顽强地'落地、生根、发芽'。"

据有关记载，全世界有1000多种竹，中国有一半，眉山青神县亦有80多种竹子。而通过对苏东坡作品的研究，发现他的笔下就写过20余种竹，更是开创了中国画红竹题材和技法之先河。

《陌上花》三首

熙宁年间苏东坡任杭州通判，他对一百多年前的吴越王钱镠钦佩有加，特意去钱镠家乡临安采集民风，听了当地儿歌《陌上花》，以及乡亲们所说：吴越王钱镠的妻子是临安人，每年春天一定会回到临安，有一年迟迟未归，钱王派人送信给王妃说，陌上花开，可缓缓归矣！而在公元932年，吴越王钱镠病重，临终前嘱托大臣，不要惊动王妃，待陌上花开时，按照惯例把书信寄达即可。这一年寒食节前，王妃归，百姓十里相迎。不同的是，这一次每个人脸上都挂着悲伤的表情。吴人将这些话编成歌儿，所含情思婉转动人，使人听了心神凄然，然而它的歌词比较粗俗、浅陋。苏东坡听了传说并记下了"陌上花开，可缓缓归矣"这动人的故事，并为此作诗三首。

《陌上花》三首

（游九仙山，闻里中儿歌《陌上花》。父老云：吴越王妃每岁春必归临安，王以书遗妃曰："陌上花开，可缓缓归矣。"吴人用其语为歌，含思宛转，听之凄然。而其词鄙野，为易之云。）

其一

陌上花开蝴蝶飞，江山犹是昔人非。
遗民几度垂垂老，游女长歌缓缓归。

其二

陌上山花无数开，路人争看翠軿来。
若为留得堂堂去，且更从教缓缓回。

其三

生前富贵草头露，身后风流陌上花。
已作迟迟君去鲁，犹教缓缓妾还家。

第一首对吴人歌《陌上花》事作了概括的叙述。首句由眼前景物写起：春天时节，陌上鲜花盛开，蝴蝶在翩翩飞舞。这迷人的春色，跟"吴越王妃每岁春必归临安"时的景象并无不同。然而，随着时光的流逝，吴越王朝早已灭亡，吴越王妃也已不复存在，只留下了令人凄然的故事传说。故次句紧承首句，转出"江山犹是昔人非"，由眼前的景物联想到已成过往的人事，两相对照，发出了"江山依旧，人事已非"的感慨。三四两句着眼于吴人歌《陌上花》事。尽管吴越王朝的遗民已渐渐衰老，但游女们仍在长声歌唱《陌上花》，以寄托对王妃的追忆与悼念。这说明《陌上花》流传颇广，在吴人中有很强的生命力。

第二首写吴越王妃春归临安情景。春天来了，陌上的无数山花争奇斗艳，王妃按照惯例，乘坐富丽的翠辇，又来到了临安，吸引了过往的路人竞相观看。诗人以"山花""翠辇"来衬托王妃的青春美貌，又以"路人争看"渲染王妃归来的盛况，透露出吴越王朝曾有的一点承平气象。三四句是设想之辞。意谓如能留得青春在，王妃即可遵从吴越王的嘱咐"缓缓而回"，尽情观赏临安旖旎的春光。"堂堂"，指青春。唐薛能《春日使府寓怀二首》诗云："青春背我堂堂去，白发欺人故故生。"青春，一语双关，有青春年华，也有春天之意，杜甫《闻官军收河南河北》云："白日放歌须纵酒，青春作伴好还乡。"然而，无论是春天还是人的青春年华，都不可能永存长在，因而，"陌上花开，可缓缓归矣"之类的风流逸事也必然有终结之时。

第三首慨叹吴越王的去国降宋。头两句即以鲜明的对照说明：吴越王及其妃子生前的富贵荣华，犹如草上的露珠，很快就消失了，但其风流余韵死后仍流传于《陌上花》的民歌中。前者是短暂的，后者是长久的；帝王的富贵与吴人无关，而他们的风流逸事，由于含有普通人的情感、爱情的因素以及多少带有悲剧的色彩，故能引起人们的兴趣，以致通过民歌来传诵。最后两句写吴越王虽然已去国降宋，丧失了帝王之尊，却仍保留着"陌上花开,可缓缓归矣"的惯例;可叹的是,"王妃"的身份已改变为"妾","路人争看翠軿来"的盛况大概不会再出现了。细品诗味,其中不无诗人的深沉感慨和委婉讽喻。

此时苏东坡只有37岁,未入不惑,而人生已不惑。

这三首诗中都贯穿了"江山犹是昔人非"的历史哀思,而婉转凄然则成为作者的抒情基调。全诗虽以"吴越王妃每岁必归临安"的逸事为题材,却委婉曲折地咏叹了吴越王朝的兴亡,带有怀古咏史的性质。诗中感慨人世荣华富贵,虚名浮利的过眼云烟,皆如那草头露、陌上花,转眼即消逝凋谢不见;人们生前的一切荣华富贵,全如那清晨草头上的露水,不多久就散发消失;死后所留下的美好名声,也全如那路上的花朵,很快就会凋枯谢落。吴越王英雄一世,沙场纵横,苏东坡很敬佩,曾手书《表忠观记》,更值得苏东坡敬佩的是钱镠的铁骨柔情,最好的爱就是关爱枕边人,临终前不忍爱妻悲痛,直到春日花开,才让妻子缓缓归家。这样的爱,才是世上最温柔、温暖的爱,值得用一生去守护。民歌原来就"含思宛转,听之凄然",经苏东坡润色创作的《陌上花》,既保留了民歌的基本内容,以及形式及其朴素自然的风格特质,又显得语言典雅、意味深长、诗情凄婉。诗中多用叠字,如"垂垂""缓缓""堂堂""迟迟"等,不仅恰切地描摹了人物的情态,且能增加节奏感和音乐美,又留给后代一个美妙动听的爱情传说。

第三节 夜游西湖第一人

读者们,你们知道吗?最早提出夜游西湖的人是谁?

苏东坡的《夜泛西湖五绝》是现存最早描述夜游西湖的文

学作品，因此可以认定苏东坡是夜游西湖的最早记录者和提倡者。

夜泛西湖五绝

其一

新月生魄迹未安，才破五六渐盘桓。
今夜吐艳如半璧，游人得向三更看。

其二

三更向阑月渐垂，欲落未落景特奇。
明朝人事谁料得，看到苍龙西没时。

其三

苍龙已没牛斗横，东方芒角升长庚。
渔人收筒及未晓，船过惟有菰蒲声。

其四

菰蒲无边水茫茫，荷花夜开风露香。
渐见灯明出远寺，更待月黑看湖光。

其五

湖光非鬼亦非仙，风恬浪静光满川。
须臾两两入寺去，就视不见空茫然。

这组诗是苏东坡任杭州通判时所作，这五首诗描绘了月下和月落之后的西湖景色，紧扣"夜泛"二字，展现了夜游西湖的全过程。这些诗作于北宋熙宁五年（1072年）七月，标志着夜游西湖的文学传统可以追溯到宋代。苏东坡通过这些诗作，不仅描绘了月夜西湖的美景，而且通过"夜泛"二字，传达了夜晚泛舟西湖的体验和感受，从而成为记录夜游西湖最早的诗人。

在无月的夜色里，湖面仿佛披上了一层深邃的绸缎，星辰隐匿，唯有远处几点渔火，在幽暗中摇曳生姿，如同遗落人间的星辰。渔舟轻荡，划破水面的宁静，激起一圈又一圈细腻的涟漪，与周遭的静谧交织成一幅动人心魄的画面。水面上，点点渔光与船影交相辉映，宛如一幅淡雅的水墨画，静静地诉说着夜的深邃与渔人的辛劳。四周，除了偶尔传来的桨声与水波轻拍的细语，便是无尽的宁静，让人不由自主地沉醉于这份超脱尘嚣的平和之中。

夜游杭州西湖，是一次灵魂的洗礼，一段心灵的旅程。苏东坡从中领略到了大自然的美妙与奇幻，也感受到了古代文人骚客对西湖所描绘的情怀和境界。这个夜晚成为苏东坡最美好最珍贵的回忆，也使他更加爱上了这座古城的风情和魅力，更让他的魂留在了西湖。

笔者建议各位到杭州的游客来一次夜游西湖，之后你会对西湖的了解、欣赏更胜一筹，白天的繁华而喧嚣回归到夜晚的宁静而神秘，如有缘与苏东坡所描绘的西湖上的"岚影湖光"相会，真乃人生一幸事！

苏东坡《夜泛西湖》其四："菰蒲无边水茫茫，荷花夜开风露香。渐见灯明出远寺，更待月黑看湖光。"其五："湖光非鬼亦非仙，风恬浪静光满川。须臾两两入寺去，就视不见空茫然。"这组诗的意思为：湖泊一望无垠，漂泊渺然，一片白茫茫的样子，荷花在夜间迎风绽放，幽香慢慢飘来。我看到远处的寺庙里灯火明亮，啊……我正在等待光线晦暗时欣赏秀丽的湖光山色啊。这组诗用"蝉联格"的修辞方式，通过将前文的末尾作为下文的开头，实现首尾相连，形成一种特殊的句子结构。这两首诗的重点就是"湖光"。苏东坡看的湖光就是"岚影湖光"。这湖光的美景只有在无月亮的夜晚,在西湖上才会出现,此时西湖的水面广阔而平静,小舟上的游客远望着湖中心的水面碧波荡漾,宛如一面巨大的镜子,波光粼粼,水光潋滟,美不胜收。而在有月之日,当云雾飘落在湖面上时,它们与湖中的倒影交织在一起,形成了一幅幅动人的画面。远处的山峦、近处的亭台楼阁以及游船上的游客,都在湖面上留下了清晰的倒影,仿佛整个世界都被复制了一份在水中。在无月的晚上西湖上呈现出的波光粼粼、水光潋滟之景,若要用一个富有诗意的词语来描述,可以称之为"岚影湖光"。这里的"岚"字,常用来形容山间云雾缭绕的景象,引申开来,也可以用来形容夜晚湖面因微风或温差而产生的轻柔雾气与水光交织的朦胧美感。而"湖光"则直接描绘了湖面在光线(尽管是微弱的自然光或人工光源)照射下波光粼粼的景致。因此,"岚影湖光"既捕捉了夜晚西湖的静谧与神秘,又展现了其独特的自然之美。西湖上的"岚影湖光",是一幅令人心旷神怡的自然画卷,融合了山、水、云、影等多种元素,展现出独特的江南水乡风情。

  关于西湖"岚影湖光"这一描述的最早出处,从目前所了解的资料看,提出的应该是苏东坡,尽管他没直接说出"岚影湖光"几个字,但苏东坡看到的是无月的西湖夜晚,他描绘的湖光有"岚"的风味。苏东坡的诗词表现了西湖山水相映、云雾缭绕的美景,是一种富有诗意和画面感的表达方式。然而,具体到"岚影湖光"这一词语组合的最早出处,可能因历史文献的浩繁和流传情况的不同而难以精确追溯。不过,我们可以从一些古代文学作品中找到类似或相近的描述,这些作品可能间接反映了"岚影湖光"这一意象的形成和流传。例如,在清代邵长蘅的《夜游孤山记》中，有"岚影湖光，今不异昔"的描述，这表明至少在清代，人们已经用"岚影湖光"来形容西湖的美景了。然而，这并不意味着这就是"岚影湖光"一词的最早出处，因为类似的描述可能更早地出现在其他文献中。

从苏东坡《夜泛西湖五绝》后，描绘夜游西湖的文章、诗词不断涌现。比较有名的如明代董斯张《夜泛西湖》：

> 放棹西湖月满衣，千山晕碧秋烟微。
> 二更水鸟不知宿，还向望湖亭上飞。

乘着月色，泛舟西湖，千山一碧，秋色含烟，二更夜深，水鸟戏湖。此刻只有我和鸟无眠。

还有明代张岱创作的散文《西湖七月半》：

> 杭人游湖，巳出酉归，避月如仇。是夕好名，逐队争出，多犒门军酒钱。轿夫擎燎，列俟岸上。一入舟，速舟子急放断桥，赶入胜会。以故二鼓以前，人声鼓吹，如沸如撼，如魇如呓，如聋如哑。大船小船一齐凑岸，一无所见，止见篙击篙，舟触舟，肩摩肩，面看面而已。少刻兴尽，官府席散，皂隶喝道去。轿夫叫船上人，怖以关门，灯笼火把如列星，一一簇拥而去。岸上人亦逐队赶门，渐稀渐薄，顷刻散尽矣。
>
> 吾辈始舣舟近岸，断桥石磴始凉，席其上，呼客纵饮。此时月如镜新磨，山复整妆，湖复颒面，向之浅斟低唱者出，匿影树下者亦出。吾辈往通声气，拉与同坐。韵友来，名妓至，杯箸安，竹肉发。月色苍凉，东方将白，客方

散去。吾辈纵舟，酣睡于十里荷花之中，香气拍人，清梦甚惬。

还有明代袁宏道《晚游六桥待月记》：

西湖最盛，为春为月。一日之盛，为朝烟，为夕岚。

今岁春雪甚盛，梅花为寒所勒，与杏桃相次开发，尤为奇观。石篑数为余言："傅金吾园中梅，张功甫玉照堂故物也，急往观之。"余时为桃花所恋，竟不忍去。湖上由断桥至苏堤一带，绿烟红雾，弥漫二十余里。歌吹为风，粉汗为雨，罗纨之盛，多于堤畔之草，艳冶极矣。

然杭人游湖，止午、未、申三时。其实湖光染翠之工，山岚设色之妙，皆在朝日始出，夕舂未下，始极其浓媚。月景尤不可言，花态柳情，山容水意，别是一种趣味。此乐留与山僧游客受用，安可为俗士道哉？

杭州，这座美丽的城市，被誉为"人间天堂"，其美景如诗如画，令人流连忘返。现代人夜游西湖可以选择乘坐传统的画舫，这些画舫装饰精美，宛如古代的游船。在画舫上，你可以一边品尝着清香的龙井茶，一边欣赏着西湖的夜景，感受着江南水乡的韵味。画舫穿行在湖面上，轻轻荡漾，仿佛置身于一个诗意的世界。

夜晚的西湖，美如画廊，让人沉醉在古人诗词间的意境中。作为中国最著名的湖泊之一，西湖以其秀美的自然景观和悠久的历史文化而闻名于世。当夜幕降临，湖水波光粼粼，桥梁灯火辉煌，整个湖泊仿佛被星星点点的灯光装点成了一个梦幻的仙境。漫步在西湖湖畔，微风拂面，仿佛穿越到了古代文人墨客的世界。湖水微波荡漾，映照着月光，宛如古人笔下的仙境画卷。远处的断桥残雪如一道素风，给人以优雅与哀思。三潭印月则以其静谧的名字，带给人无限遐想和幻境。又仿佛听到了古人的叹息，也感受到了他们在此留下的灵感和创作。"银浮渡潇湘，金织泛楚舟。"这是描绘西湖夜景的名句。夜晚的西湖，湖水犹如银色的波浪，点点微光如金线般点缀其中。湖边的楼台亭阁，在夜色的映衬下，散发出淡金色的光芒，犹如诗中所云的"金织泛楚"一般。

夜晚的西湖，如同一个神秘的宝盒，等待着游人来揭开。在这里，我们感受到了杭州这座城市的独特魅力和浪漫情调。湖泊的宁静，建筑的雅致，文化的底蕴，都使我们深深地着迷。夜游西湖，我和你仿佛穿越时空，与古人走在一起，感受到了他们对这片土地的热爱和怀念。

总之，西湖的夜景是一个充满魅力和神秘的世界。无论是夜游西湖、夜上葛岭、夜走吴山还是探索其他夜景，都能让你感受到这座城市的美丽和魅力。在这里，你可以放松身心，享受美好的时光，留下难忘的回忆。所以，不妨来杭州感受一次难忘的夜景之旅吧！

第四节 从来佳茗似佳人

宋代杭州没有龙井旗枪。据唐代茶圣陆羽《茶经》，钱塘天竺、灵隐二寺产茶。宋朝的《图经》也说："杭州之茶，惟宝云、香林、白云所产入贡。"说明这三处所产名茶（宝云即葛岭，香林即下天竺香林院，白云即上天竺白云峰），当时已列为贡品。

北宋熙宁四年（1071年）苏东坡被朝廷任命为杭州通判，这个通判是个诗人，更是个茶痴，从而为杭州留下了许多传世佳话。这里要说的是苏东坡将白云峰的白云茶演变为杭州龙井茶的传说。

当时，天竺白云峰下有天竺法喜寺，住持辩才是个得道高僧，已名扬天下。"辩才"的僧号也是仁宗皇帝赐封的。苏东坡来杭任通判时与辩才结识，那时辩才已61岁，苏东坡才35岁，两人却成为忘年之交。

苏东坡于熙宁四年（1071年）十一月二十八日抵杭州，到任第三天就去拜访孤山的惠勤，喝了白云茶，知道了此茶采自白云峰。没几日苏东坡慕名前往白云峰下的上天竺法喜寺谒见辩才，当时正是一个寒冷欲雪的冬日。当时辩才正好外出讲学，让苏东坡在白云堂前雪地里空等一场。眼看天色将暗，苏东坡只好怏怏而归，临走时挥笔在堂壁上写下七绝一首："不辞清晓叩松扉，却值支公久不归。山鸟不鸣天欲雪，卷帘惟见白云飞。"后人为了纪念这段佳话，在苏东坡当时立雪处建造了一座"雪坡亭"。后来，两人相见，过往甚密，成为知交。在狮子峰与上天竺之间有一条"苏子岭"，原名梯子岭，因苏东坡与辩才交游"尝夷犹于此"而改名。

第二年春日，苏东坡又去拜访辩才。苏东坡十分敬仰辩才的道法学问，多次上法喜寺，辩才很感动。辩才奉上佳茗白云茶，两人品茗共研佛理，一见如故，十分有缘。苏东坡非常高兴拜见了高僧，有点相见恨晚的感觉，对着眼前的白云茶诗兴大发，当即吟诵前人诗作一首："白云山下两枪新，腻绿长鲜谷雨春。静试恰如湖上雪，对尝兼忆剡中人。"（林逋《尝茶次寄

越僧灵皎》)

其实苏东坡来天竺拜访辩才前就对辩才有所了解,知其是杭州城中数一数二的得道高僧,十分敬仰,想办法与其结交。苏东坡对杭州的贡茶作了一番研究,认为下天竺香林院的香林茶种是东晋谢灵运在下天竺翻译佛经时从天台山带来的,是西湖最早的茶树。

苏东坡对白云峰下的白云茶更是情有独钟,在孤山惠勤处,在家中,在官场上,他多次品尝过白云茶,对它的外形、茶味有一定的认知,他对外形扁平光洁、色泽绿润、内质香气清爽、汤色嫩绿明亮、滋味醇正鲜和的白云茶十分喜欢。诗中所说的"两枪新"就是对白云茶的评价,也是西湖龙井最早的"旗枪"名茶的雏形,同今天龙井茶一旗一枪、交错相映、芽芽直立的外形十分相似。

苏东坡的一番言论和他对白云茶的喜爱让这位方外高僧十分高兴,两人秉烛夜谈,辩才身边的小僧深感疑惑,方丈怎么会如此兴奋?如此热情?这个小僧记住了苏东坡。

夏日,苏东坡又来拜访辩才,进入大殿后,小僧一看苏通判前来拜访方丈,即领其向辩才禅房走去,还未进门便听见辩才在吟诗:"龙枝正逐风雷变,减却两窗半日凉。"原来辩才因窗前两棵松枝被大风刮断十分惋惜,正在写诗,刚写下了两句。苏东坡推门而入,咏出下两句:"天爱禅心圆且洁,故添明月伴清光。"意思是说,松枝被折,白天不能挡阳光,但晚上却能透进月光与你做伴,这不是你修来的美意吗?辩才不禁欢颜而笑。随着苏东坡的多次拜访,两人的交情越来越密,辩才也成了苏东坡在杭州的方外至交。

那时,苏东坡的第二个儿子苏迨患小儿脑积水症,长着一个大大的头，快四岁了还不会走路。辩才知道了这件事，特地让苏东坡带苏迨来为其医治，在上天竺观音座前辩才亲自为苏迨落发，取名为"竺僧"并替他摩顶治疗。几天后苏迨居然奇迹般地离开了母亲的搀扶，能独立行走，苏东坡非常高兴，写了一首《赠上天竺辩才师》诗相谢。后来，苏迨被朝廷授予了承务郎，苏东坡又"买得度牒一道，以赎此子"，并听取辩才之意，"剃度一人，仍告于观音前，略祝顾过"。苏东坡在汴京时，还与弟弟子由一起，为了供养父母，"舍绢一百匹"，驰书辩才，订造地藏菩萨像一尊及底座、侍者二人，并说，"菩萨身之大小如中形人。所费尽以此绢而已，若钱少，即省镂刻之工可也"。辩才选匠雕成后，苏东坡托便船迎取到京师寺中供养。

北宋熙宁六年（1073年）初春苏东坡因病告假，闲而无事游湖上净慈、南屏寺，以及白云寺、下天竺香林院诸寺，晚上欣赏了香林茶和月桂峰的桂花，又到孤山谒惠勤禅师，并与惠勤煎饮桂花茶，一日之中，饮浓茶数碗，不觉病已痊愈。苏东坡遂在惠勤禅师寺内粉壁上题了七绝一首——《游诸佛舍，一日饮酽茶七盏，戏书勤师壁》："示病维摩元不病，在家灵运已忘家。何须魏帝一丸药，且尽卢仝七碗茶。"诗的后两句上联中的魏帝即魏文帝曹丕，其有诗《折杨柳行》曰："西山一何高，高高殊无极。上有两仙童，不饮亦不食。与我一丸药，光耀有五色。服药四五日，身体生羽翼……"苏东坡言外之意是说，魏文帝游西山，得仙童丸药，服后身生羽翼，这事太玄妙了。这两句用反问的语气表示不需要那样的丸药，还是如卢仝那样品饮七碗茶为好。卢仝是唐代诗人，其《走笔谢孟谏议寄新茶》诗中云："一碗喉吻润，二碗破孤闷。三碗搜枯肠，惟有文字五千卷。四碗发轻汗，平生不平事，尽向毛孔散。五碗肌骨清,六碗通仙灵。七碗吃不得也,唯觉两腋习习清风生。"唐人对茶的作用说得极为明白:陆羽在《茶经》中指出,茶味性寒,是败火的最佳饮料,不仅能解热渴,还可去烦闷、舒关节、长精神。近人孙中山也主张"茶寿"说,称赞茶是"最合卫生最优美之人类饮料"。粗茶淡饭,常多上寿。据说卢仝此诗在日本广为传颂,并演变为"喉吻润、破孤闷、搜枯肠、发轻汗、肌骨清、通仙灵、清风生"的日本茶道。

诗传到辩才手上,辩才连声说:"知茶者,苏老弟也。"

苏东坡的另一首诗"仙山灵雨湿行云,洗遍香肌粉未匀。明月来投玉川子,清风吹破武林春。要知玉雪心肠好,不是膏油首面新。戏作小诗君勿笑,从来佳茗似佳人"更在辩才心中留下了深深的烙印:苏东坡是个"佳茗似佳人"的茶痴。

辩才因与苏东坡交往,在苏东坡的政敌吕惠卿当政时遭到杭州僧人文捷的排挤,一度被迫离开上天竺,回於潜老家西菩寺去暂住了一段时间。辩才不为所动,平心应对,恬然受之。不久,文捷事败,辩才又在僧俗士人的迎请之下,回到上天竺寺,重新主持。相传,文捷在上天竺时,吴越人大为不悦,施者不至,就连岩石草木也为之索然。而辩才大师再来,善男信女"不督而集,山中百物,皆若有喜色"。苏东坡为此欢欣鼓舞,作《闻辩才法师复归上天竺以诗戏问》诗相贺。诗中说:"道人出山去,山色如死灰。白云不解笑,青松有余哀。忽闻道人归,鸟语山容开。神光出宝髻,法雨洗浮埃。想见南北山,花发前后台……"

不久苏东坡调任密州、徐州、湖州,后"乌台诗案"发生。辩才心急如焚,多次派遣弟子送诗送物慰问,并为苏东坡做平安道场。元丰二年(1079年),年届古稀的辩才法师因为不堪承受繁忙的寺院事务，决意从上天竺退居西湖南山龙井寿圣院。寿圣院乃吴越国钱弘俶乾祐二年（949年），由居民凌霄募缘建造，称报国看经院，地址在钱塘县履泰乡（今杭州龙井）晖落坞。北宋熙宁五年（1072年）初，报国看经院改名为"寿圣院"，苏东坡亲笔题写的寺额。但寿圣院年久失修，破败不堪，仅存"蔽屋数楹"而已。辩才入山之初，条件十分艰苦，策杖独往，"以茅竹自覆"。辩才法师退居寿圣院时，请徒弟怀益前来主奉香火，"汲巾待瓶，甲乙相承，以严佛事"。"众檀越合力出资出力"，"庐具像设，甓瓦金碧，咄嗟而就"，"鼎新栋宇，不日而成"，建有寂室、照阁、讷斋、潮音堂、方圆庵、归隐桥、龙井亭等著名建筑。辩才法师和寺僧在旁边的狮峰山麓胡公庙前的荒地上开山种茶，辩才还特意种下从白云峰下带来的白云茶种子。因为他知道他的至交苏东坡一定会来探望他，并与他在这里煮茶论道、吟诗作赋。在寿圣院这方风景佳绝之地，辩才在这里讲经说法，谈古论经，传播佛理，结交名流，过着风雅、娴静、充满诗意的晚年生活。而这里也被后人看作绿茶极品西湖龙井的发祥地。

北宋元祐四年（1089年），苏东坡离开杭州15年后，又任杭州知州，两人立刻相见而欢。辩才在苏东坡面前用特制的紫砂壶、用龙井泉水沏了在龙井山上采摘的白云茶，并把面前的佳茗种植过程娓娓道来，东坡听后感慨万千，连声称赞好茶。从那日后，辩才的寿圣院常常能看到苏东坡的身影，他们或"煮茗款道论，奠爵致龙优"，或相对终日默悟佛道，或煮茶品茗吟嚼秀句，或听泉幽读清坐闭目。饱经仕途忧患的苏东坡，这时才感到自己已摆脱世俗，洗却凡心。苏东坡说："杭有辩才，道俗所共依仰，盖一时盛事。此来时得从辩才游，老病昏塞，颇有所警发。"

北宋元祐五年（1090年），辩才法师八十岁高寿。杭城佛门和民间信徒自愿联会，在苏东坡的大力支持下，为辩才举办了盛大的庆寿活动。寿展之日，聚集在杭各寺院的约一千名和尚，披袈裟，做道场，声势极盛，连接庆贺了七天，连杭州府官吏们也都来祝寿。

不久，苏东坡被朝廷召回任吏部尚书。离杭前，苏东坡上山拜别辩才，畅谈至晚，逐留居寿圣院。次日，辩才热情相送，一路谈笑，不觉过了虎溪上的归隐桥。于是左右随从提醒："远公复过虎过溪矣！"辩才这时才发现自己破了送客不过虎溪的规矩，便停下脚步，笑道："学士误我，学士误我！"苏东坡也哈哈大笑："我误远公矣，不过是戒律。远公今日死心活了，超凡入圣，又谁之功也。"两人相顾大笑，辩才说："杜子美诗中不是说过吗，'与子成二老，来往亦风流。'"（轼往见之，常出至风篁岭。左右惊曰："远公复过虎溪矣。"辩才笑曰："杜子美不云乎：'与子成二老，来往亦风流。'"因作亭岭上，名曰"过溪"，亦曰"二老"。）苏东坡十分感慨，以诗记之：

日月转双毂，古今同一丘。
惟此鹤骨老，凛然不知秋。
去住两无碍，天人争挽留。
去如龙出山，雷雨卷潭湫。
来如珠还浦，鱼鳖争骈头。
此生暂寄寓，常恐名实浮。
我比陶令愧，师为远公优。
送我还过溪，溪水当逆流。

> 聊使此山人，永记二老游。
> 大千在掌握，宁有别离忧。

辩才也为此事赋诗一首，题为《龙井新亭初成诗呈府帅苏翰林》：

> 暇政去旌旆，策杖访林丘。
> 人惟尚求旧，况悲蒲柳秋。
> 云谷一临照，声光千载留。
> 轩眉狮子峰，洗眼苍龙湫。
> 路穿乱石脚，亭蔽重岗头。
> 湖山一目尽，万象堂中浮。
> 煮茗款道论，奠爵致龙优。
> 过溪虽犯戒，兹意亦风流。
> 自惟日老病，当期安养游。
> 愿公归廊庙，用慰天下忧。

辩才与苏东坡有唱有和，充分反映了二人难舍难分的情分。后来，辩才在老龙井旁建亭，以兹纪念。后人称它为"过溪亭"，也称"二老亭"，并把辩才送苏东坡过虎溪经过的归隐桥称为"二老桥"，如今溪桥仍在。

辩才在龙井寿圣院狮峰山麓胡公庙前辛勤播种下的白云山茶种，随着时间的变迁逐渐成为御茶龙井茶。龙井茶成为御茶源自清乾隆皇帝，是乾隆皇帝六次下江南到杭州游山玩水，美其名曰微服私巡、体察民情时发生的故事。1762年乾隆皇帝第三次到杭州游至龙井，走到龙井寺三贤阁（三贤即辩才、苏东坡、赵阅道）的时候，定要去看看，欣赏后夸赞了一阵。走出寺庙来到了胡公庙前看到了一些采茶女在采茶，便饶有兴致地来到茶田与采茶女学起采茶，采茶的快乐让他乐不思返。此时却有太监通告，太后患病，请皇上回宫。于是乾隆就急忙赶回宫中了，其实太后只因山珍海味吃多了，一时肝火上升，双眼红肿，胃里不适，并没有大病。此时见乾隆来到，只觉一股清香传来，便问香气是什么好东西。但是大家都不知道香气是从哪里飘来的，最后发现原来是乾隆皇帝带回来的茶叶发出的清香，便把这些茶叶泡给太后喝。太后喝了之后，感觉好了很多，很是高兴，称赞杭州龙井的茶叶是灵丹妙药。乾隆皇帝见太后这么高兴，立即传令下去，将杭州龙井狮峰山下胡公庙前那十八棵茶树封为御茶，每年采摘新茶，专门进贡太后。这就是传说中御茶龙井茶的来历。

龙井茶美名传天下，从它孕育成长的过程不难看到苏东坡这位茶痴为其点化成茗的身影。龙井茶也为后人留下了名僧与清官的一段千古佳话。而辩才成为后人拜谒的龙井茶鼻祖，是苏东坡始料不及的。

第五节　西湖上的情缘

剪不断、理还乱，是离愁，别是一般滋味在心头，苏东坡也不例外。《东坡乐府》存词三百多首，其中，直接题咏和间接涉及歌伎的，多达一百八十多首。这也正是苏东坡真实生活环境的写照，丝毫无损于苏东坡的伟大。可以说苏东坡的"歌伎情缘"，也只是限于"畅饮和吟诗听曲"，并不像黄庭坚那样，写露骨的艳情艳诗。他对于歌伎，抱有的多是一份同情和仁爱。

据说，苏东坡一生，遇有歌伎酒宴，便欣然参加，绝不刻意回避以充道统。但苏东坡并不特别迷恋哪一名歌伎。对于歌伎，苏东坡十分随和，"乐而不淫"，他常做的事，却是为歌伎题诗，或者助其脱籍。

苏东坡是名人，酒宴间，歌伎求题诗是常事，苏东坡也几乎是"有求必应"。苏东坡长年混杂在胭脂之间，乐而不淫，难能可贵，"恋色不迷最为高"。在苏东坡一生中，西湖歌伎王朝云和琴操对他影响最大，他直至到老也不能忘怀。

王朝云（1062—1096年）

据说王朝云家住富阳洞桥，因家境贫寒，自幼沦落在歌舞班中，为西湖名伎。王朝云天生丽质，聪颖灵慧，能歌善舞，虽混迹烟尘之中，却独具一种清新雅洁的气质。宋神宗熙宁七年（1074年），苏东坡在杭州任通判，一日，他与几位文友同游西湖，宴饮时招来王朝云所在的歌舞班助兴。悠扬的丝竹声中，数名舞女浓妆艳抹，长袖徐舒，轻盈曼舞，而舞在中央的王朝云又以其艳丽的姿色和高超的舞技，特别引人注目。舞罢，众舞女入座侍酒，王朝云恰转到苏东坡身边，这时的王朝云已换了另一种装束：洗净浓妆，黛眉轻扫，朱唇微点，一身素净衣裙，清丽淡雅，楚楚动人，"美如春园，目如晨曦""天女维摩"，别有一番韵致。那一刻仿佛有一股空谷幽兰的清新之意，沁入大诗人苏东坡的心。当时，本是丽阳普照、波光潋滟的西湖，天气突变，阴云蔽日，山水迷蒙，成了另一种景色。湖山佳人，相映成趣，苏东坡灵感顿至，挥毫写下了传颂千古的描写西湖的佳句："水光潋滟晴方好，山色空蒙雨亦奇。欲把西湖比西子，淡妆浓抹总相宜。"诗明写西湖旖旎风光，而实际上寄寓了苏东坡初遇王朝云时为之心动的感受。

在妻子王闰之的周旋下，十二岁的朝云走到了苏东坡的身边，她十分庆幸自己与苏家的缘分，同时被苏东坡的才华和为人所敬佩，决意追随先生终身。朝云是到了苏家后才开始识字念书的，她此前懵懵懂懂唱过的曲子里，或许就有苏东坡的词作。朝云一开始对东坡或许只是感恩，感谢他为她赎身，使她从深不可测的社会最底层逃离，成为一个大户之家的侍女，她内心有惶恐，也有窃喜。随着学养的累积和提升，对东坡才华有进一步的了解，她对东坡的感情也从感恩和崇拜，发展到喜欢和热爱。朝云与苏东坡的关系很奇特。她与苏东坡共同生活了二十多年，是个学东坡、懂东坡、知东坡、怜东坡、爱东坡的女人。在颠沛、苦闷的放逐生涯里，朝云始终陪伴、照顾着东坡，她不仅仅是诗人困顿愁烦中的安慰，更是他后半生的知己。出自《梁溪漫志》的这个故事，记录了东坡和朝云之间的心灵共鸣：

> 东坡一日退朝，食罢，扪腹徐行，顾谓侍儿曰："汝辈且道是中何物？"一婢遽曰："都是文章。"坡不以为然。又一人曰："满腹都是机杼。"坡亦未以为当。至朝云，乃曰："学士一肚皮不入时宜。"坡捧腹大笑。

朝云不愧是知音，她善于洞察，敏于表现，懂得东坡的价值取向，不仅理解东坡颠簸的处境以及和这种处境极不兼容的洒脱任性，还善于苦中取乐，以幽默豁达的方式回应他，取悦他。这份默契，不是任谁都能有幸得到的。幸者，东坡之遇朝云也！

苏东坡在黄州时，他们的生活十分清苦。苏东坡诗中记述："今年刈草盖雪堂，日炙风吹面如墨。"王朝云甘愿与苏东坡共患难，她布衣荆钗，悉心为苏东坡调理生活起居，她用黄州廉价的肥猪肉，微火慢炖，炖出香糯滑软、肥而不腻的红烧肉，作为苏东坡家庭常食的佐餐妙品，也就是后来闻名遐迩的"东坡肉"。

元丰六年（1083年）九月二十七日，朝云为苏东坡生下一个儿子。苏东坡为他取名遁（繁体字：遯）。此时苏东坡遵父遗命为《易经》作《传》，"遁"取自《易经》中的第三十七卦"遁"，是远离政治旋涡、消遁、归隐的意思，这一卦的爻辞中说"嘉遁，贞吉"，"好遁，君子吉"，可见这个名字，既寓有自己远遁世外之义，又包含着对儿子的诸多美好祝愿。遁儿满月之时，苏东坡想起昔日的名噪京华，而今却"自喜渐不为人识"都是因为聪明反被聪明误，因而感慨系之，而自嘲一诗："人皆养子望聪明，我被聪明误一生。惟愿孩儿愚且鲁，无灾无难到公卿。"元丰七年（1084年）三月，苏东坡接到诏命，将他改为汝州团练副使，易地京西北路安置。苏东坡接到诏令后便携家启程，七月二十八日，当他们的船停泊在金陵江岸时，小小的遁儿中暑不治，夭亡在朝云的怀抱里。遁儿死后，苏东坡决意不去汝州，他向神宗上表，要求在常州居住，一方面与他的常州情结密不可分，另一方面，也与要悉心照料肝肠寸断的朝云不无关系。常州在太湖周围，那里的山水和风土人情，应最称朝云心意。

元祐年间苏东坡的日子过得比较顺畅自由，尽管有的时候事与愿违。平静的日子没过几天，绍圣元年（1094年）宋哲宗亲政，用改革派章惇为宰相，又有一批不同政见的大臣遭贬，苏东坡也在其中，被贬往惠州（今广东省惠州市惠城区），这时他已经年近花甲了。眼看运势转下，难得再有起复之望，身边众多的侍儿姬妾都陆续散去，只有王朝云始终如一，追随着苏东坡长途跋涉，翻山越岭到了惠州。对此，东坡深有感慨，曾作一诗：

> 不似杨枝别乐天，恰如通德伴伶玄。
> 阿奴络秀不同老，天女维摩总解禅。
> 经卷药炉新活计，舞衫歌扇旧因缘。
> 丹成逐我三山去，不作巫阳云雨仙。

此诗有序云："予家有数妾，四五年间相继辞去，独朝云随予南迁，因读乐天集，戏作此诗。"当初白居易年老体衰时，深受其宠的美妾樊素便离开了，白居易因而有诗句"病与乐天相伴住，春随樊子一时归"。王朝云与樊素同为舞伎出身，然而性情迥然相异，朝云的坚贞相随、患难与共，怎不令垂暮之年的苏东坡感激涕零呢！

王朝云在惠州时遇瘟疫，身体十分虚弱，终日与药为伍，拜佛念经，总难恢复，"天女维摩总解禅，经卷药炉新活计"。东坡为其寻医煎药，乞求她康复。但从小生长在山水胜地杭州的朝云为花肌雪肠之人，最终耐不住岭南闷热恶劣的气候，不久便带着不舍与无奈溘然长逝，年仅三十四岁。朝云一生向佛，颇有悟性和灵性，这也是她能和苏东坡心灵一致的条件。早在苏东坡为徐州太守时，朝云曾跟着泗上比丘尼义冲学《金刚经》，后来在惠州又拜在当地名僧名下为俗家弟子。临终前她执着东坡的手诵《金刚经》四偈："一切有为法，如梦幻泡影，如露亦如电，应作如是观。"即"世上一切都为命定，人生就像梦幻泡影，又像露水和闪电，一瞬即逝，不必太在意。"这番话并不只是她皈依佛门后悟出的禅道,其中蕴藏着她对苏东坡无尽的关切和牵挂。东坡尊重朝云的遗愿,于绍圣三年(1096年)八月三日,将她葬在惠州西湖南畔栖禅寺的松林里,亲笔为她写下《墓志铭》,铭文也像四句禅谒:

浮屠是瞻,伽蓝是依。如汝宿心,唯佛是归。

朝云的死也带着些佛教的神秘色彩,孤山栖禅寺的和尚就在朝云墓旁边建"六如亭"作纪念。苏东坡亲题楹联:"不合时宜,唯有朝云能识我。独弹古调,每逢暮雨倍思亲。"还写了《西江月·梅花》《雨中花慢》和《题栖禅院》等许多诗、词、文章来悼念这位红颜知己。其中,著名的《西江月·梅花》一词,更是着力描绘了朝云的精神风貌和高尚情操:"玉骨那愁瘴雾,冰姿自有仙风。海仙时遣探芳丛,倒挂绿毛幺凤。素面翻嫌粉涴,洗妆不褪唇红。高情已逐晓云空,不与梨花同梦。"这首词明为咏梅,暗为悼亡,词中所描写的梅花,实为朝云美丽的姿容和高洁的人品的化身。

琴操(1073—1098年)

琴操,姓氏不详,原系官宦之家大家闺秀,琴棋书画、歌舞诗词都有一定的造诣。其父亲受宫廷牵连被诛,母亲怒急身亡,家籍遭没,成为杭州歌唱院的艺人(歌伎)。抄家时,她一如往常正待在闺阁里弹琴,家破人亡之际,她那把心爱的琴也被抄家的兵丁摔毁了。做歌伎后,她为自己起艺名"琴操",《琴操》本是东汉蔡邕所撰解说琴曲标题的著作,取这样的名字,可见她对琴的钟爱,对辛酸往事的难以忘怀。

那日，西湖波光粼粼，画舫里弦歌对唱。琴操的一曲秦观的《满庭芳·山抹微云》，如黄鹂鸟一般清亮的歌喉拨动了苏东坡的心弦。

琴操有才情、通音律、解诗词、理佛书，才华出众，改了秦少游送给苏东坡的词《满庭芳》，将"门"韵变为"阳"韵，略作改动，却不影响原词意境，显露出大诗才而在杭城红极一时。琴操虽是歌伎，但冰清玉洁，卖艺不卖身。此时苏东坡只听其声不见其人。

流传已久的故事是，苏东坡有一天游西湖时与琴操的游船相撞，16岁的琴操与已到知命之年的苏东坡相遇，便有了一段至今亦令人遗憾的不了之情。当时苏东坡是杭州知府，琴操是红极一时的歌伎，两个有情人却不能结为连理。有人说，苏东坡和琴操的相遇，境况和朝云的相遇已然不同，经过颠沛流离，东坡深感命运的把握无定，且身边已经有了朝云。相比之下，朝云出身卑微，由俭入奢易；而琴操出身官宦之家，由奢入俭难。心气高傲的她，对于苦难的磨砺和煎熬，内心准备不足，更重要的是，苏东坡觉得自己并不能给琴操带来幸福。在这个纷繁的世界中，唯一能解救琴操的，就是她自己。

笔者对苏东坡与琴操关系的考证：传说中苏东坡与琴操相爱相恋，但缺乏实际考证。宋代对官员的私生活管制很严。宋太祖颁布的《宋建隆重详定刑统》有良贱不婚等规定，并禁止官员与官伎私通。宋仁宗还规定"不得赴妓乐"。如果官员与官伎私通，会成为政治上被打击的把柄。如南宋有名的官伎案天台营妓严蕊案，就是朱晦庵为打击唐仲友而恶意罗织罪名，告唐仲友与官伎严蕊私通。严蕊宁愿受刑也不愿污蔑唐仲友的做法让当世之人对她高看几分，认为她虽身居青楼，不仅有才有德，还不畏强权，贞烈有节。苏东坡是一个修为甚高的居士，且处在政治旋涡中，所以与琴操有暧昧之情的可能性很小。东坡感慨琴操的身世，感知琴操的琴声，感念琴操的聪慧，作为大佛学家，点化年纪尚轻的琴操，以试琴操的慧根。于是，苏东坡和琴操之间颇有禅意的湖上对话，决定了他们彼此的宿命和选择。琴操为东坡抚琴一首，被东坡的好友佛印称为百年难得一闻。

宋人《泊宅编》中记载了苏东坡在杭州时携琴操游西湖的故事：

一日东坡戏曰："予为长老，汝试参禅。"琴操笑诺。东坡曰："何谓湖中景？"答："秋水共长天一色，落霞与孤鹜齐飞。"又问："何谓景中人？"回答："裙拖六幅湘江水，髻挽巫山一段云。"再问："何谓人中意？"答："随他杨学士，鳖杀鲍参军。"还问："如此究竟如何？"琴操不答。东坡曰："门前冷落车马稀，老大嫁作商人妇。"东坡想劝说琴操从良，谁知一语惊醒梦中人。

琴操本是极有慧根之人，苏东坡此语，如同醍醐灌顶，一下子惊醒了梦中人。琴操顿觉自己只有完结在尘世中的无常人生，才能永脱苦海。然而，如果那样，她又怎能再遇到苏东坡这样的才士呢？又如何还能有像今天这样充满趣味和智慧的对答呢？

琴操的心中，刹那间闪过了万千念头。她泪流满面，抚琴唱道："谢学士，醒黄粱，门前冷落稀车马，世事升沉梦一场。说什么莺歌燕舞，说什么翠羽明珰，到后来两鬓尽苍苍，只剩得风流孽债，空使我两泪汪汪。我也不愿苦从良，我也不愿乐从良，从今念佛往西方。"从以上对话看，东坡居士似乎是想用机锋让琴操来参禅，而琴操皆用她熟稔于心的诗句流利作答。乍看，此几句诗应对恰到好处，意象范围既广又耐人寻味，略有禅机。然东坡居士与琴操的这段"予为长老，汝试参禅"的对答，其实便是曹洞宗的禅，其禅法深奥难会，修禅者既要有文化，又要懂禅法，是一个基本的参禅前提。然而，我们看到其一问一答间，真正参禅的引导和"机锋"并未有那么清晰的指向。但不难看出，作为官宦文人的东坡居士对参禅修行之理也确有一定的把控，琴操用诗句作答时，对参禅如何去找，"入处"便有了更多的理解，故而即予歌答，述出心中之决意。经此之后，东坡为琴操落籍（赎身）。琴操遂于玲珑山别院，削发为比丘尼，进入佛门修行。

　　宋人笔记中说琴操年少时与东坡有过一段忘年情，书中一笔带过，在元代被人写成了戏曲加以传唱，也就有了后来的《眉山秀》和《红莲债》，讲述了另一个版本的故事：琴操作为一代才女，虽受到了当地父母官苏东坡的宠爱，但终逃不了红颜薄命的厄运，出家于玲珑山，且有了"琴操参宗"的典故。琴操在玲珑山某尼姑庵研读佛理，并将心得写下，寄于杭州城中的苏东坡。一位是出身低微却极有天赋的才女，一位是天性浪漫、不拘小节的大诗人，二人成为知交。在宦海中几经沉浮的苏东坡，早已将人世看透，却冲不破世俗枷锁，无法和心爱的人厮守。为了造访出家修行的琴操，苏东坡邀得好友黄庭坚、佛印禅师，一行三人经常在玲珑山上温酒参禅，而经常侍立于旁的便是琴操。后来，琴操听到诗僧参寥带来了苏东坡被贬至南海儋州的消息后郁郁而终，年仅二十六岁。垂暮之年的苏东坡闻讯面壁而泣，认为是自己害了琴操。一代红颜才女早逝，善哉？悲哉！诗人苏东坡，后来请人在玲珑山琴操修行处，重葬了这位红颜知己，并亲自写了一方墓碑。

琴操墓到南宋时，已淹没在荒草之中，乡人捡到东坡的题碑，就重修了一次。民国年间，诗人郁达夫寻访时，又只剩下"一坡荒土，一块粗碑"，上面刻着"琴操墓"三个大字了。郁达夫所见的墓碑，已非东坡所书，而是明人重修的碑碣。十几年前当地重修琴操墓，找到这块已被当作铺路石的残碑。那块记述东坡和琴操之事的碑石，则踪迹全无了。

玲珑山在杭州西，临安县境内，山虽小但很精致。玲珑山的旧迹很多，唐代古刹卧龙寺在宋时香火还很盛。昔年琴操上山时，要过南天门。这是唐朝就有的山门，上有楼阁，下通行人，有石门可开启。这景致早已湮没，遗存的只有一方后人题刻的"玲珑胜境"，还有东坡手植的学士松了。"九折岩"三个字，据说是东坡的醉书。当年琴操就从这方岩壁后拐过去，消逝在绿树中。山路不长，有一种曲径通幽之感，不知道琴操又如何想呢？她这一步过去，就和红尘隔绝了，她抛得下世间的繁华和心中的情愫吗？

民国时，郁达夫、林语堂和潘光旦同游玲珑山，翻遍八卷《临安县志》却不见有关琴操的记载。气愤的郁达夫作诗叹道："山既玲珑水亦清，东坡曾此访云英。如何八卷临安志，不记琴操一段情！"林语堂拿来一本《野叟曝言》，提议说道："潘光旦研究冯小青，我喜爱李香君！达夫和琴操也算是同乡，琴操墓的修整就理应郁兄来操办了。"此事后来不了了之。只因琴操一朝为伎，终入不得正史。痛感玲珑山墓冢荒鄙怎能配上这个前朝的美人，数代文人墨客因此冢而拜访玲珑山，墓碑也几度重修。琴操因东坡而得到代代文人的怜惜，玲珑山也因有琴操而千古闻名。

第二章　为政情怀

第一节　东坡倅杭第一个月记事

苏东坡是一位诗、词、书、画皆有极高造诣的全能才子，是北宋最耀眼的明星，成功俘获了一大帮粉丝的心，是名副其实的"国民偶像"。苏东坡任通判到杭州是十一月二十八日，到任第一个月的"三件事"就广为流传。18年后苏东坡再到杭州任知州，18年前的"三件事"，凡事有交代，件件有着落，事事有回音，苏东坡乃世上最靠谱的妙人。

第一件事

初来乍到，没有可以同游的朋友，苏东坡想起了在颍州时欧阳修再三向他提起的杭州名僧惠勤。这位老和尚有很深的文学修养，且长于写诗，曾与欧阳修相唱和，现正主持西湖之边的孤山寺，寺中还有另一位著名诗僧惠思。稍稍安顿下来，苏东坡到杭第三天便前往孤山拜访他二位，并转达欧阳修的殷勤致意。那是一个将雪未雪的日子，苏东坡来到西湖边，遥望耸立湖中的孤山，只见云遮雾绕，亭台楼阁时隐时现，仿佛蓬莱仙境，别有一番缥缈迷离的情状。湖水清澈明净，怪石嶙峋，鱼儿漫游其中，自由自在，清晰可数；湖畔茂林修竹之中，不时传来鸟儿欢快悦耳的鸣声。苏东坡兴致勃勃，沿着盘旋曲折的山间小径，穿云渡岭，来到孤山寺。这真是一个极为清幽素朴的所在！纸窗竹屋，隔住隆冬的寒意，两位僧人身披袈裟，在蒲团上打坐，参禅修道。庭院洁净，古柏参天，四处悄无人声。不是高僧如何耐得住这一份远离尘寰的寂寞？

诗僧惠勤是余杭人，善诗文，宋仁宗庆历年间曾长期游历京师开封，名声很大。欧阳修却写了三首题为《山中乐》的诗送给他，劝他回乡。惠勤回来后在西湖孤山结庐隐修，轻易不见人。苏东坡在熙宁中到杭州任通判时，欧阳修已经告老还乡。苏东坡特地绕道汝阴去看他。欧阳修告诉苏东坡说："西湖僧惠勤甚文，长于诗，吾昔为山中乐三章以赠之。子闲于民事，求人于湖山而不得，则往从勤乎。"苏东坡与惠勤相见甚欢。惠勤对欧阳修甚为推崇，对苏东坡说："六一公天人也，人见其暂寓人间，而不知其乘云驭风，历五岳而跨沧海也。故吾以为西湖盖公几案间一物耳。"宾主相见，十分欢愉，抵掌而谈，滔滔不绝，大有相见恨晚、知音难遇之感。可惜天色渐晚，在随行仆从的频频催促下，苏东坡依依不舍地踏上归程。山下回望，只见云树迷蒙一片，苍劲的野鹘在佛塔边盘旋。回到家里，他的心仍久久沉浸在那遗世独立、超尘绝俗的清幽世界，恍恍惚惚如同美梦初醒。他怔怔地坐在桌前，极力想挽留那渐渐远去的一切，于是提笔疾书，写下《腊日游孤山访惠勤惠思二僧》：

  天欲雪，云满湖，楼台明灭山有无。水清出石鱼可数，林深无人鸟相呼。腊日不归对妻孥，名寻道人实自娱。道人之居在何许？宝云山前路盘纡。孤山孤绝谁肯庐，道人有道山不孤。纸窗竹屋深自暖，拥褐坐睡依团蒲。天寒路远愁仆夫，整驾催归及未晡。出山回望云木合，但见野鹘盘浮图。兹游淡薄欢有余，到家恍如梦蘧蘧。作诗火急追亡逋，清景一失后难摹。

诗作描绘了一幅独特的冬日山行访僧图。诗人见景生情，信手写出，远景与近景相衬，山水与人物相生，构成一幅绿水青山独居图，苏东坡很快融入了杭州美丽的山水自然中。

苏东坡在杭州与惠勤交往越来越密切，一日以病告假，泛舟独游西湖。白天访了上净寺、惠昭寺、小昭庆寺，黄昏时分，又去了孤山，拜访惠勤禅师。惠勤禅师当时在智果寺，寺旁有两个石制金刚拱手而站，寺内神像高大，头部快碰到屋顶。智果寺院内的石缝中有泉水流出，味道甘冷，适合泡茶。惠勤禅师知苏东坡来访，拿出珍藏的白云茶，备下茶注、茶铫、茶瓯，汲取泉水放在火上烹煮，直至泉水翻起蟹眼。惠勤禅师将一盏酽茶递过，苏东坡一饮，顿感十分香美。那日，苏东坡一高兴，想起了唐朝诗人卢仝"七碗茶"之说，苏东坡便追随卢仝一连喝了七碗，饮后神清目爽。当日晚，苏东坡雅兴大发，握笔题壁："示病维摩元不病，在家灵运已忘家。何须魏帝一丸药，且尽卢仝七碗茶。"昔日魏文帝曹丕曾有诗："与我一丸药，光耀有五色，服之四五日，身体生羽翼。"苏东坡认为卢仝的"七碗茶"更神于"一丸药"，人多喝茶，胜过吃药。

苏东坡再次出任杭州知州，已经是18年之后，北宋元祐四年（1089年），此时欧阳修已去世多年（熙宁五年去世）。苏东坡顺着原路，再次访惠勤的僧舍孤山寺。惠勤也已去世多年。堂上挂着欧阳公和惠勤的画像，栩栩如生。他的弟子二仲还在。二仲对苏东坡说："师父旧舍，原来并没有泉眼的。您来之前几个月，孤山脚下，讲堂之后，雪白而甘美的泉水，突然涌出来了。我们就在此地开凿岩壁，架起石头，做了一间房子。"（舍下旧无泉，予未至数月，泉出讲堂之后、孤山之趾，汪然溢流，甚白而甘。即其地，凿岩架石为室。）又说："这可能是师父在天之灵，知道您要来，特地涌出泉水，为您接风洗尘。请您给泉取名字吧！"（师闻公来，出泉以相劳苦，公可无言乎！）东坡回想与惠勤的旧日交往,听二仲言,尊惠勤遗愿,提笔为此泉取名为"六一泉"。见泉,犹如见老师欧阳修其人。又为泉作铭:"泉之出也,去公数千里,后公之没十有八年,而名之曰'六一',不几于诞乎?曰:君子之泽,岂独五世而已?盖得其人,则可至于百传。尝试与子登孤山而望吴越,歌《山中之乐》而饮此水,则公之遗风余烈,亦或见于斯泉也。"意思是说:"泉水涌出的地方,和欧阳公相距千里。老师去世十八年了,再以'六一'为名,是不是有点奇怪呢?我说:一位君子,以他的品德和能力,为后代留下福泽,岂止影响五代人而已,可以流芳百世。我常和他登孤山,回望吴越故地,歌咏山中之乐,饮此泉水。欧阳公的风教功业,或许也见于泉水之中。"

《六一泉铭》被惠勤的弟子们镌刻在石壁上。苏东坡和惠勤、欧阳修的往事,直到今日流传甚广。

第二件事

苏东坡任杭州通判到任第六天就去天竺法喜寺,35岁的苏东坡去拜访61岁的辩才和尚,因为他从惠勤口中得知辩才和尚是杭州的僧界领袖人物,而且他在惠勤处品味了法喜寺辩才的白云茶,让其垂涎三尺(故事见"从来佳茗似佳人")。

第三件事

苏东坡出任杭州通判不久就到了除夕,这时该回家过年了,然而苏东坡还在忙工作。让他难过的是,他此刻必须做的"工作"是清点监狱在押犯人。这是宋朝通判官除夕日的例行公事。当时州府的牢房里挤得满满的,数量比常年多出三倍有余,他们之中有的甚至还只是小孩子。苏东坡心里明白,这些犯人大多是为生计所迫而违反了"新法"(保甲法:有罪连坐)的老百姓。受悲凉、哀痛心情的折磨,苏东坡当即叫差役拿来所有案卷,一边看一边在州牢房墙壁上,留题五言古诗一首(《都厅题壁二首》之一,或作《除夜直都厅因系皆满日暮不得返舍因题一诗于壁》)。

题狱壁
除日当早归,官事乃见留。
执笔对之泣,哀此系中囚。
小人营糇粮,堕网不知羞。
我亦恋薄禄,因循失归休。
不须论贤愚,均是为食谋。
谁能暂纵遣?闵默愧前修。

当代学者孔凡礼先生在《苏轼年谱》中述评此事、此诗时说:除夕,直都厅,题壁感叹囚系皆满(《(苏轼)诗集》卷三十二)。盖"囚系皆满",当为卢秉提举盐事以后事(《(苏轼)文集》卷四十八《上文侍中论榷盐书》)。谓"两浙之民以犯盐得罪者,一岁至万七千人而莫能止"(《(苏轼)文集》卷四十八《上韩丞相论灾伤手实书》)。谓"每执笔断犯盐者,未尝不流涕",则所系者大半皆盐犯。史载,北宋时浙江海盐是大宗出产。以杭州为例,沿杭州湾、钱塘江北岸的大盐场,即有钱塘场,在钱塘县界浮山;又渔山渡,在大朱桥盐场。此外汤镇、仁和村、盐官、新兴、下管、上管、蜀山、岩门、南路、茶槽等场,均为食盐常产之地(《咸淳临安志》《梦粱录》)。宋代实施食盐专卖制度,浙东的盐场、州仓存在不按时、不依额发放或减克盐户盐本钱以及肆意侵夺盐户盐货诸弊端,盐户因而被迫从事私盐制贩活动，以完纳盐课与维持生计。盐户和居于盐卤之地的濒海细民，亦为盐利所诱贩私盐。面对愈演愈烈的浙东私盐制贩活动，宋朝廷被动地以灶甲制、巡检寨、私盐律等举措予以预防并施以程度不等的惩治，由此不断强化国家对浙东盐业场域的治理力度。而浙东私盐始终无法根绝的深层次原因，在于朝廷只是一味强暴维系业已僵化的食盐专卖体制，并不曾基于盐户、盐商的切身利益，对明显不适应现实的体制进行必要的调适（张宏利、刘璐《宋代浙东地区私盐制贩与国家治理模式的演变》）。苏东坡在这首题壁诗末句沉痛地发问和感慨："谁能暂纵遣？闵默愧前修。"这是对这段历史发自肺腑的严厉诘问。

北宋时期，国家承平日久，社会安定，所以真正的巨奸大恶，并不常有，犯行大多是些偷鸡摸狗、迫于饥寒而起的细事。在苏东坡人道主义的观念里，求生是人的基本权利，因求生而致犯罪，实在可以同情，甚至想到自己在这里做官，恋恋于这份俸禄，也不过是为了生活。当苏东坡看完管营拿来的案卷，了解绝大部分囚徒都是因贩盐或偷盐而入罪，小孩老人都是受牵连变成囚徒的，苏东坡设庭提囚徒问明情况，以仁慈之心作出决断，让这批小偷小摸、贩私盐者和受保甲法牵连人写下保证书让其改过自新不再重犯，当场释放了三百多人让其回家过年。此事一传十，十传百，苏东坡悲天悯人、大慈大悲的行为俘获了杭州市民的心，他受到大家的爱戴。

元祐五年（1090年），苏东坡再次出任杭州知州的除夕晚上，在杭值守除夕的夜晚他又去杭州监狱检查。与19年前除夕夜杭州监狱"囚系皆满"迥然不同的是，这一年除夕夜，州监狱里空空如也，看不到几个囚犯在押。回想熙宁四年初任杭州

通判时除夕题写在州监狱壁上的那首诗,东坡先生不禁心潮复起,又作了一首五言诗("和诗"):

> 山川不改旧,岁月逝肯留。
> 百年一俯仰,五胜更王囚。
> 同僚比岑范,德业前人羞。
> 坐令老钝守,啸诺获少休。
> 却思二十年,出处非人谋。
> 齿发付天公,缺坏不可修。

这首五言诗的诗题翔实地描述了监狱现状,完全可以当作东坡先生的一篇纪实抒情散文来赏读。诗题的全文是:

> 熙宁中,轼通守此郡。除夜,直都厅,囚系皆满,日暮不得返舍,因题一诗于壁,今二十年矣。衰病之余,复忝郡寄,再经除夜,庭事萧然,三圄皆空,盖同僚之力,非拙朽所致。因和前篇呈公济、子侔二通守。

五言诗和熙宁四年除夕夜题壁诗,同韵脚、同篇幅、同字数,故东坡诗题称此诗为"和前篇"。岁月不留,山川依旧。苏东坡认为,检验一个地方、一个时期是否行德政,牢狱就是一块试金石。与熙宁年间(1068—1077年)的"囚系皆满"相比,元祐年间(1086—1094年)的狱囚已空,说明朝政值得肯定。然而苏东坡并不居功,将这一政绩归功于公济、子侔两位通判。

第二节　东坡杭州办案记

苏东坡不仅是文学家和书法家,还是两宋士大夫中具有极高法律素养的一位官吏,可谓"文学法理,咸精其能"。作为地方的司法官员,他对于地方犯罪情况与司法实务具有深刻的洞察力,面对复杂情况,能泰然处之,化解于无形,有着高超的行政司法能力。而作为文学家的苏东坡,又使其在判案时展现了宋代士大夫所共有的人文关怀,能够关心民间疾苦和同情百姓遭遇。

熙宁四年(1071年)十一月二十八日,苏东坡携家带口风尘仆仆地来到杭州。杭州的公馆位于凤凰山顶,作为通判,苏东坡官邸在公馆的北侧,可俯瞰西湖,景色宜人。南面是钱塘江,每天出海的各种大船出没于江面。站在此处向北望,西湖四周环山,山顶隐约可见,庙宇与别墅点缀于山坡之上。东边是钱塘江湾,有惊涛拍岸之气魄。官邸在凤凰山下,夹于西湖与钱塘江湾中间。每天清晨起身,打开窗户,就能一眼看到下面西湖平静的水面和若隐若现的环山。对于苏东坡来说,"乞外补",来到"余杭风物之美冠天下"的杭州,心情该是何等愉悦、舒心。于是初到杭州的苏东坡便写出这样的诗句:"未成小隐聊中隐,可得长闲胜暂闲。我本无家更安往?故乡无此好湖山。"苏东坡一生最快活的日子是在杭州度过的。杭州的山林江湖之美、繁华的街市、宏伟的庙宇,还有杭州人那江南特有的轻松愉快的气质,无不给苏东坡留下了深刻印象。杭州的美景和人文赢得了苏东坡的心,苏东坡为政也赢取了杭州人的心。

苏东坡杭州的衙署在凤凰山脚边,它坐北朝南,建筑面积一千多平方米，有大门三间，大堂面阔五间。木制构件上全部有花鸟彩绘，姿态各异，栩栩如生。柱上嵌木联一副："欺人如欺天毋自欺也，负民即负国何忍负之。"大堂中间悬挂"明镜高悬"金字匾额，匾额下为知州审案暖阁，阁正面立一海水朝屏风，三尺法桌放在暖阁内木制高台上，桌上置文房四宝和令箭筒，桌后放一把太师椅，其左为令箭架，右有黑折扇。暖阁前左右铺两块青石，左为原告席，右为被告席，苏东坡办案可称得上威风凛凛、气宇轩昂。可苏东坡很少在衙署内办公判案，判案随苏大学士本性：为民办事办案随时随地，可以说百姓有事有冤让他碰着就"升堂办公"，就像现在的"流动法院"。

苏东坡为官，明是非，知对错，分善恶，不唯上，不盲从，始终坚守做官的底线，行"仁民"之政，以民为重，不被"上梁"带歪，始终做正"下梁"，让人敬仰。他初考进士时，就在应试文章《刑赏忠厚之至论》中阐明了他的做官理念，就是遵循"以君子长者之道待天下"的仁政思想，他是所有做官之人的榜样。

苏东坡出任杭州通判办的第一个案件，就是除夕到监狱清点在押犯人。例行公事后在州牢房墙壁上，留题五言古诗一首（《都厅题壁二首》之一）（此案件来龙去脉见"东坡倅杭第一个月记事"）。

在钱塘县衙署内，苏东坡还处理了一件制扇商人负债案件。此案案情虽然简单，但苏东坡的处理颇为精彩，集中体现了擅长书画的苏东坡精于理政的鲜明特点，流传甚广。

此事见于宋人笔记《春渚纪闻》卷六《东坡事实》，作者何薳与苏东坡为同时期人，而且他的父亲与苏东坡交情匪浅，且本卷目之以"事实"。综合来看，这件事虽具戏剧性，但有一定的可信度。宋人何薳《春渚纪闻·卷六 东坡事实·写画白团扇》载：

> 先生职临钱塘江日，有陈诉负绫绢二万不偿者。公呼至询之，云："某家以制扇为业，适父死，而又自今春已来，连雨天寒，所制不售，非故负之也。"公熟视久之，曰："姑取汝所制扇来，吾当为汝发市也。"须臾扇至，公取白团夹绢二十扇，就判笔随意作行书草圣及枯木竹石，顷刻而尽。即以付之曰："出外速偿所负也。"其人抱扇泣谢而出。始逾府门，而好事者争以千钱取一扇，所持立尽，后至而不得者，至懊恨不胜而去。遂尽偿所逋，一郡称嗟，至有泣下者。

大意为：苏东坡在杭州任职时，一绫绢商人告一制扇匠人欠他两万绫绢钱不还。先生于是把制扇匠人召来询问，欠钱者说："我家是以制扇为职业的，正赶上我父亲去世，而又从今年春天以来，连着下雨，天气寒冷，做好的扇子卖不出去，不是故意欠他钱。"庭审堂内一个要债一个还不了债，争论不休。苏东坡仔细地听罢陈述，觉得各有各的理，如果简单依法公判，虽然绫绢商讨回了公道，但制扇商势必家破人亡；如果同情制扇商，又如何维护绫绢商的利益呢？这不是一个简单的法律问题，而是一个如何切实为老百姓解决实际困难的问题。苏东坡想了半天，让那制扇匠人回家把扇子抱来，说道："暂且拿你做的扇子，我来帮你开张。"一会儿扇子送到，先生拿了空白的夹绢扇面二十把，顺手拿起判案用的笔墨，在扇面上书写行书、草书，画上枯木竹石，片刻就画完了。他把写画好的扇子交给那人说:"快去外面卖了还钱。"那人抱着扇子忐忑不安,边流泪答谢边往外走。刚出了府门,就有喜欢苏东坡诗画的人争着来用一千钱买一把扇子,拿的扇子马上卖完了,来得晚的人想买也买不到,甚至到了非常懊悔地离开的地步。制扇匠人于是全部还清了欠款,两人欢天喜地地各自回家去了。整个杭州郡的人都称赞感叹(这件事),甚至有感动得流泪的人。

东坡画扇这则故事,不仅有助于我们了解苏东坡的书画在当时的影响,也使我们从中看到他的为政宽和,为人仁厚。人们用东坡画扇比喻关心百姓疾苦、爱民如子。

苏东坡画扇判案、为制扇手工业者还债的传闻,一传十、十传百,很快传遍杭州扇子巷。扇子巷里有位老婆婆也以制扇、卖扇为生,这年春寒多雨,积有不少白绢团扇卖不出去,并有点发霉,生活困难。她想,苏东坡如此心地善良,为隔壁张二画扇还债,我老婆婆也抱一簇白绢团扇去请他画画,好发个利市。这天老婆婆起了个大早,抱着一簇白绢团扇等在苏东坡到州府衙门的路上。当天天气很冷,苏东坡公务多,天黑后才带着书童小忠回家,经过这个头发花白的老婆婆身边,听到她自言自语地说:"要是再没人买扇,家里的孩子怎么办啊?"苏东坡便走上前去,对老婆婆说,天这么冷你抱着团扇,哪个要买啊!老婆婆不认识苏东坡,回答说:"是啊,天冷团扇无人要,可家里要靠卖团扇的钱生活啊。"苏东坡一听,让小忠向旁边店家借了一支笔,站在路边,把团扇一把把都画上几笔,有竹、有兰、有字。老婆婆见了,着急道:"你这个人怎么乱涂啊。"苏东坡安慰说:"我学的苏东坡字画十分相似,你拿去卖卖看吧。"哪晓得这时路上已经挤满了看热闹的人。正巧张二带着女儿玲珑路过,玲珑跑上前去拉拉老婆婆的衣角,轻轻地说:"他就是苏东坡啊！"大家一看是苏东坡画的扇子，人人争着买，有的抛下一锭银子拿起扇子就走，有的争夺扇子，扇子一下子就卖完了。老婆婆数着比原来卖扇高出几十倍的钱高兴极了，急急忙忙赶回家，连夜赶制了几十把团扇，第二天又站在路边想再请苏东坡画扇。苏东坡从州府回来，远远看见老婆婆又抱着一大簇团扇在路边东张西望像在等他，便带着小忠走进一条小弄堂溜走了。老婆婆等到夜深人静仍不见苏东坡出现，只能回家了。这样一连四五天，老婆婆都在原地等苏东坡。苏东坡一看到就从小弄堂溜走。第六天，苏东坡从州府回家走到老婆婆卖扇处，远远望去没看到老婆婆，就要往前走。此时张二的女儿玲珑对着小忠，举起手来指指店铺又做了个抱东西的手势，小忠立刻告诉苏老爷说：那老婆婆还在等你。苏东坡又带着小忠溜进小弄堂走了。书童好奇地问："老爷，你为什么要躲着老婆婆？"苏东坡说："我只做雪中送炭之事。"书童点头赞同。现在杭州人把当年苏东坡每天从州府回来的路叫东坡路，那条小弄堂叫"躲婆弄"，因为绍兴有条王羲之"躲婆弄"，杭州这条就成为"东坡躲婆弄"。可惜杭州"东坡躲婆弄"在旧城改造中消失。

苏东坡还审理过一桩涉嫌欺诈、偷税漏税的案子。涉案者是一位年近六旬、须发花白、穿着寒酸的老者。税务官查获他随身携带着两个巨大的包裹，包裹上赫然写着"翰林学士知制诰苏某封寄京师苏侍郎收"。意思是：翰林学士苏东坡寄给京城门下侍郎苏辙。税务官报告，这两个包裹内全是上好的麻纱，并且沿途盗用苏东坡之名偷税，意图带到京城贩售图利。

苏东坡一听大怒，厉声责问老翁是怎么回事。老翁知道公堂上坐着的就是自己冒名诈骗的苏东坡，心中大惊，只好从实道来。原来此人乃乡贡举人，名叫吴味道，正准备进京参加礼部进士考试，但苦无资金，亲戚朋友凑钱买了两百匹当地的特产建阳纱，准备让他带到京城变卖做盘缠。依照当时的税务规定，携带麻纱穿州过府，沿途都要抽税，他算了一下，这样一来等到了目的地也就所剩无几了。吴味道素闻苏东坡兄弟喜好奖掖文士之名，于是决定盗用其名以便逃税，一路上果然畅通无阻。但因为消息不够灵通，不知苏东坡时任杭州知府，被抓了个正着。面对这个穷酸落魄、自作聪明而又可怜可气的老读书人，苏东坡没有再拍惊堂木，而是截取包裹上的旧封，郑重提笔在包裹上写道："龙图阁学士，铃辖浙西路兵马知杭州府苏某封寄京师竹竿巷苏学士。"接着，他笑着对吴味道说："前辈，你可放心，这回真是苏知府送交苏学士的包裹了，即便是带到皇帝面前也没关系。"吴味道喜出望外，千恩万谢后辞别苏东坡进京应试，第二年果然高中皇榜，并写信向苏东坡表示感谢。

　　苏东坡的为官之道、执法之道似乎有执法不严、违法不究甚至是以情代法的重大嫌疑，然而仔细思考会发现，在这四个带着浓厚人文氛围与和稀泥味道的案件背后，却透露出苏东坡处理政务、判决案件、维护法律的一个基本原则，那就是：无论做什么官、办什么案、执行什么法律，必须以老百姓的利益为根本出发点，而不能为办案而办案、为执法而执法，"法律无情人有情"，一切工作、生活的原则都应当以人为本。

　　苏东坡悲天悯人，体恤百姓、广施仁政，但对欺凌百姓、横行霸道的恶人却执法严明。苏东坡在杭州时，有件事让他很费神，就是如何除掉仁和县（今属余杭）横行霸道、无恶不作的颜巽、颜章、颜益父子。颜氏父子以各种违法手段控制当地大量商铺，胡乱收取保护费，同时还豢养了一大批社会闲散人员充作打手，谁不服或不从，轻者暴打一顿，重者打死，更嚣张的是他们还不把当地官府放在眼里。显然，颜氏父子后面不仅有省里高官罩着，还有京城背景。苏东坡已接到几十份百姓告颜氏父子的状书。为了着手处理颜氏父子，苏东坡先从整顿经济秩序入手，阻止了颜氏收保护费和控制商业街的行为。颜氏父子狗急跳墙，煽动几百人围攻凤凰山的杭州衙署，并叫嚣，如果苏东坡不给他们一个说法，就砸烂衙署。苏东坡心中暗喜，颜氏父子的行为已构成聚众闹事的事实，他没有硬碰硬，而是用了缓兵之计，用缓和的语气说，这事慢慢商量，欠你们的都会补上，大家先退下。于是，颜氏父子率众人一哄而散。当天晚上，苏东坡调派大批军队偷偷包围颜氏父子府邸，将其抓获。人是抓了，但如何治罪又成了问题。因为当时的法律根本没有扰乱社会治安、寻衅滋事等罪名。苏东坡在衙署内开庭判案，认为颜氏父子属罪大恶极，为商铺老板和被颜家欺负的百姓申冤，不用律典法度，便判颜氏父子刺配本州牢城。颜章、颜益下狱之日，"闾里大悦"。苏东坡为杭州百姓除去了一大祸害。结案之后，苏东坡就其法外刺配问题，上《奏为法外刺配罪人待罪状》，阐述判决理由，并向朝廷请罪。苏东坡的做法被御史论为不遵守法律，最后朝廷还是依法赦免了颜氏，但也没有追究苏东坡。

从杭州颜氏案的处理中可知，苏东坡在司法实践中非常重视调查研究，且具有较高的法律自觉，在其法外刺配之后上书朝廷待罪。而且苏东坡虽重法晓律，力图做到断之以法、情法两平，但在部分事关利害的情况下，还是会根据百姓需求、当时实情等具体事实而进行判断。

具体事件按当时实情判决的典型案例还有一件，更让我们爱戴这位"老市长":就在苏东坡即将离开杭州去密州任职之时,有一位别号"九尾野狐"的营妓向官府衙门提出申请,以自己年老色衰为由,请求脱离营妓名籍,成为良家妇女。

营妓是古代娼妓的一种。唐宋时,娼妓是官府经营的,在唐代或隶属教坊,或隶属军营。宋代则分属"州郡"和"军营",其身份列入另册,如想脱离娼妓名籍,可由本人提出申请。

唐宋时的娼妓可大致分为这样几种:宫伎,其主要职责是在皇家举行的各种节日庆典及盛会之类的活动上演出,并为帝王提供各种娱乐;官伎,指的是那些列入地方官家乐籍也就是教坊(梨园)并在官府举办的各式各样活动及宴会上表演歌舞音乐的艺人;营妓,又称为军妓,在军队为将士们提供娱乐;家妓,是指养在家中能歌善舞、擅长音乐杂艺的美貌女子。

由此可见,娼妓并非全是卖身的妓女,如宋朝法律明确规定,官伎只准"歌舞佐酒",不准"私侍枕席",出卖肉体是违法的。苏东坡当时只是杭州的临时负责人,新领导杨绘马上就会到任,他本来完全可以把此事推给新领导处理,但他是个乐天派,喜欢开玩笑,看到这份有趣的请示后,提起笔来就批示:"五日京兆,判状不难;九尾野狐,从良任便。"同意其从良的请求。这里的"五日京兆"是用了西汉京兆尹张敞的故事:因受一个案子牵连,张敞被人弹劾,即将去职。就在这个时候,张敞命令其部下絮舜去查办一个案件。絮舜却说:你只能做五天的京兆尹了,我为什么还要听你的话?就私自回家睡觉去了。张敞非常生气,马上派人将絮舜拘押起来,说:五日京兆又怎么样?说完就把絮舜杀了。苏东坡在这里引用这个典故是说,我虽然是个临时负责人并即将去职,但还是有权批准你的从良请求的。这个批示确实非常有趣。

更有趣的是,别号"九尾野狐"的请示刚刚批下去,差不多同样内容的另一份请示马上又递到了苏东坡这位代理官员的案台上。这回提出从良嫁人请求的营妓名叫周生,是当时杭州城长得最漂亮技艺也最佳的营妓。如果说,人老色衰的"九尾野狐"要走,苏东坡可以不留,那么,要放走色艺俱佳的周生,苏东坡就不得不认真考虑考虑了,因为周生是业务骨干,是"台柱子",杭州城每次搞大型演出活动,都得靠她撑台面,这样的人才,怎么能够随便放走呢?所以苏东坡在她的请示上批道:"慕周南之化,此意虽可嘉。空冀北之群,所请宜不允。"(欧阳修:《渑水燕谈录》卷十)

一判从良,脱离营籍;一判不允,仍操旧业。这本来就要让人笑破肚皮,更好笑的还是苏东坡在批示中引用的这两个典故——"慕周南之化"典出《诗经·周南·关雎》:"关关雎鸠,在河之洲。窈窕淑女,君子好逑。""空冀北之群"典出韩愈《送温处士赴河阳军序》之"伯乐一过冀北之野,而马群遂空",比喻有才能的人遇到知己而得到提拔,成语"群空冀北"就由此而来。

苏东坡巧妙地借用这两个典故,是说人生追求美好幸福的婚姻生活,精神固然可嘉;但像你这种色艺俱佳的歌舞女郎,是难得的人才,似乎不应该这么早就脱离营妓名籍、从良嫁人。再说,放你走了,以后就缺少能够撑台面的艺人,所以我不能批准你的请求,请你原谅和理解。苏东坡的批示,既幽默风趣,又合情合理;既充满人情味,又不失原则分寸。

苏东坡在杭州任官时,凡去游览西湖,总带上几个吏属,一路赏玩,常常会不知不觉到灵隐寺。灵隐寺,又名云林寺,始建于东晋咸和元年（326年），是我国佛教禅宗十大古刹之一。它端坐在西湖以西的灵隐山麓，背靠北高峰，面朝飞来峰，秀峰辉映，古木茂盛，古寺藏于深山，云烟缥缈其中，很是迷人。苏东坡最喜欢的是灵隐寺门前的冷泉亭。"冷泉"这一名称源自白居易，白居易在唐长庆年间任杭州刺史时，因溪水常年冷澈如玉，故称之为"冷泉"。最初，冷泉亭建在冷泉水中央，与旁边的四座亭子（虚白、侯仙、观风、见山）相望，形成"五亭相望，如指之列"之景，白居易写下著名的《冷泉亭记》，高度评价了冷泉亭及其周边环境的美妙。后因山洪暴发，亭子被冲毁，冷泉亭被重建至灵隐寺山门前位置。苏东坡喜欢这四周风景，恬静宁神的冷泉亭是苏东坡最理想的办公地。一到亭子上，他便令人摆上桌椅笔墨，摊开卷宗，开始判决公案。苏东坡豪放不羁，才思敏捷，若遇急切的公务，绝不拖延，立刻与人"分争辩讼"，边判案子边谈笑，判案速度之快，令人咋舌！公务一完毕，苏东坡就令人马上撤掉公文案卷，摆上酒菜，与手下吏胥共饮同酌。饮至酒酣耳热，诗兴大发，直到暮色降临，才恋恋不舍地打道回府。回到城中，已是万家灯火，且每次回来时，因喝了酒，往往弄得兴师动众，引得许多城中百姓来看。他们都非常喜欢这位父母官，都想一睹他的风采，因为其豪情逸致早已在百姓中传开了。费衮《梁溪漫志》卷四载："东坡镇余杭，遇游西湖，多令旌旗导从出钱塘门，坡则自涌金门从一二老兵，泛舟绝湖而来。饭于普安院，徜徉灵隐、天竺间。以吏胥自随，至冷泉亭则据案剖决，落笔如风雨，分争辩讼，谈笑而办。已，乃与僚吏剧饮，薄晚则乘马以归。夹道灯火，纵观太守。"一次，苏东坡就在冷泉亭上判一桩灵隐寺僧的案子。灵隐寺有一和尚名叫了然，不守寺规，常到歌伎处走动，并爱上了一名自称秀奴的歌伎。后来他钱财用尽，衣衫褴褛，蓬头垢面，秀奴就不肯见他了。那天喝了酒，他去找秀奴，吃了闭门羹，就强闯进去，秀奴不从之下被他打死了。于是他被控杀人。官吏审问他时，发现他的臂上刺了两句诗："但愿生同极乐国，免教今世苦相思。"调查完毕，证物送到苏东坡手中。苏东坡一看，颇觉好笑，便写诗一首："这个秃奴，修行忒煞，云山顶上空持戒。只因迷恋玉楼人，鹑衣百结浑无奈。毒手伤心，花容粉碎，色空空色今安在。臂间刺道苦相思，这回还了相思债。"杀人和尚被押赴刑场处决。苏东坡用俚语写成的这首滑稽诗一直在民间口耳相传，平添了这位怪诗人的许多佳话。

今天我们走进灵隐寺大雄宝殿，在西侧抱柱上就能欣赏到一副巨大的楹柱联，上面写着：

古迹重湖山，历数名贤，最难忘白傅留诗，苏公判牍。
胜缘结香火，来游福地，莫虚负荷花十里，桂子三秋。

它是现代文人江庸撰杭州灵隐寺大雄宝殿楹联、吴敬生书写的。"苏公判牍"说的就是这件判了然死刑的事（也是苏东坡一生为官判案中唯一判罪犯死刑的事）。

苏东坡题写灵隐寺的诗不少，且篇篇冠于诸诗之首。如《灵隐前一首赠唐林夫》：

灵隐前，天竺后，两涧春淙一灵鹫。
不知水从何处来，跳波赴壑如奔雷。
无情有意两莫测，肯向冷泉亭下相萦回。
我在钱塘六百日，山中暂来不暖席。

今君欲作灵隐居，葛衣草履随僧蔬。

能与冷泉作主一百日，不用二十四考书中书。

灵隐寺山门前的"壑雷亭""春淙亭"之名就取自苏东坡这首诗中的"两涧春淙一灵鹫"及"跳波赴壑如奔雷"句。苏东坡已经融入杭州，杭州也不能没有苏东坡。无法想象没有苏东坡的杭州该是怎样的单调和无趣，那更是一种遗憾。

第三节　东坡杭州赈灾情

北宋时期，自然灾害频繁发生，诸如旱灾、水灾、冰雹、蝗虫等，不仅严重影响大宋的经济，也不断困扰着人们的生活，而熙宁新法中以富国强兵为目标的平均赋税法，加重了百姓的负担。奔走在乡野田间的苏东坡，目睹穷苦百姓在天灾与虐政的夹击下无以为生的惨状，十分悲愤，一方面他尽可能在职权范围内"因法以便民"；另一方面又情不自禁地拿起手中笔，把所见所闻告诉大家。苏东坡在杭州任通判期间，有段时间当地百姓一直受水涝的严重侵害，连续几十天连绵不断的大雨，让城里城外变成水洼地，尤其是城外四周水汪汪一片，庄稼地的作物只浮现尖尖头，翠绿色稻穗在水中挣扎，百姓早已逃离家门，而高高在上的统治者却如泥塑木雕的神像一样，受着百姓供养，却对造成夏收时节男废耕女废织的水涝灾情毫不关心。苏东坡见此情景，怀着对官场的愤慨和对民众的悲悯，大胆地以诗作揭露现实："蚕欲老，麦半黄，山前山后水浪浪！农夫辍耒女废筐，白衣仙人在高堂！"这是一首纪游诗，但与一般纪游诗不同，它不是对山水名胜的赞颂与刻画，而是一首反映现实、关心人民疾苦、借题发挥的政治讽刺诗。这首诗语言通俗，韵律和谐，很有民歌风味。最妙的是最后一句，"白衣仙人"明指观音，暗指官吏，讥刺他们深居豪宅，过着穷奢极欲的生活，讽刺意味含而不露，给读者以丰富的联想余地。纪昀评此诗说："刺当时之不恤民也，妙于不尽其词。"正确地指出了这首诗的主旨和艺术特点。一般来说，宋朝在文字上的控制，比唐朝要严。因此，像杜甫、白居易等敢于针对时事而发的诗歌，在宋人中很难找到。苏东坡虽然是个敢于说话的人，也不能不有所顾虑，在表现形式上力求含蓄，言而不尽。但从这首诗中自然而然地能体会到苏东坡的民本思想。后来苏东坡就因写诗而有"乌台诗案"之冤屈。

在科技不发达的北宋，人们基本上靠天吃饭，遇上自然灾害往往束手无策，雨水多了成涝灾，久不下雨成旱灾，田中麦禾颗粒无收，此时只能极其虔诚地求雨。作为百姓的好官，苏东坡总是认真履行这一职责："百重堆案掣身闲，一叶秋声对榻眠。床下雪霜侵户月，枕中琴筑落阶泉。崎岖世味尝应遍，寂寞山栖老渐便。惟有悯农心尚在，起瞻云汉更茫然。"（《立秋日祷雨宿灵隐寺同周徐二令》）立秋日，苏东坡和钱塘县令周邠、仁和县令徐畴去上天竺祈雨，夜宿灵隐寺。上天竺法喜讲寺，又名上天竺、法喜寺，该寺始建于后晋天福初年（936年），以观音灵验、香火兴旺而闻名，是历代许多帝王敬香朝拜之地。灵隐寺在当时也非常有名，始建于东晋咸和元年（326年），开山祖师为西印度僧人慧理和尚，认为飞来峰是"仙灵所隐"之地，遂面山建寺，取名"灵隐"。苏东坡带着虔诚的心去上天竺法喜寺和灵隐寺求雨，希望曾经在凤翔太白山祈雨成功的过程重现。

当年凤翔久不下雨,眼看着地里的小麦危在旦夕,凤翔知府宋选把祈雨的艰巨任务交给新来的年轻通判苏东坡。苏东坡听了老农们的建议,到凤翔南边的太白山上去祈雨。三月初七这一天,苏东坡等人带着丰盛的祭品到太白山上去向龙王祭祀祈祷,并写了一篇奇文《凤翔太白山祈雨祝文》:

> 维西方挺特英伟之气,结而为此山。惟山之阴威润泽之气,又聚而为湫潭。瓶罂罐勺,可以雨天下,而况于一方乎?乃者自冬徂春,雨雪不至,西民之所恃以为生者,麦禾而已。今旬不雨,即为凶岁,民食不继,盗贼且起。岂惟守土之臣所任以为忧,亦非神之所当安坐而熟视也。圣天子在上,凡所以怀柔之礼,莫不备至。下至于愚夫小民,奔走畏事者,亦岂有他哉!凡皆以为今日也。神其盍亦鉴之。上以无负圣天子之意,下以无失愚夫小民之望。尚飨。

这是一篇奇文,整篇文章读下来,苏东坡都在振振有词地与山神讲道理,与其说是一篇祈雨文,不如说是一篇责问书或者命令龙王下雨的公文。祈雨文呈上大概二十天后,凤翔终于下了一场小雨,但并没有彻底缓解干旱。宋选以为是年轻气盛的苏东坡惹恼了山神,决定亲自前往祈雨。可还没等宋知州出门,三天后又一场大雨不期而至,而且一连下了三天,旱情彻底解除。苏东坡高兴不已,欣然下笔又写了一篇《喜雨亭记》,还从宋仁宗处为太白山神求来了明应公的爵位,从此太白山神更加风光无限。

而这一次在灵隐寺,一想到杭州的干旱,苏东坡就彻夜难眠,环顾四周黑茫茫一片,天空的颜色漆黑漆黑的,云汉上还影影绰绰能见到几颗闪烁的星星，无风无雨让他忧心忡忡，何时能下雨，何时能让庄稼正常生长，忧国忧民之心使他寝食难安。

据《宋史·苏轼传》，熙宁六年（1073年）十月，朝廷让苏东坡以杭州通判兼转运使身份前往常州、润州、秀州和苏州赈济饥民。眼看年关临近，一贯认真负责的苏东坡加快赈灾速度，希望通过他的努力和放粮赈济，能让更多灾民温暖过年。他一路风餐露宿，辗转苏州、无锡各乡村，抓紧处理救灾事务。当他来到常州城东郊时，已是除夕。为减轻常州地方官署负担，不惊动百姓过年，苏东坡连夜宿营在常州城外京杭大运河的船上并留下了《除夜野宿常州城外二首》：

> 行歌野哭两堪悲，远火低星渐向微。
> 病眼不眠非守岁，乡音无伴苦思归。
> 重衾脚冷知霜重，新沐头轻感发稀。
> 多谢残灯不嫌客，孤舟一夜许相依。

苏东坡想着尽快搞好赈灾，能让百姓过个好年。苏东坡感慨道："但把穷愁博长健，不辞最后饮屠苏。"第二天在船上听了常州地方官说的灾情后，他又火速起航赶往灾情最为严重的润州，这都是苏东坡爱民情怀的最好体现。

1073年，整个大宋王朝出现一场罕见的天灾，从当年夏天开始一直到第二年春天，滴雨未下，田里庄稼大部分都干死了。灾情严重的地方，老百姓不得不背井离乡，四处觅食以渡过危机。这次浙西大旱因为当地州府没有及时抗灾，赈济又不及时，饥荒后接着发生瘟疫，出现饿殍遍野的悲惨景象。很多人有钱却买不到米，生生饿死在路旁。而一些官吏不仅没有及时采取有效措施应对无情旱灾，更没有在第一时间向朝廷如实汇报，导致灾情进一步扩大。苏东坡上书痛陈此事，朝廷才知晓实情，再施策抗灾，但为时已晚，最终造成百姓死亡人数高达二十万。悲天悯人、大慈大悲的苏东坡，牢记灾情带给百姓的痛苦，总结出"不先事处置之祸也"的自然规律，逐渐形成了救荒要及早施行灾前管理的思想，要求灾前及时洞察及早准备，遇灾救济要迅速反应，总结为"事豫则立，不豫则废"的救灾理论。

元祐四年（1089年），苏东坡第二次到杭州任知州，这年的年底至第二年五月，暴雨倾泻且没有停止的意思，苏东坡就预见将有灾害出现并及早准备，其"事豫则立、不豫则废"的救灾理论开始发挥作用。苏东坡到处买米，并且写信奏请朝廷拨米给杭州，还请求朝廷同意他们用绸缎来代替大米完成每年的进贡。苏东坡深信一分预防胜过十分救济，所以他不停地呼吁买米、存米，还上表朝廷请求拨款。《奏浙西灾伤第一状》（元祐五年七月作于杭州）：

> 元祐五年七月十五日，龙图阁学士、左朝奉郎、知杭州苏轼状奏：右臣闻事豫则立，不豫则废，此古今不刊之语也。至于救灾恤患，尤当在早……去年浙西数郡，先水后旱，灾伤不减熙宁。然二圣仁智聪明，于去年十一月中，首发德音，截拨本路上供斛斗二十万石赈济，又于十二月中，宽减转运司元祐四年上供额斛三分之一，为米五十余万斛，尽用其钱买银绢上供，了无一毫亏损县官。而命下之日，所在欢呼，官既住籴，米价自落。又自正月开仓粜

常平米,仍免数路税务所收五谷力胜钱,且赐度牒三百道,以助赈济。本路帖然,遂无一人饿殍者,此无它,先事处置之力也。由此观之,事豫则立,不豫则废,其祸福相绝如此……臣材力短浅,加之衰病,而一路生齿,忧责在臣,受恩既深,不敢别乞闲郡。日夜思虑,求来年救饥之术,别无长策,惟有秋冬之间,不惜高价,多籴常平米,以备来年出粜……

《奏浙西灾伤第一状》原文较为复杂,涉及大量的历史背景和细节,主要包括对灾情的描述、对朝廷的请求以及对未来可能发生的灾害的预测和防范措施。文中详细描述了浙西地区的灾情,包括水旱灾害的严重程度以及灾害对民众生活的影响,说明了灾情的严重性以及朝廷的初步应对措施。向朝廷提出了多项请求,包括减轻转运司上供额、允许在苏州秀州寄籴、允许五谷不得收力胜钱等,以减轻民众负担和应对可能的饥荒。文中还提到了对未来可能发生的灾害的预测以及对如何准备和应对这些灾害的建议。最后表达了对灾民的深切同情和对朝廷决策的期待,同时也表达了对未来可能发生的灾害的担忧和对自身责任的承担。综上所述,《奏浙西灾伤第一状》是一篇充满情感和责任感的奏章,既反映了作者对灾情的深刻理解和对民众疾苦的同情,也体现了作者对如何应对和减轻灾害影响的深思熟虑。

苏东坡在向朝廷要政策要救济要粮食的同时,最忙最急的事是筹粮,面对饥荒手中无粮是最大的问题。苏东坡曾经对人说过当官有"三乐":"凶岁检实,每自请行,放数得实,一乐也;听讼为人得真情,二乐也;公家有粟可赈饥民,三乐也。"

衙门里无储备粮而眼前的庄稼地收成不好,粮价从七月时米价每斗六十钱,十一月就涨到九十五钱。苏东坡这位市长哪会有好心情。幸亏常平仓里还有存粮,苏东坡又从外地火速筹到二十万石。在饥饿即将出现米价开始涨价之前,苏东坡立马卖出十八万石米,终于稳住米价,解决了百姓的生活问题。当时元祐五年(1090年)一月,米价一斗降至七十五钱。此时刚过春天而且多雨,看起来丰收颇有希望。农夫借钱施肥勤耕,一心希望夏天丰收。但到了五六月,暴风雨整天降临杭州一带,杭城四周水茫茫一片,并引发山洪,洪水冲向湖州,居民家中水深近一尺。农户丰收的希望破灭了,有的地方还出现了饥荒和沿街乞讨的百姓,一旦存粮耗尽,全城就要面临饥荒的威胁。苏东坡派人调查苏州、常州和湖州的灾情,得知整个地区一片汪洋,水库崩裂,大量稻田被积水淹没。救急如救火,苏东坡急告各地官府必须设法以济时艰,四处派人在当地买粮,或是由外地买进来,以防粮食短缺,并随时卖出以平定粮价。苏东坡相信饥荒是可以防止的,根本办法是预防。

未雨绸缪,存粮赈灾是首选方式,苏东坡素来相信常平仓制度远胜过饥荒之后的救济,所以他不断争取更多常平米,以便应对未来的饥荒。从七月开始,半年内苏东坡上表七次给太后和朝廷,列出实际情况,呼吁急速设法。头两道奏状叫作《秦浙西灾伤第一状》《秦浙西灾伤第二状》,赈灾任务已十分艰巨。他在十一月初四的奏议《乞赈济浙西七州状》中,请求截留上供粮米一半或者三分之一用于赈灾。十一月中,朝廷同意截留上供粮食二十万石。十二月中,又允许转运司将上供米五十万斛改为买银绢上供。有了这些截留下来的粮食,苏东坡得以在第二年正月就开常平仓粜米,使得米价回落。苏东坡还写了四次《相度准备赈济状》，陈述自己的救灾措施，时间分别是九月初七、九月十七、十月二十一和十一月二十一。尤其是在《相度准备赈济第二状》里写道：

> 近准朝旨，令本司及转运司、提刑司相度准备来年被灾阙食人户。本司已具二事闻奏，乞宽减转运司上供额斛一半，截拨上供米三十万石，准备及补军粮之阙。未蒙回降指挥。本司再相度来年准备大计，全在广籴常平斛斗，于正月以后，便行出粜，平准在市管价，以免流殍之灾……欲乞圣慈，过为防虑，特敕发运司相度擘画钱本，于江淮近便丰熟州、军，差官置场，和籴白米五十万石，严赐指挥，须管数足，仍搬运至真、扬州桩管。若令来春本路阙常平米出粜，即令发运司拨发，于逐州下卸，仍以本路常平钱充还。若至时本路常平米有备，不须搬运上件米出粜，即就拨充本路转运司上供额斛，却以宽减折斛钱充还。如此，即于朝省钱物，无所耗损，而于本路生灵亿万性命，稍免沟壑之忧……

苏东坡向朝廷提出，请发运司在附近丰收的地区收购五十万石粮食，存在真州、扬州，来年如果发生饥荒，则用来赈灾。如果不缺粮，还可以作为上供粮米运往京城。为了避免来年出现饥荒，他一再强调地方官和朝廷要早作预防。这一年尽管天不尽如人意、灾害频发，苏东坡的工作虽也遇到诸多困难，但救灾恤民的结果总算圆满，没有饿死人的事发生。

苏东坡七道赈济救灾奏状，构成激动情急的求救呼声，在当时的北宋朝廷中很少见到。他的不断呼救，最终得到朝廷的支持和帮助，因为当时朝廷实际掌权者是高太后，她喜欢苏东坡，但朝中有不少人都恼火了，因为有不少使臣都在苏东坡的浙西路各地任职，他们一句话也不说，却责怪苏东坡：苏东坡就你在嚷嚷！不就是雨量稍微多一点，有什么稀奇的？但现实是浙西饥荒来势汹汹，却没有人饿死。没想到苏东坡回到京师，却被人指为"论浙西灾伤不实"。救民饥溺变成朝廷某些人指责苏东坡好大喜功、夸大其词、自编自演的话题。但苏东坡关心的只是百姓生死、百姓疾苦和为百姓造福。

苏东坡就是这样既有才华又干实事的地方官，自然受到当地百姓的喜爱。在他还在杭州任上时，许多杭州人就"家有画像，饮食必祝"。他离开杭州后，杭州建起纪念他的"苏东坡祠"，把他当年修筑的长堤称为"苏堤"，把他"研制"的"东坡肉"作为杭州特色菜，把他的事写进了历史书、教科书，成为人人爱读的文学作品。

第四节　东坡与杭州水利

北宋时期，水利工程建设达到了一个新的高度，不仅解决了农业灌溉问题，还有效防治了洪水灾害，其中，最著名的水利工程莫过于范仲淹主持修建的江南大堤。在南方地区，特别是沿海地区的民众和农业生产生活经常面临来自海上狂风暴雨般的冲击，这使得沿海地区饱受海水倒灌的冲击。对于钱塘江的治理，北宋水利工程师便充分吸取了五代时期的治理经验，将石块装入竹笼当中，然后沉入钱塘江底，由此形成一道堤坝，然后再打上坚固的木桩，以此保证堤坝的稳定性。《宋史》载："景祐中，以浙江石塘积久不治，人患垫溺，工部郎中张夏出使，因置捍江兵士五指挥，专采石修塘，随损随治，众赖以安。邦人为之立祠，朝廷嘉其功。"就这样，对于钱塘江的治理和水利建设，实际上是依靠前人的经验和技术，克服了艰难的客观自然条件，实现了对喜怒无常的钱塘江水的治理，保证了江边人民群众生产生活稳定进行以及生命财产安全。

2019年，水利部公布了中国第一批"历史治水名人"，共12位，苏东坡名列其中。林语堂先生说："我简直不由得要说苏东坡是火命，因为他一生不是治水，就是救旱，不管身在何处，不是忧愁全城镇的用水，就是担心运河和水井的开凿。"今天让我们一起来了解苏东坡为杭州的水利建设立下的汗马功劳。

苏东坡两任杭州期间，为杭州人民做了许许多多的好事，功德无量、名垂千秋。他最突出的善政就是对杭州六井、西湖、盐桥、茅山河、菜市河和钱塘江的治理，《杭州乞度牒开西湖状》《乞相度开石门河状》《申三省起请开湖六条状》等苏东坡亲自撰写整治杭州水利的文章和方案，可以说是我们研究北宋钱塘江的重要文献。

治理六井

杭州的陆地是钱塘江的潮水冲击钱塘形成的低洼潮湿的盐碱地，慢慢成为种植桑麻的地方，经过很长时间的治理发展，这里成为人口聚居的城镇。现今的州区平陆，都是钱塘江的故地。当时杭州城里的水质又苦又臭，只有依山凿井，才有泉水（可以饮用），可是供给的范围不够广。"凡今州之平陆，皆江之故地。其水苦恶，惟负山凿井，乃得甘泉，而所及不广。"唐朝的宰相李秘开始开凿六井，引西湖的水来供给百姓饮用。之后，刺史白居易治理西湖，疏通水井，并且在西湖边上刻碑题字，西湖及六井至今人们还在使用。当初，李秘开凿六井，其中最大的，在清湖，叫作相国井，相国井的西边，是西井，西井偏西而向北的叫作金牛池（井），向北而偏西，靠近钱塘城的分别是方井和白龟池（井），向北而偏东到钱塘县治南面的叫小方井。不过，金牛池废弃已经很久了。嘉祐年间，杭州知州沈遘（字文通）又在六井的南面，河对面向东到美俗坊的地方开凿了南井，并与相国井、方井的水源相通。至于西井，则是相国井的支流。白龟池、小方井，都是暗渠从湖底流过，无须用水闸。这就是六井的大致情况。

　　苏东坡在他的《钱塘六井记》中记载道，六井中的金牛池早已废弃。苏东坡来杭之前，杭州知州沈立（字立之）曾在六井的南边疏通南井，并在涌金门外并湖之北建了三个水闸，以石沟贯城向东引水，为南井、相国井、方井，以及由相国井派生的西井提供水源，其余的白龟池和小方井已经"匿沟湖底，无所用闸"了。

　　熙宁五年（1072年）秋天，知州陈襄（陈述古）为解决百姓饮水问题，将治理六井的事交给苏东坡办理。苏东坡和仲文、子珪，他们的子弟如正、思坦，以及前来帮忙的二十多人，组成了"治井小分队"，辅佐官府修井。仲文和子珪是富有经验的治井高手。他们从比较容易见成效，可以尽快解决杭州百姓用水的相国井开始治理。先是开掘石沟，清除泥污，更换井壁上的石块，填塞漏水的缝隙，疏通通水的渠道。很快，相国井便大水如注，甚至漫出井坎，向外溢流后注入河中，河中也是大水漫灌，很多船只都可以行驶其中。然后是迁移方井。方井在杭州城西北，俗称四眼井，此时方井之水已经浑浊而恶臭，无法原地整治，便将其移至原址稍西的地方，结果在距新址四五米远的地方，竟然找到了方井的故基。补好漏洞，方井水就全满了。由于西湖六井的整治，杭州的百姓无论是步行肩挑，还是驾船乘舟，南到龙山河，北到古运河都有井水充分供应，不仅保证百姓的饮用，还能供应牛马牲畜的饮用，以及洗衣沐浴等生活用水，这时候汲用井水的百姓都念佛来祝颂陈太守、苏通判，感念他们造福杭城百姓。

时隔多年，元祐四年（1089年），苏东坡第二次来杭任知州，恰遇浙西水旱相连，饥馑瘟疫侵害百姓，在赈济救灾过程中，苏东坡认识到，要彻底防治水旱之灾，必须从井、河、湖、江四个层面上，全面整治杭州的水利工程。他针对运河两岸住户侵占运河迁道情况，奏请对迁道进行立法，以保障通航。

苏东坡在杭州的第一个水利工程从修井着手。此时距离前次治井已经十八年过去了，六井废坏井水枯涸，杭城的百姓要么去较远的山间取水，要么花七八个铜钱买一斛水解决日常生活。作为知州的苏东坡看到这一切非常忧心，于是再次修缮城中六井，并请教于当年参与修缮、精通水利的僧人子珪，采用更加科学的方式，非常有预见性地将引水竹管改为瓦管，外以石槽围裹保护，这种包裹式的流水管延长了六井的使用寿命。在子珪的指挥下施工者又将六井溢出之水引到仁和门外的军营，而且又新凿两井，使原来离井较远汲水困难的百姓也能就近饮用井水，从此"西湖甘水，殆遍一城，军民相庆"。为此，苏东坡向朝廷递交《乞子珪师号状》，请求嘉奖治水有功的子珪，"若非子珪心力才干，无缘成就"。苏东坡将治井功劳，记在民间水利专家子珪的头上，并请求哲宗皇帝特赐子珪"惠迁"师号。在《乞子珪师号状》中，苏东坡这样写子珪："……委有戒行，自熙宁中及今，两次选差修井，营干劳苦，不避风雪，显有成效，如蒙圣恩赐一师号，即乞以惠迁为号，取《易》所谓'井居其所而迁'之义。"这一奏议得到皇帝恩准，后来，新凿的沈公井所在的地方被称为"沈公井巷"，巷边的桥被命名为"惠迁桥"，也是一种对修井达人子珪的褒奖。

疏浚西湖

元祐五年（1090年）四月，苏东坡开始实施他在杭州的第二项水利工程计划，他向朝廷递上奏章《杭州乞度牒开西湖状》，申明疏浚西湖的五大理由，即西湖是百姓的放生池、改善居民用水、灌溉良田、调节漕运、以湖水酿酒收税等重要作用，并用具有说服力的语言"杭州之有西湖，如人之有眉目，盖不可废也"阐述了西湖的重要性。于是，朝廷准奏拨给苏东坡100个度牒，加上苏东坡筹措的经费，发动二十万军民，清理西湖，并将挖出的淤泥和葑草筑成苏堤。同时把清理后的西湖湖面租给百姓种藕种菱，并在西湖中央的位置设置了三座石塔，作为界限，三塔之内，百姓们不能种植菱藕，并成立开湖司管理西湖。自此之后，不仅西湖淤塞问题得到解决，还有了"苏堤春晓"和"三潭印月"两个景点，苏东坡是西湖两堤三岛景观格局的奠基者。

治理运河

元祐五年（1090年）五月初五，苏东坡向朝廷递交了《申三省起请开湖六条状》，这事关苏东坡到任杭州知州后的第三项水利工程，修浚淤堵的运河。它陈述了疏浚城内运河的重要意义和举措，分析运河屡治屡塞的原因和后果，提出了建设水闸、修建岸道等建议。自五代至北宋初年，杭州沟通城内外物资交流和保证城内居民生活必需品供应的运河交通渠道有两条：一条是将钱塘江与江南运河直接连接起来流经城东的茅山河；另一条是在城内东南端因高低相差而连续作堰、使用西湖清水的盐桥运河。其中，盐桥运河是杭州城内河道最长、航运量最大的河，时人又称为"大河"。在调查后得知：城内运河连接龙山、浙江两闸，而两闸处每天都有潮水侵入，潮水带来泥沙，时间一长便堆积四五尺深，因而便要经常疏浚运河。且余杭门外有一堰以防止西湖水流走，但后来堰被毁坏，西湖又被淤泥填塞，湖水再也无法补给给运河，因而运河继续由潮水中补给用水，使得城中河道泥沙堆积。而城中有茅山、盐桥两运河，从南向北穿城而过交汇于城北漕运（大运河）河中。其中茅山河是专门用江潮补水。若在茅山河设闸堰，潮水顺茅山河而来时关闭闸堰，让潮水在闸外沉静一段时间变清澈后，再开闸放水流入，即可避免将泥沙带入运河中。茅山河流经之地是城内较荒凉的地区，因此开浚茅山河对百姓的叨扰较少。"潮已行远，泥沙澄坠，虽入盐桥河，亦不淤填。"此外，盐桥河河床必须比茅山河低四尺，水从高处补入盐桥河中，也可补给城内运河用水问题。西湖与河相通，也可保证运河充沛的水量。苏东坡询问黄𬣞、苏坚实地考察情况，且"率僚吏躬亲验视，一一皆如坚言"，此后便开始，使得杭州地区不再受潮水侵蚀带来的困扰以及修浚运河一事的详细记载。

奏请得到朝廷批准后，苏东坡先调集捍江兵士及诸色厢军千余人，浚治这两段河道，各有十余里。以茅山一河，专受钱塘江的江水；以盐桥一河，专受西湖淡水。因为若不把这两道运河的水源分别隔开，则每天江潮来时，随着潮水带进大量泥沙到运河里来，不出三五年，河道依然要被淤塞，前功尽弃。他组织人员在运河茅山河和盐桥河的交接处修建了一座龙山水闸，使钱塘江潮先入茅山河，涨潮时放下水闸，防止浑浊的钱塘江水进入运河，等到潮平水清，再打开闸门，让已经变清的茅山河水注入盐桥河，这样可避免钱塘江泥沙直接流入作为主航道的盐桥河，防止淤塞。事实证明，苏东坡采取的治水措施具有可持续性，不仅保障了城中百姓生活物资通道的畅通，也减轻了老百姓疏浚运河的劳役负担，实为有利民生之策。

苏东坡在杭州运河上建浑水、清水两闸，恢复它们的通航功能，这一做法应是师法于钱镠龙山、浙江两闸之制。同时，苏东坡又以钱塘江作茅山河的水源，以西湖作盐桥河的水源，并在茅山河与盐桥河交汇之处即铃辖司前（约今过军桥西）设置了清水、浑水两闸，潮涨时闭闸，避免泥沙进入，以防淤塞；潮退后启闸，确保水位，以利通航。"每遇潮上，则暂闭此闸，令龙山浙江潮水径从茅山河出天宗门。候一两时辰，潮平水清，然后开闸。"此次工程效果明显，《宋史》有如下记录："轼见茅山一河专受江潮，盐桥一河专受湖水，遂浚二河以通漕。复造堰闸，以为湖水蓄泄之限，江潮不复入市。"茅山、盐桥两河恢复通航，"父老皆言，自三十年以来，开河未有若此深快者也"。

针对城内河渠未设护栏、为运河两岸住户侵占迁道提供便利，苏东坡实施大规模整修市政工程。他放弃了全部拆迁违章建筑的计划，而是退一步推行温和的利民工程，只要求占据河岸的民居腾出丈尺空间，"各作木岸，以护河堤"，同时"据所侵占地量出赁钱，官为桩管，准备修补木岸，乞免拆除屋舍"，即沿岸居民按照其占用的建筑面积缴纳租金，作为维修"木岸"的基金，政府则承认他们的物业，不再按违章建筑拆迁。苏东坡主持修建的"木岸",实际上就是沿着河岸设置护栏,"沿河连置大木阑,每船埠留一门,民始便之"。此后南宋时,一部分木制护栏又改建为更牢固的石砌围墙。

拟开石门河

钱塘江无疑因钱塘县而得名。明万历《杭州府志》卷二十《山川·钱塘江》:"今郡人以其地介于钱塘县,遂名钱塘江云。"然而两者之间绝非一般河流与聚落的关系,而有着互损互益、共生共存的密切关系。这在两宋时期尤为明显。

钱塘江的江潮、海涛,虽然一定程度上影响了杭州城市的发展,但同时又因其水运价值,使杭州成为两宋时期对外国际贸易港口,促进了杭州城市经济的繁荣。而当时钱塘江潮不仅侵啮堤岸,田畴沦失,还侵入城内,污染环境。据《淳祐临安志》卷十《河渠》记载,天圣年间宋仁宗下令进行了治理。以上所言,充分说明两宋时期,钱塘江潮对杭州城市及其周围地区的侵害始终没有消停过,随着杭州城市地位的日益重要,这种侵害无疑在一定程度上影响了杭州城的发展。所以从五代吴越国开始,直至两宋,修筑钱塘江堤成为当局的一件大事。据有关研究,宋代,杭州地方当局都非常关心海塘的修筑工作,先后筑塘21次,防止了海潮的冲涌,保护了两岸的居民和农田的利益。钱塘江为天下之险,而浮山是险中之最。浙东温、台、明、越诸州往来者,虽从西兴直渡杭州,可以不涉浮山,但自浙东的衢、睦、处、婺,皖之宣、歙,赣之饶、信及福建路八州往来者,都须从龙山进出,因为江滩水浅,必须候潮水来时,方能乘潮而行。浙江潮自海门东来,势如雷霆,浮山峙立江中,与鱼浦诸山犬牙交错,挡住了奔腾的潮水,乱了流势。纵使是熟练的船老大、潜水夫，也不能预测航道的深浅，因此冒险乘潮行驶的船只，很多就无法逃避翻覆的命运，每年溺没人货，不计其数。衢、睦等州，地旷人稀，粮食生产不足，仰赖苏州、秀州运米到桐庐，散销各地；而杭州一带居民所需燃料（薪炭），都从它处运来：两者都因浮山之险，覆溺阻碍之故，数州的柴价、米价都较别处贵。

当时有个前任知信州军州事的侯临（敦夫），为葬生母于杭州的南荡，往来江滨，注意到这个问题，乘便实地考察地形，访问当地的父老和船家，反复研究，写成一本《开石门河利害事状》，送请苏东坡参考。作为一州之长，苏东坡当然十分重视这艰险情况，也认识到了钱塘江对于沿岸百姓的重要性，也非常重视侯临的建议，他多次进行实地考察，邀请前任转运使叶温叟、两浙转运判官张璹、创议人侯临以及张弼等同往江上，实地踏勘，再经共同商讨，鉴于钱塘县西南45里钱塘江中浮山、渔浦诸山犬牙交错，船只时有覆没，溺者不知其数，拟在钱塘江上流之石门开凿石门运河。

苏东坡有意治理钱塘江浮山之险，元祐六年（1091年）三月他向朝廷递了奏章《乞相度开石门河状》，附呈侯临所撰《开石门河利害事状》一本，董华《预计合用钱物料状》一本，地图一幅，请求朝廷命令本路监司派官共往勘验，如所言不妄，请由朝廷支赐钱物，即派侯临督办这一工程。

《乞相度开石门河状》内云：

> 自衢、睦、处、婺、宣、歙、饶、信及福建路八州往来者，皆出入龙山，沿溯此江，江水滩浅，必乘潮而行。潮自海门东来，势若雷霆，而浮山峙于江中，与鱼浦诸山

相望,犬牙错入,以乱潮水,洄洑激射,其怒自倍,沙碛转移,状如鬼神,往往于渊潭中,涌出陵阜十数里,旦夕之间,又复失去,虽舟师、没人,不能前知其深浅。以故公私坐视覆溺,无如之何,老弱叫号,求救于湍沙之间,声未及终,已为潮水卷去,行路为之流涕而已……

从前的钱塘江,江水的航道比较浅,平时,大部分都是沙滩,要运输大量的米粮、食盐和薪炭,就要借潮汛这股东风。恰恰是潮汛之时,在浮山脚下,沙滩转移,航道不定,水流湍急,极容易翻船。《西湖区地名志》中记载,浮山在定山的东面,东濒钱塘江,海拔数十米,与西南之狐狸山、蜈蚣山合称三山。按《乞相度开石门河状》中对此山的用词,或许千年前的浮山要大得多,这三山可能本来为一体,凶险万分,又或许,它那曾经高高的山峰,已化作今日之浮山东面的麦岭沙,乃至似老鹰头一般伸入钱塘江中的东江嘴村。

针对危情,苏东坡在《乞相度开石门河状》中提出了一个大胆的设想,目标是建设一条从庙山石门(而今的富阳黄公望村),沿着西山的山脚,经过铜鉴湖至定山(狮子山)北面,沿着现在的杜家浦至大诸桥一直到钱塘江一桥北面,经过虎跑路涵洞附近,再到闸口附近进入杭州城的运河。"自浙江上流地名石门,并山而东,或因斥卤弃地,凿为运河,引浙江及溪谷诸水,凡二十二里有奇,以达于江。又并江为岸,度潮水所向则用石,所不向则用竹。大凡八里有奇,以达于龙山之大慈浦。自大慈浦北折,抵小岭下,凿岭六十五丈,以达于岭东之古河。"新挖的石门河,直抵龙山河,以避浮山之险难。石门河开,不但可以救活无穷的性命,"完惜不赀之财物",更利于数州柴米运销的流通,使田野市井,"同歌圣泽"。

苏东坡在杭,兴作水利工程三项,都博采众议,以顺民望,恩泽万民。而第四项开石门河因他三月调回京城,故而作罢。如按上疏奏请在富春江北岸的石门这个地方开凿运河的设想来实施,意义不限于避浮山之险,对于富阳区大城北的水网沟通,对于宋代泗州造纸的发达都会起到积极作用。更可贵的是千年前在苏东坡胸中就有一个"大杭州"的概念,他对杭州及杭州都市圈的经济、贸易、交通是如此熟悉如此关注。我们确立大杭州观是在 21 世纪近期。所以说大杭州的观念其实苏东坡是第一位践行者。沧海桑田,现在的浮山早已不是当年钱塘江中的岛屿了,站在浮山上,钱塘江近在咫尺,钱塘江大桥和之江大桥就在不远处,由于航道疏浚水平大大提高,江中泥沙淤塞和神出鬼没的情况早已成了过去,但是,钱塘江潮水的凶猛依然,江中翻船事故在近几十年中也时有发生。由于陆路交通的神速发展,钱塘江上建起了多座桥梁,钱塘江航运的功能也被逐渐弱化。看了《乞相度开石门河状》,苏东坡对钱塘江航运事业和钱塘泗乡的关心,仿佛就在眼前。

第五节 东坡与安乐坊

安乐坊是我国历史上第一家官办民助医院。《宋史·苏轼列传》记载:

> 既至杭,大旱,饥疫并作。轼请于朝,免本路上供米三之一,复得赐度僧牒,易米以救饥者。明年春,又减价粜常平米,多作馆粥药剂,遣使挟医,分坊治病,活

者甚众。轼曰:"杭,水陆之会,疫死比他处常多。"乃裒羡缗得二千,复发橐中黄金五十两,以作病坊,稍畜钱粮待之。

什么意思呢?苏东坡刚到杭州任知州,就遇上大旱,饥荒和瘟疫并发。苏东坡向朝廷请求,免去本路上供米的三分之一,又得赐予剃度僧人的牒文,用以换取米来救济饥饿的人。第二年春天,又减价出售常平仓的米,做了很多粥和药剂,派人带着医生到各街巷治病,救活的人很多。苏东坡说:"杭州是水陆交通的要地,得疫病死的人比别处常要多些。"于是收集多余的钱二千缗,又拿出自己囊中黄金五十两,建造治病场所,渐渐积贮钱粮来防备疫病。

元祐四年(1089年),苏东坡出任杭州知州,没想到刚一上任,就碰到疫病大流行,一时间,街头巷尾到处是呻吟声。苏东坡一边积极上奏朝廷汇报疫情,一边开仓赈灾救荒。与此同时,他又筹集钱款,开设安乐坊(相当于现代的方舱医院),据考证是医院的雏形。为了开办安乐坊,苏东坡特拨钱两千贯,自己也拿出50两黄金的积蓄,同时毅然决然地献出保命秘方"圣散子",并请众僧人制药,苏东坡又请来名医庞安时坐堂问诊,并将"圣散子"秘方传授给庞安时。接下来你会问效果怎么样?《苏东坡全集》第四卷《圣散子叙》有记载:

昔尝览《千金方·三建散》云:"风冷痰饮,症癖痃疟,无所不治。"而孙思邈特为著论,以谓此方用药节度不近人情,至于救急,其验特异。乃知神物效灵,不拘常制,至理开惑,智不能知。今余所授《圣散子》,殆此类耶?

始得之于眉山人巢君谷，谷多学，好方秘，惜此方不传其子。余苦求得之。谪居黄州，比年时疫，合此药散之，所活不可胜数。圣散子主疾，功效非一。去年春，杭之民病，得此药全活者，不可胜数。所用皆中下品药，略计每千钱即得千服，所济已及千人。由此积之，其利甚博。

这圣散子药效如此神奇，简直就是万应灵丹；而且所用都是中下品的药材，每服成本只要一钱。所以苏东坡劝人施药，必曰"千钱可救千命"。

苏东坡建立的安乐坊近 2 年时间，共治好 1000 多名贫困病人。他还建立了奖惩制度，对于三年之内治愈千人以上的僧医，奏请朝廷赐给紫衣，以资奖励。安乐坊不仅平时开业看病，收留贫困患者，还向公众免费发放"圣散子"，每贴药仅需一文钱，惠及普通民众。由于医院专门向广大贫苦农民开放，病坊常常是病人超员。看到这一情况，苏东坡亲自上场，他精通药理，带着医生走街串巷，给市民看病，所有这些，"活者甚众"，也就是救活了很多人。并且煮制稠粥药剂施舍。苏东坡参照东汉张仲景在南阳街头广场支锅煮包有治伤寒药材馅的饺儿汤的施舍做法，在街头支起大锅，煎熬汤剂，"不问老少良贱，各服一大盏"，免费发放给患病百姓。《清波杂志》中有所记载："苏文忠公知杭州，以私帑金五十两助官缗，于城中置病坊一所，名'安乐'，以僧主之。三年医愈千人。"

"圣散子"药是苏东坡在黄州从蜀中故人巢谷那里求来的秘方。"圣散子"由高良姜、厚朴、半夏、甘草、草豆蔻、木猪苓、柴胡、藿香、石菖蒲等二十多种药材组成。这些药材，虽然廉价，却有惊人的功效，"至于救急，其验特异"，重疾者

"连饮数剂，即汗出气通，饮食稍进，神守完复"，即使健康人"平居无疾，能空腹一服，则饮食倍常，百疾不生"。这一秘方，让巢谷视若珍宝，连亲生儿子都不肯传授。苏东坡虽不是良医，但平日里阅读医书，收集天下奇方，一日与巢谷闲谈时得知这一秘方，就恳切乞求，经发誓绝不外传，才获得此药方。但为救百姓于水火，东坡违背了对老乡巢谷的承诺，毅然将治疗瘟疫的秘方"圣散子"公开，苏东坡悲天悯人的情怀，在这里又一次得到了验证。

离任杭州后，苏东坡因高升回京，一位挚友送来黄金 5 两、白银 150 两作为礼物。盛情难却，勤政廉洁的苏东坡就将这笔礼金转赠至安乐坊。此时的安乐坊，每年以千斛租米作为基金，运转正常，故而苏东坡用礼金购买田地，获利后再添助安乐坊。

值得一提的是，安乐坊及其运作模式引起朝廷的极大关注。1102 年（宋徽宗崇宁元年），朝廷开始在各地设置安乐坊，专为穷人治病。至公元 1110 年，大观四年，朝廷颁行《安济法》，从国家法律的角度确认了安济坊的存在：凡户数达到千户以上的城寨，均要设立安济坊，凡境内有病卧无依之人，均可送入安济坊收治。安济坊配备有专门的医护人员，每年都要进行考核，"安济坊医者仍给手历，以书所治疗瘥失，岁终考会人数以为殿最，仍立定赏罚条格。"病人在安济坊可获得免费的救治和伙食，并实行病人隔离制，以防止传染："宜以病人轻重而异室处之，以防渐染。又作厨舍，以为汤药饮食人宿舍。"《宋史·卷一九·徽宗本纪一》："辛未，置安济坊养民之贫病者，仍令诸郡县并置。"陆游《老学庵笔记·卷二》："已而置居养院、安济坊、漏泽园，所费尤大。"苏东坡在杭创设安乐坊一事在其自述《与某宣德书》及苏辙《亡兄子瞻端明墓志铭》、周辉《清波别志》以及李焘《续资治通鉴长编》等史料中均有记载。所以说医院是苏东坡首创，他为杭城百姓乃至全国百姓做了件恩泽万世的大好事！

那么，安乐坊今在何处？苏东坡的后人和千万苏粉无处寻觅、瞻仰和打卡这一胜地，真是天下一大憾事。可惜现在我们只能从各种资料和有关文字中，看到"安乐坊"遗址大致位于今杭州市中山中路和庆春路交叉口一带。

苏东坡在当时那种特定条件下，除了处理烦琐的公务、写诗作文，创办"安乐坊"，还爱好医学研究，并与许多中医药学造诣较深者结友，共同探究有关医药知识。"安乐坊"就是从精通《伤寒论》的名中医庞安时那里得到启发创建的。不仅如此，苏东坡还亲自参与药剂的研制。至今仍在沿用的"苏合香丸"，也是苏东坡研制首创的。

苏东坡在医学上的成就，还可以从一本后人新编的《苏沈良方》中集中反映出来。《苏沈良方》即是苏东坡和沈括的治病良方新集。该书共18卷，另有《拾遗》两卷，收有170余条药剂，是一部比较科学实用的重要古籍医书。

第三章 钱塘情愫

第一节 第一次主持州试

熙宁五年（1072年）八月，时任杭州通判苏东坡受命主持州试，选拔进京应试的举人。这是苏东坡第一次做主考官，尽管州试只有三天时间，但苏东坡与刘攽（扨）、李佖等一群试官和下属月初就入试院——杭州州学中和堂，与外界隔离。杭州州学就在凤凰山上的中和堂，与望海楼南北相接。短短一个月时间里苏东坡留给我们许多让人怀念的逸事。

北宋的州试（解试）制度是科举考试体系中的一个重要组成部分，它构成了科举考试的三级制度之一，与省试和殿试共同构成了完整的科举考试流程。州试、省试和殿试，大体上每三年一次，本州私学或学堂学生都可以报考。州试，也称为解试，考试合格者有机会，由州府保举赴京城参加由礼部主持的省试乃至殿试。这一制度的确立，标志着科举考试从单一的层级向更为完善的多层级制度发展。州试多在每年二月举行。考试时由州通判（朝廷派往各州监督知州的官员）主持，其余各科的考试由州之录事参军（协助州长官纠察诸曹掾的官员）主持。考试共三天分四场：第一场试本经，第二场试兼经，第三场试论一首，第四场试时务策三道。考试完毕，考官必须用朱笔批阅试卷，凡回答正确的写"通"，回答不正确的写"不"。考官和监考官最后还要在试卷末尾签署姓名。合格者为举人或贡举、乡贡，第一名为解元，或称解头和举首，由州、府、国子监解送尚书省礼部参加省试。

公元1072年8月，时任杭州通判苏东坡主持本州乡试。苏东坡一到州学中和堂，就带领刘攽（监试官）、李佖（推官）

等一干试官仔细检查了州学50多间讲堂和厅堂，特别严肃地检查了考生的考场、考生的伙房、考生的照明、考生的饮水来源和路厕等一应与州试有关事宜，还就考生的座椅和桌子的高度自己试坐了几次才最后确定。搞定一切后，苏东坡召集下属和夫子交代州试前有关纪律、工作要求、考试规范以及服务细则。按上面规定为了防止作弊，考官俱是临时委派，由多人担任。考官获任后即赴贡院，不得与外界往来，称为锁院。考生到达贡院后，要对号入座，同考官一样不得离场，三天考完后才能回家。苏东坡对州试一点都不含糊，尽管有千余名考生，他又是第一次做州试主持，但他却心有所向，手到擒来。苏东坡布置完手头上的公务，还乘兴作了一首《监试呈诸试官》诗，诗意大致如下：我本是山野中人，只为家贫才出来谋求廪禄，少年时虽也弄过文字辞章之学，但也只是用过功而已，并无什么天赋，所以旋得旋忘，距今且已十年，旧学大都荒废。假如现在叫我重来应考，一定会被罚饮墨水，听到开科诏下，就会吓得浑身出汗。杭州是东南要会，济济多士，实在不敢随意品题。回想嘉祐初年的文风，"千金碎全璧，百衲收寸锦"，正如一盘珍美菜肴中却夹杂许多砂砾，使人不能下咽。幸亏欧阳学士有那么大的气魄，力创变革，文风始振，当时的士人还群相惊疑，肆力诋斥，现在到底可以相信他的卓见了。但是，试法又变，诗赋被视为雕虫小技而罢废了，时尚大唱经学的高调，像我这样既老且钝的人，实在难以适应，希望各位容我闭口，容我偷懒，滥竽在望海楼里听听秋涛，睡睡午觉。苏东坡在这首诗中，将他满肚皮不合时宜的牢骚，尽情发泄。同时他在写给马梦得的信中说："某被差本州监试，得闲二十余日，在中和堂望海楼闲坐，渐觉快适。"苏东坡借此逃避无穷的吏事，饱看钱塘江上的秋潮，在试院中煎茶自娱。

距州试开考时间还有几日，在试院里不能进出，深居在州学闱中闲来无事，苏东坡就常常闲坐望海楼上。望海楼是中和堂的东楼，也叫望潮楼，顾名思义，闲坐楼中就能看到钱塘江的潮起潮落以及江南西兴一带的自然风光。苏东坡在开考前的闲暇之时，在望海楼中看书下棋赋诗品茶观潮。时近八月十八日，苏东坡得以细细地观赏每日两次的潮起潮落全过程，尽管潮水有大小，海潮到来前，远处先出现一个细小的白点，转眼间变成了一缕银线，并伴随着一阵阵闷雷般的潮声，白线翻滚而至。几乎不给人们反应的时间，汹涌澎湃的潮水已呼啸而来，潮峰高达3~5米，后浪赶前浪，一层叠一层，宛如一条长长的白色带子，大有排山倒海之势。潮头由远而近，飞驰而来，潮头推拥，鸣声如雷，喷珠溅玉，势如万马奔腾。钱塘江潮给苏东坡留下了极深的印象，此时凤凰山上的望海楼成了他一个流连忘返之地。登临远眺，钱塘江景尽收眼底，可欣赏到涨潮时迅雷不及掩耳之势的壮观画面，于是苏东坡写下《望海楼晚景五绝》，这一组五首诗描写了苏东坡在望海楼上所看到的从傍晚到晚上的海天景色，它运用雪堆、银山、金蛇、秋风、玉笙、船灯、歌鼓等意象来描绘钱塘晚潮以及海天闪电等江景，文字如行云流水般流畅，显示了诗人高超的艺术功力。清代潘德舆《养一斋诗话》卷八言："雨过潮平江海碧"七字极有斟酌，确是逐日闲坐楼上看潮人语。苏东坡在作此诗时，已经表现出随遇而安的心境了，他很喜欢这种生活。

空闲时的另一件事也让苏东坡浮想联翩：煎茶品茶，以茶代酒赋诗作词。其时，苏东坡在试院中学古人的方式煎茶，静视着鱼眼气泡，聆听着沸水松风声，接下来随着茶末珠落、沫馀雪飞,不禁思绪纷飞、浮想联翩。想到唐代李约煎茶时重视活火和新泉,又想到文彦博喜欢使用西蜀煎茶法,尤其喜欢像雕琢红玉一般使用定窑印花白瓷,来品饮缃红色的茶汤。而自己呢?如今为杭州的考生,闲坐在望海楼品茶观潮,既淡然又热忱,对即将开始的州试充满希望。遂作诗一首。

试院煎茶

蟹眼已过鱼眼生,飕飕欲作松风鸣。
蒙茸出磨细珠落,眩转绕瓯飞雪轻。
银瓶泻汤夸第二,未识古人煎水意。
君不见,昔时李生好客手自煎,贵从活火发新泉。
又不见,今时潞公煎茶学西蜀,定州花瓷琢红玉。
我今贫病常苦饥,分无玉碗捧蛾眉。
且学公家作茗饮,砖炉石铫行相随。
不用撑肠拄腹文字五千卷,但愿一瓯常及睡足日高时。

纵览全诗,余韵悠扬。"未识古人煎水意",苏东坡的悠然慨叹,也意味着他在煎茶意境和茶道思想上的探索。而"贵从活火发新泉",更是从唐代煎茶的用火、用水方面,进行了深入的探究,其实苏东坡就是茶道大家。全诗终句"但愿一瓯常及睡足日高时",除了画龙点睛般地阐述其对茶的痴爱,更是从淡然的心境出发,讲述着人生的哲理。此诗最为人称颂的是,苏东坡对各式茶法极为熟稔:宋代主流的点茶法,唐代陆羽的煎茶法,以及西蜀旧法(蜀茶法)。更令人惊异的是,北宋的四大茶文化中心成都、汴京、杭州、建州的茶文化他都熟悉,有的州府还留下了他的身影!不识东坡茶,何言宋时雅?毫无疑问，苏东坡的心中有着两杯茶，一杯是烟火之茶，一杯是意境之茶。烟火之茶，不正是大家日常品饮的生活之茶吗？而意境之茶，不正是茶道之茶吗？不正是茶道思想、茶道哲学、茶文化和茶美学吗？《试院煎茶》的姐妹篇《汲江煎茶》更是一首关于茶道的七律，诗中描写了从取水、煎茶到饮茶的全过程，表现了诗人通达从容的人生态度，描绘了他谪居时的心情，诗作构思奇特，描写精美细致，笔风清新简淡。

说到科举制度，在三年前的京城，也就是开封，公元1070年的春天，又逢三年一度的礼部会试。此时的新旧党争已进入白热化的阶段，科举考试是为国家选拔人才，自然是双方必争之地。王安石率先给皇帝上书，提出科举制改革，变诗赋取士为经义、论、策取士。在王安石眼里，吟诗作赋不过是文字游戏，对于治国理政没有实际作用，策论才能看出一个人的真才实学。也就是从这一届会试开始，科举取消了诗、赋考试，只考经义、策论，这一制度一直延续到清朝末年。作为官员，苏东坡和许多人一样，同样好奇王安石要如何变法。后来，苏东坡主张保留诗赋的考试，遭到了王安石的反对。两人政见不一，致使苏东坡开始公开反对变法，进呈《再上皇帝书》，指出"新政"导致"四海骚动，行路怨咨""若力行而不已，则乱亡随之"。这让他与主张"新政"的王安石之间的矛盾愈演愈烈，这是后话。当时在指定考官时，神宗还是想到了苏东坡，并且让苏东坡拟好了策论的题目。据传，看过苏东坡的试题后，王安石坚决反对，认为苏轼虽然才高，但所学不正，又因为得不到重用，出的题荒诞不经，还要求罢免他的职务。曾公亮与王安石意见相左，他认为苏东坡只是与王安石政见不同，并没有罪过。王安石却以马来喻苏东坡，他认为对待苏东坡就应该像驯服一匹恶马，必须先减少它的草料，然后加以鞭笞，如此它才能乖乖听话。王安石认为应该让苏东坡吃点苦头，不能重用他。王安石还认为苏东坡的才华有用的少，大部分都是对于国家有害的。看到王安石如此厌恶苏东坡，为了变法大计，神宗再次妥协，没有采用苏东坡拟的试题，只任命苏东坡担任殿试编排官，负责排定举人名次。

往事不堪回首，今日在杭州苏东坡主持州试，不仅体现了他的才华是被上方认可的，也展现了他文人的才华，更体现了他作为官员的责任感和对教育的重视。他深知教育对于国家和百姓的重要性，因此，在主持州试时，他力求公正、公平，为杭州乃至更广泛地区的学子提供了一个展示才华的平台。

北宋熙宁五年（1072年）八月十日，近千位考生自带干粮和希望，在中和堂州学门口登记抽号后陆续进入考场，选定自己的位号坐下。四周悄无声息，只有引导考生入座的脚步声，就连周边的鸟也无声无息。上午巳时刚到，一声铜锣声，考试开始，分区包干的吏属有条不紊地分发试题和白纸，考生们拿到卷子，有的提笔就写，有的低头深思，有的手足无措，众象不一。唯有一人，笔走龙蛇，若行云流水，他就是晁补之。此时晁补之已是苏东坡的门生。科举考试是那个时代每一位学子的进阶途径，对晁补之也不例外。在苏东坡的鼓励下，20岁的晁补之怀揣梦想，从富阳新城来到杭州参加州试考试。熙宁五年（1072年）春，晁补之的父亲晁端友向苏东坡推荐了自己的儿子，而晁补之当时前后作《上苏公书》《再见苏公书》《七述》呈与苏东坡，并打动了苏东坡。苏东坡大为赞叹："吾可以搁笔矣。"苏东坡收晁补之为徒。

三天的州试很快落下帷幕，考生们兴冲冲地走出中和堂大门，互相道别后消失在回家的路上。苏东坡稳坐在中和堂的厅堂上，监试官和批卷官等各自忙碌起来，将考生们的试卷誊录弥封后，把誊录的卷子即草卷，送给考官评阅。阅卷工作细致复杂，考官水平不一，对考生试卷的批阅和筛选各不相同，有不同意见时又要互相探讨统一标准，是件烦琐的事，所以本次州试迟迟不能放榜。考生们心急如焚，每天都有人在中和堂发榜处聚集等待消息，而此时的苏东坡也如坐针毡。一到夜深人静时苏东坡更是坐立不安，心烦意乱。

八月十五日晚，苏东坡不知不觉又来到望海楼，刚一坐下耳边就传来轰隆隆的巨响，江面仍是风平浪静，响声却越来越大，犹如擂起万面战鼓，震耳欲聋。远处，雾蒙蒙的江面出现一条白线，迅速西移，再近，白线变成了一堵水墙，逐渐升高，随着一堵白墙迅速向前推移，涌潮来到眼前，有万马奔腾之势，雷霆万钧之力，势不可挡。苏东坡看着眼前的钱塘潮，沉思片刻，写下《催试官考较戏作》一诗，其中"愿君闻此添蜡烛，门外白袍如立鹄"句中的"立鹄"，形容考生等放榜伸长脖子、踮着脚盼望的样子。全首诗仅此二句是催促之词，其他都是说中秋月，说钱塘江潮，似不相干，实则作者说月说潮是以过节、看潮戏催试官，叫他们快点发榜。八月十五日这天本是贡举放榜日，这次州试批卷、评卷、放榜却迟了两天，于八月十七日放榜，不消说那些考生们等得颇为焦急，作为主持人的苏东坡也有催试官快快放榜之想法。

乡贡进士试，例于八月十五发榜，但这一年考生特别多，总在千名以上，眼看考卷山积，显然已来不及如期出榜。当时的科举制度规矩太多、太严谨，有些做法只有仔细核对才能确保公正、公平，正确无误，如糊名誊录制操作就是把所有考生的名字用密封线包住粘好了放好，还要把所有考生的试卷全部抄一遍，使笔迹看不出是谁，这都是为了防止作弊。做这些都要时间和人手，针对本州的情况即便推迟了两天放榜，试官和吏员们也是竭尽所能地在辛苦忙碌，所以苏东坡一句生硬训斥的话也没有，只是希望他们添点蜡烛，赶夜班完成评卷工作，并温馨提醒他们要仔细再仔细。

放榜之日，苏东坡尤为开心，一件既烦琐又有功德的事圆满完成。更让苏东坡欣慰的是自己的门生晁补之以解元、名列第一的成绩出现在榜单上。他的文章脱颖而出，得到主考官的青睐。晁补之博闻强识，功力非常人可比，虽躬耕于田，然夜以继日读书不辍。之后在老师苏东坡的倾力打造下，27岁的晁补之进京应试，不但顺利地"举进士，且试开封及礼部别院，皆第一"。神宗阅其文曰："是深于经术者，可革浮薄。"这是后话。

放榜后苏东坡独自一人来到望海楼，边煎茶品茗边看着钱塘江水，心中如有一股清泉流动，让他感到无比畅快和舒适。此时监试官刘攽也漫步来到望海楼，两人一边品茗一边兴致勃勃地叙说着在试院度过的美好时光。临分别时刘攽告诉苏东坡，他已收到知余姚的任命，苏东坡听后对刘攽揖让并连声说"闻君升职之喜，甚是欢喜"，并要作诗相赠。刘攽听后立马提墨在砚台上研起来，苏东坡铺好纸，提笔略加思索，写下《送刘寺丞赴余姚》这首长诗：

中和堂后石楠树，与君对床听夜雨。
玉笙哀怨不逢人，但见香烟横碧缕。
讴吟思归出无计，坐想蟋蟀空房语。

明朝开锁放观潮，豪气正与潮争怒。
银山动地君不看，独爱清香生雪雾。
别来聚散如宿昔，城郭空存鹤飞去。
我老人间万事休，君亦洗心从佛祖。
手香新写法界观，眼净不觑登伽女。
余姚古县亦何有，龙井白泉甘胜乳。
千金买断顾渚春，似与越人降日注。

这首诗表达了离别之情和对友人的祝福，同时也抒发了对自然景物的感慨和对佛法的虔诚。前两句描写了夜晚的景象，石楠树下，诗人与友人相对而坐，聆听着淅淅沥沥的夜雨，这种情景为诗作的开篇增添了一丝宁静和幽雅。中间几句中，诗人展望了明日，描述了观潮的壮观场景，与潮水争怒，表现出诗人坚韧不拔的品质和对未来的期望。从对待刘挚这位共事二十多天的监试官的态度，我们可以从中看到苏东坡对待朋友有情有义的人品。公务上共进退，学识上共切磋，生活上共互助，精神上共慰藉。这段州试的情谊在苏东坡的一生中并不占有重要位置，但他用诗词的方式进行深情纪念，让刘挚深受感动。有人道："有机会，一定要和苏东坡交朋友。"此话不假！

第二节　东坡与富阳

"东坡古道"是富阳新登的一条颇有人文底蕴的古驿道，原名"葛溪古道"，因北宋著名诗人苏东坡曾数次造访新登，在葛溪古道上留下诗文和足迹，所以，新登乡邦文史学者又将葛溪古道称为"东坡古道"。东坡古道路线为：从富阳新登出发往北，塔山—潭山头—沈家—炉头—湘主—石门岭—湘溪—菖蒲马至坎—枫林咽泉—三溪口—石羊—洞桥陈氏园—万氏桥—寒泉—南新多福寺……

据史料记载，东坡第一次到新城（今新登县）是熙宁六年（1073年）二月早春季节，与李节推同行，从杭州至转塘、富阳、新城，然后原路返杭；第二次是同年五月中旬上下"小满"时日，从杭州到临安到於潜再到新城，之后原路返杭，看望属吏加好友晁端友，并有了《新城道中二首》名作；第三次同年十月到新城，在晁补之侍陪下探访了陈氏园（今洞桥陈村）；第四次是熙宁七年（1074年）重阳节，按孔凡礼先生《三苏年谱》卷二十四记载，这是苏东坡最后一次"南新"之行。孔先生说："（熙宁七年八月）轼捕蝗至临安……至於潜浮云岭，轼怀弟辙，作诗以蝗灾为忧。二十五日，轼登新城县西青牛岭多福寺，题诗。二十六日，轼至新城。"在"轼至新城"条目下，孔先生特意写了一段按语，云：《苏轼诗集》卷十二《新城陈氏园次晁补之韵》首云"荒凉废，秋"，点季节；末云"不见苦吟人，清樽为谁满"，补之已随其父去新城矣。……浮云岭、青牛岭、陈氏园，都在新城县，苏东坡当年八月二十七日离开新城，转道於潜、临安回到杭州，随后马上奔赴密州。这是苏东坡离开杭州之前的告别之旅，对苏东坡而言，意义非凡，十分珍贵。为什么新城之行值得深思与探究？也许是对城中陈氏园的牵挂，有苏东坡的《新城陈氏园次晁补之韵》为证。

熙宁六年（1073年）二月，苏东坡奉命前往富阳、新城、於潜等地"视政"，就是巡查属县民生和官员吏治情况，这是通判的分内之事。旧时，杭州与新城县邑陆上交通有二。东线：

走驿道从西湖经富阳至新城；西线：从余杭经临安折入葛溪古道至新城。从作品《往富阳新城李节推先行三日留风水洞见待》一诗来看，苏东坡是从东线入境新城，离去时走的是西线。"李节推先行三日留风水洞见待"中的"风水洞"，在今天杭州西湖区周浦的云泉山中。据古籍《杭州图经》记载："洞去钱塘县旧治五十里，在杨村慈岩院。洞极大，流水不竭。洞顶又有一洞，清风微出。故名曰风水洞。"李节推，即杭州知府衙门里的推官李佖（秘书，官至六至七品），他的工作态度和对苏东坡的恭敬，都被苏东坡的妙笔生花描述得活灵活现，走基层不可无李佖为前导，浪漫春游不可缺少李佖"清且婉"的少年风采相伴；李节推不但先行三日相待，又陪伴长官同游，与世俗为名利奔竞的小人相比，更显出李佖珍重友情的可贵品格。李节推在苏东坡奉命出巡之前打前站，做好接待服务并先与乡里把工作衔接好，这样的好下级自然得到苏东坡的欣赏。

往富阳新城李节推先行三日留风水洞见待

春山磔磔鸣春禽，此间不可无我吟。
路长漫漫傍江浦，此间不可无君语。
金鱼池边不见君，追君直过定山村。
路人皆言君未远，骑马少年清且婉。
风岩水穴旧闻名，只隔山溪夜不行。
溪桥晓溜浮梅萼，知君系马岩花落。
出城三日尚逶迟，妻孥怪骂归何时。
世上小儿夸疾走，如君相待今安有。

全诗写景写人，读来轻快，体现了苏东坡的好心情。"路人皆言君未远，骑马少年清且婉。"从这句诗可以看出，那一次到访富阳，苏东坡和李佖是骑马走官道来的。从南宋古地图上看，当年东洲岛及东面还是一片汪洋，东洲岛尚未形成。苏东坡沿着山路，骑马从转塘过算账岭进入东洲。算账岭是当年钱塘县与富阳县的界山。到了东洲后，苏东坡便沿着山、傍着江，一路骑马来到鹳山。这一路线，就是现在美丽的江滨东大道。杭州作为东南佛都，始于晋朝，兴于五代，盛于南宋。其实到了北宋苏东坡时，寺庙庵院已遍布各地了，尤其在富阳，那时寺、庵是很多的。这次"视政"，苏东坡分别游历了富阳的普照寺、东西二庵、妙庭观等。

普照寺在富阳城北安辰村（今富春街道虎山村舒壁山麓），据《杭州图经》记载："净明院在县北五里。昔唐时旧寺，号普照，后废。石晋天福七年重建。治平二年改赐今额。"关于普照寺，有一个流传已久的故事：据《咸淳临安志》记载，富春街道东山村樟岩山附近有一龙潭，潭中有龙兴风作浪，"时为民患"。于是，在隋朝的时候，在龙潭的边上建普照寺，又建了一座九层高的塔镇之。时间一长，龙潭就干涸了。"问人知寺路，松竹暗春山。潭黑龙应在，巢空鹤未还。经年为客倦，半日与僧闲。更共尝新茗，闻钟笑语间。"（《普照寺》·徐凝）徐凝来的时候，龙潭想来还没有干涸，他还看见了乌漆墨黑的潭水。徐凝是唐代后期诗人，睦州分水人（今桐庐），其墓在富阳洞桥石羊山下。比徐凝更早的时候，大诗仙李白也曾在这里写过一首诗。李白《游普照寺》："天台国清寺，天下为四绝。今到普照游，到来复何别。楠木白云飞，高僧顶残雪。门外一条溪，几回流岁月。"两人的诗在富阳的普照寺中碰撞出了火花，并传为不朽。作为浙西唐诗之路中的重要一站，有许多诗人在富阳驻足过。李白曾四入浙江,自然也到过富阳。可惜李白在富阳创作的诗篇存世不多,不过李白该诗中,普照寺与天下四绝之一的天台国清寺相媲美,可见普照寺当时的盛景。《咸淳临安志》中记载:"苏东坡曰:'予旧在富阳见国清院太白诗,绝凡近。'即此篇也。"苏东坡在富阳不仅见过李白这首题壁诗,而且还在李太白的诗旁写下了一首诗。唐代以降,有资格与谪仙人诗名并驱的,恐怕也只有坡仙一人而已。

独游富阳普照寺

富春真古邑,此寺亦唐余。
鹤老依乔木,龙归护赐书。
连筒春水远,出谷晚钟疏。
欲继江潮韵,何人为起予?

从苏东坡这首诗中不难看出他对富春之美的喜爱和眷恋,苏东坡的赞美诗词中没出现过"真古邑",他把"真"用在富春,这是对富春山居风貌的最高评价,难怪苏东坡会写《行香子·七里濑》,后人会画"富春山居图"。当时苏东坡是独自一人游览普照寺的,所以说"独游"。不过在若干年后,他的弟弟苏辙也来到了富阳,追寻着哥哥的足迹走进了普照寺。也许,他就是吟诵着兄长的这首诗篇走进普照寺的;也许,他是在普照寺的院墙上看到了兄长的诗篇。然后,他就在兄长的诗旁,和着兄长的韵脚,写了一首诗:

净明寺

尘埃日已远,斗擞更无余。

寺到逢门入，诗成信手书。
山深僧自乐，路远客终疏。
访尽前朝景，他年一告予。

从普照寺出来，来到铜鉴湖畔风水洞，苏东坡又写了《风水洞二首和李节推》：

其一
风转鸣空穴，泉幽泻石门。
虚心闻地籁，妄意觅桃源。
过客诗难好，居僧语不繁。
归瓶得冰雪，清冷慰文园。

其二
山前雨水隔尘凡，山上仙风舞桧杉。
细细龙鳞生乱石，团团羊角转空岩。
冯夷窟宅非梁栋，御寇车舆谢辔衔。
世事渐艰吾欲去，永随二子脱讥谗。

精明、勤快、稳健、实干的李佖，因这三首诗，成为让后人学习的好榜样。

在李佖和晁县令父子陪同下，苏东坡亲眼看到了富阳新城的政通人和，百姓安乐。苏东坡心情十分舒畅，他春风满面，饱览了秀丽明媚的春光，见到了繁忙的春耕景象，在葛溪古道长垄村渔池山白乳泉边，他用轻松活泼的笔调写下了《新城道中二首》诗，抒写自己的途中见闻和愉快心情，把新城乡村山川田野春天万物复苏、生机勃勃的景色描绘得完美无瑕,给人以美丽快乐之感。

新城道中

其一

东风知我欲山行,吹断檐间积雨声。
岭上晴云披絮帽,树头初日挂铜钲。
野桃含笑竹篱短,溪柳自摇沙水清。
西崦人家应最乐,煮芹烧笋饷春耕。

清晨,诗人准备启程了。东风多情,雨声有意。为了诗人旅途顺利,和煦的东风赶来送行,吹散了阴云;淅沥的雨声及时收敛,天空放晴。"檐间积雨"说明这场春雨下了多日,正当诗人"欲山行"之际,东风吹来,雨过天晴,诗人心中的阴影也一扫而光,所以他要把东风视为通达人情的老朋友。出远门首先要看天色,既然天公作美,那就决定了旅途中的愉悦心情。出得门来,首先映入眼帘的是那迷人的晨景:白色的雾霭笼罩着高高的山顶,仿佛山峰戴了一顶白丝绵制的头巾;一轮朝阳正冉冉升起,远远望去,仿佛树梢上挂着一面又圆又亮的铜钲(古代的一种铜制打击乐器)。穿山越岭,再往前行,一路上更是春光明媚、春意盎然。鲜艳的桃花,矮矮的竹篱,袅娜的垂柳,清澈的小溪,再加上那正在田地里忙于春耕的农民,有物有人,有动有静,有红有绿,构成了一幅画面生动、色调和谐的农家春景图。雨后的山村景色如此清新秀丽,使得诗人出发时的愉悦心情有增无减。因此,从他眼中看到的景物都带上了主观色彩,充满了欢乐和生机。野桃会"含笑"点头,"溪柳"会摇摆起舞,十分快活自在。诗人想象中的"西崦人家"更是快乐无比：日出而作，日落而息；田间小憩，妇童饷耕；春种秋收，自食其力，不异桃源佳境。这些景致和人物的描写是作者当时欢乐心情的反映，也表现了他厌恶俗务、热爱自然的情趣。

苏东坡第二次到富阳新城是熙宁七年（1074年）八月间因捕蝗到达万市浮云岭一带，同一时期东坡还分别游历过富阳的延寿院、妙庭观、国清院、净因院等。苏东坡在新城期间，留下了不少诗文。细读这些诗文，追寻苏东坡在葛溪古道上留下的足迹，笔者发现，这条古道，实在是一条情义满满的"东坡古道"。如今新登县的"东坡古道"，从南至北，留下苏东坡诗文和足迹的主要是七处，分别是"新城道中""塔山""天云山佛光禅寺""陈氏园遗址""杨村风水洞""浮云岭""青牛岭"。

"新城道中"不是一个具体的地点，而是指苏东坡在新登期间所行之处。从苏东坡所作的《新城道中二首》可见，苏东坡对劳动人民充满关爱之情。"西崦人家应最乐，煮葵烧笋饷春耕"，"细雨足时茶户喜，乱山深处长官清"，一乐一喜，感同身受。苏东坡与民同乐，乐而思隐。有确切时间记载的，苏东坡曾先后两次行至新城。民国《新城县志》卷21《景泰县志序》说："昔宋文忠公（苏东坡）为杭郡守，行县问俗，盛称新城之美。盖以其山水明秀，人物钟灵，读书尚礼，不事浮华，俗亦殷富，况官无讼牒，闾巷弦歌，诚为美邑。"苏东坡来新城，除了"视政"的需要，还因为新城之美的吸引，更因为新城有他牵挂的人。

原来，当时的新城县令是晁端友，苏东坡与晁氏一家有很深的渊源。另外，晁端友之子晁补之，这位后来的苏门学士，也正陪伴在晁端友身边。晁端友一支属于大族里的小支脉（晁氏世载远矣，而中微，山谷道人语），晁补之是端友的单传，晁家贫寒，以致晁端友去世，奠仪不足，也请不起名人作墓志铭，拖了约十年（熙宁八年卒，元丰七年"葬君成于济州吕原"），晁补之才请好友山谷道人（黄庭坚）将墓志铭补上。山谷道人作的《晁君成墓志铭》记载了晁端友的生平：晁端友二十五岁中进士，曾任上虞知县，丁忧离职，老百姓拉船挽留，好几天不给发船，后升任著作郎，四十七岁病殁。

熙宁四年（1071年），差不多同一时间，苏东坡到杭州任通判，晁端友到新城任知县。到熙宁七年（1074年）离任，其间东坡察访新城四次，赞晁端友善政、清廉。

最为后人津津乐道的是君成之子补之始拜苏门。晁补之从小就受到家庭良好的文化熏陶，加上他聪明强记，幼能属文，日诵千言，故早负盛名。他12岁时从父仕会稽，此后一直在江南各地历览胜景，开阔了胸襟眼界。熙宁四年（1071年），苏东坡来杭州任通判。得知这一消息，晁端友和儿子晁补之都非常高兴。于是他们就认真准备，决定在适当的时候拜见这位文化名人。当时，晁补之十七岁，正是初出茅庐的年纪，他按捺不住激动的心情，跃跃欲试，一方面想见见这位文化名人，拜他为师，另一方面也想在苏东坡老师面前，显示一下自己的才学，得到老师的评价。熙宁四年（1071年）年底，晁补之怀着异常欣喜的心情，奉上他精心撰写的《上苏公书》，表达对苏东坡的无限敬仰和拜师受业的渴望。初次给自己最崇拜的人写信，他急于表现自己的深刻成熟、卓越不凡的眼光以及经天纬地的才华，可以说，这是一篇冥搜苦思"做"成的文章。然而，年轻的晁补之对苏东坡的思想尚缺乏真正的理解与把握，他甚至还没能分辨清楚当时各大学派间学术上的巨大分歧与政治上的尖锐对立。文章谈古论今，指点江山，虽然稚嫩，但充满激情。初次上书未果,补之并不气馁,不到一个月又作《再见苏公书》。由此可见,他急于想见到老师苏东坡的迫切心情。晁补之反复表达仰慕之情,希冀拜从苏东坡门下:"某济北之鄙人,生二十年(或为虚龄)矣,其才力学术不足以自致于阁下之前,独幸阁下官于吴,而某亦侍亲从宦于吴也,故愿随吴人拜堂庑而望清光焉。"(《上苏公书》)可以肯定,这次求拜未能得到东坡的回复,"昔者尝有言于左右而未获奉教"。补之又写了一篇《再见苏公书》:"不佞生十五年,知读阁下书……以是察阁下胸中千变万态,不可殚极。而要萦纡曲折,卒贯于理,然后知阁下所之为自许者,不诬也。天下之事,方且争雄斗妍,自立门户,则虽有服天下之名,而信阁下之实者,又乌能一一识阁下之心舒而博、卷而约者哉!"不知是年轻的晁补之的不懈努力打动了东坡,还是《再见苏公书》里的这番话击中了东坡的心坎。总之,这篇文章行文自然,有如晤谈,与前书的故作姿态颇异其趣,正符合苏东坡"文理自然"的审美趣尚。文中以大量的篇幅描写他读苏东坡文章时的强烈感受,十分准确地把握住了苏东坡诗文的艺术特色,表现出青年晁补之良好的文学素养与艺术感悟。在文章的结尾部分,晁补之不无委屈地抱怨前一次书受到的冷落,但他仍然充满自信、诚笃、快乐,期盼尽快得到苏东坡的接见。机会总是留给有准备的人的,这一年,晁补之终于在杭州见到了仰慕已久的大文豪苏东坡,得到偶像指点之后,他发奋写就一篇《七述》呈于苏东坡,苏东坡大为赞叹:"吾可以搁笔矣。"昭告天下收晁补之为徒。就这样,晁补之的愿望终于得以实现,"始拜门下,年甫冠"(晁补之《及第谢苏公启》),晁补之加入了大宋词人的朋友圈,进入了新的世界。我相信,正是晁补之充满自信、诚笃、快乐的精神打动了苏东坡的爱才、惜才之心。

恐这次拜见,也促成了次年新登之行。熙宁六年(1073年)"饷春耕"时节的新城之行,说是循行,其实有"私"心:察看晁端友治下的新城,再晤补之小学士。在新城,有一段"晁诗苏画"的佳话,堪为传奇。现新登城西的塔山,濒临葛溪,树木葱茏,风景极佳。苏东坡来新城时,晁氏父子曾陪同于此饮酒赏景。新登城往北一里左右,有一座小山,其名"塔山"。塔山位于富阳区新登镇,是一座几十米高的小山。塔山脚下有葛溪环绕,山上树林阴翳,苍翠悦目。登上山顶,远望对岸有一片青翠的茂竹秀林,俯瞰则是绝壁深潭。民国《新登县志》记载:"其下大溪环绕,其地适挡葛溪水,下流之衢,山顶景致绝佳,苍翠悦目,上有许公祠、神农庙及拥翠亭遗址。"在"塔山",时任县令晁端友曾宴请苏东坡,其子晁补之席间侍候在一旁,酒过三巡,大家的雅兴就开始浓烈了起来。望着景色如画的塔山,苏东坡看了看晁补之(此时已是苏东坡的学生),让他诵诗一首。生性聪慧、富有诗书才气的晁补之略作沉吟,当场作诗一首,即《塔山对雨》(其一):

山外圆天一镜开,山头云起似浮埃。
松吟竹舞水纹乱,坐见溪南风雨来。

苏东坡连连称赞,兴致盎然,画了一幅《塔山对雨》图,送给了晁补之。晁补之趁热打铁,又写了一首题画诗,即《塔山对雨》(其二):

竹枝草履步苍苔,山上孤亭四牖开。

烟雨蒙蒙溪又急，小篷时转碧滩来。

晁补之诗里的"孤亭"，指的就是塔山上的拥翠亭。据说苏东坡后来和黄庭坚还来到塔山喝酒、吟诗，这是后话了。

熙宁七年（1074年）八月间苏东坡因捕蝗至浮云岭。苏东坡任杭州通判的三年中，杭州年年都有水旱灾害，所谓"止水之祷未能逾月，又以旱告矣"（《祈雨吴山》）。熙宁七年，京城以东因干旱闹蝗灾，是年十一月苏东坡到密州任上，在《上韩丞相论灾伤书》中追叙这段情况时说："轼近在钱塘，见飞蝗自西北来，声乱浙江之涛，上翳日月，下掩草木，遇其所落，弥望萧然。此京东余波及淮浙者耳……"离浮云岭不远处有天目山余脉青牛岭，山高万仞。因岭顶石道有凹坑似牛蹄印，以为太上老君青牛所留，故名。岭上有宝福院，始建于唐大历三年（768年），宋治平二年（1065年）改为多福禅寺，寺旁有岩石，状如卧牛，寺前有石洼，传为神牛足迹。苏东坡乘理蝗之余，得悉青牛岭风光秀丽，又有多福禅院，便策杖登上青牛岭，并在寺壁上题写了《青牛岭高绝处有小寺人迹罕至》一诗。青牛岭原是幽僻之地，山路艰险，人迹罕至，自苏东坡题诗后名气顿噪，文人墨客慕名而来，题咏者不少。于是"青牛雪霁"遂为东安八景之一。

青牛岭高绝处有小寺人迹罕至

暮归走马沙河塘，炉烟袅袅十里香。
朝行曳杖青牛岭，崖泉咽咽千山静。
君勿笑老僧，耳聋唤不闻，百年俱是可怜人。
明朝且复城中去，白云却在题诗处。

据说这一次苏东坡先在临安处理了蝗灾问题,又到浮云岭来处理蝗虫,而后再翻青牛岭题壁写诗后,到访洞桥陈氏园,到陈氏园主要是去看学生晁补之,他在这里读书作文(因为苏、晁二人有多轮的南新道中陈氏园诗的唱和,可以推测,在初拜苏门的两年多时间里,晁补之曾多次陪同苏东坡到访陈氏园或在陈氏园会晤),可惜这一次晁补之无法陪侍恩师苏东坡了,因为他已陪父亲北归京城任职去了。

"陈氏园"有什么历史故事呢?据《新登县志·胜迹》记载:"陈氏园,在县西四十里宁善乡(今洞桥镇)上婺山下(实为碧樨山下)。今陈村基址犹存,广约数十亩,中有池塘二亩许。唐末,村为睦州刺史陈晟故里,俗称陈马头村。"清代贡生徐时敦在《闲云录》中记述:"五代睦州刺史陈晟故里,相传在县西四十里洞桥对岸,俗称陈马头村。""天祐元年(904年),陈询败逃淮南之后,陈氏园被钱镠焚毁,连古墓山的祖坟也被发掘。"《新登县志·山水》载:"古墓山,在陈村。相传五代时睦州刺史陈晟祖墓在是。后为钱王所废。"从此,陈氏园任人进出游览,虽成一邑之胜,但日渐荒芜。"陈氏园"虽不复当年的模样,但整个庄园透出来的气象还是大的,在巨大的庄园遗址上,左中右各有一条山涧流向葛溪,每条山涧间各横开着两个池塘,加上碧樨山脚的"小西湖",共有七个池塘。在颓败的"陈氏园"里,苏东坡望着眼前的一片凄凉萧瑟景象,想到前两次与晁补之饮酒对诗的场景,又感慨自己也将离开杭州去密州,触景生情之下,和作了一首《新城陈氏园次晁补之韵》:"荒凉废圃秋,寂历幽花晚。山城已穷僻,况与城相远。我来亦何事,徙倚望云巘。不见苦吟人,清樽为谁满?"苏东坡在"陈氏园"址上的一站一吟,让"陈氏园"的历史文脉得以延续下去。追寻着苏东坡的足迹,杨维祯、王继、于文玑、陆介眉、徐法敏、沈榕等数十位文人墨客在"陈氏园"写下诗篇。就这样,"陈氏园"从一座废园变成了一座"诗园",成为钱塘江诗路文化带上的重要节点、洞桥创建"中华诗词之乡"的宝贵资源。

苏东坡与富阳有很深的渊源关系,苏东坡对富春人尤其是三国吴大帝孙权的成就很是推崇,对孙权射虎的典故很是熟悉,他在著名的《江城子·密州出猎》词中写下"为报倾城随太守,亲射虎,看孙郎",这个"亲射虎,看孙郎"讲的就是孙权。苏东坡与他同时代的富阳人也有很多交集:如元祐五年四月十八日,苏东坡会晤当时的富阳县令冯君;苏东坡表述自己对杭州深情厚意的名句"居杭积五岁,自意本杭人"出自他写给富阳人、元丰二年进士李友谅的诗。总之,苏东坡的足迹遍布富阳的山山水水,他在富阳走访百姓,询问民意,凭吊废园,捕捉蝗虫,留下了许多宝贵的精神财富。

还有一个妙庭观的传说:这是当时富阳非常轰动的一件事情,道士朱去非在妙庭观挖出了董双成昔日炼丹的丹鼎,鼎上覆盖着一只铜盘,鼎下托着一只琉璃的盆子,鼎里居然还有董双成当年还没有吃完的金丹。宋治平二年(1065年),"妙庭观"改赐名"董双成故宅"。苏东坡到杭州担任通判。他听说这里居然挖出了传说中的董双成的遗物道家的宝物,十分兴奋,于是快马加鞭,兴致勃勃地赶了过来。一路奔波,风尘滚滚,只可惜等他赶到的时候,琉璃盆已经摔破了,鼎中的金丹也被人哄抢一空。苏东坡只看到了丹鼎和铜盘。苏东坡对这件事情颇有感慨,参观完妙庭观后,写了《富阳妙庭观董双成故宅,发地得丹鼎,覆以铜盘承以琉璃盆,盆既破碎,丹亦为人争夺持去,今独盘鼎在耳二首》:"人去山空鹤不归,丹亡鼎在世徒悲。可怜九转功成后,却把飞仙乞肉芝。""琉璃击碎走金丹,无复神光发旧坛。时有世人来舐鼎,欲随鸡犬事刘安。"苏东坡在诗中讽刺了那些攀附权贵的小人。多年以后,南宋诗人范成大途经富阳,也来到妙庭观,赋诗《宿妙庭观次东坡旧韵》,南宋名臣王十朋也曾夜宿妙庭观,留诗《宿妙庭观》。看来,凤凰山上妙庭观与宋代相关的故事还是挺多的。

第三节　东坡与临安

苏东坡很喜欢临安,吸引他的不仅是秀丽的山水,更有他敬仰的吴越钱王、他心慕的方外好友道潜、辩才,他钟情的艺伎琴操,他的同宗同年好友临安县令苏舜举,他的同年同榜进士好友於潜县令刁璹,还有很多方外好友,再加上他的"视政"事务所见所闻让他流连忘返,恋恋不舍。苏东坡格外眷顾临安、於潜、昌化三县(今天的临安由昌化、於潜、临安三个古县合并而成。)他的足迹行踪、他的不朽诗篇、他的故事佳话、他的观政理念、他的生活态度、他的哲学思想等,经千百年的沉淀,凝聚成为东坡文化,给临安留下了永不磨灭的、光彩照人的、洗涤人心的精神文化财富,世代享受,用之不竭。

据史料记载,苏东坡一生到过临安4次,集中在熙宁五年至熙宁七年(1072—1074年)。苏东坡来临安"视政",是工作需要,巡行属县;也是他天性使然,喜欢寄情山水、交友阔论。苏东坡在临安是孤寂的,"无人可诉乌衔肉,忆弟难凭犬寄书"。苏东坡在临安是多情的,"逢郎樵归相媚妩,不信姬姜有齐鲁"。苏东坡在临安是洒脱的,"废兴何足吊,万世一仰俯"。苏东坡在临安是高尚的,"宁可食无肉,不可居无竹"。临安,激发了苏东坡的诗兴；苏东坡，提升了临安的内蕴。两者相辅相成，融为一体。

北宋熙宁六年（1073年）春，苏东坡从富阳、新登，取道浮云岭，进入於潜县境"视政"，相当于现在的上级领导到属地考察调研。当时於潜县令刁璹，与苏东坡是同榜进士，二人交情甚笃，刁璹热情接待了这位上司，并接受了苏东坡的全面考察，在这次视察中陪着苏东坡走乡串户。所到之处，乡野百姓无不笑面相迎。苏东坡奇之，问："为何？"答："刁令熟久矣。"原来刁璹天天走田过地，深受治下百姓所爱，大家热情相迎的原因不在自己，而在刁璹。回观这几天的情形，看衙门，走街铺，进酒肆市场，到处平和繁华自然自在，百姓生活有条不紊，欢乐有余，苏东坡对这位同年在於潜的政绩是满意的。以苏东坡的性格和为人，是不可能仅仅因为同年就给予好评的。于是在刁璹为其所建野翁亭请题诗文时，欣然作《於潜令刁同年野翁亭》："山翁不出山，溪翁长在溪。不如野翁来往溪山间，上友麋鹿下凫鹥。问翁何所乐，三年不去烦推挤？翁言此间亦有乐，非丝非竹非蛾眉。山人醉后铁冠落，溪女笑时银栉低。我来观政问风谣，皆云吠犬足生氂。但恐此翁一旦舍此去，长使山人索寞溪女啼。"由诗作可以看出他对於潜县令刁璹的好评。这首诗的最后两句意思尤其突出："但恐此翁一时舍此去，长使山人索寞溪女啼。"如果县令刁璹离任，道士们会感到很落寞、民妇会为此流泪。

刁县令知道苏东坡喜竹还喜欢画竹，特意邀请苏轼在寂照寺"绿筠轩"观景游览。绿筠轩，据乾隆重刻康熙《於潜县志》卷一《舆地志》记载："绿筠轩，即金鹅山巅，平五亩余。"绿筠轩千年前，是於潜县的一座寺庙，庙里面有一座茶轩，因为茶轩周边，遍植绿竹，故名绿筠轩。庙里一僧人，名孜，字慧觉，人称慧觉禅师。当刁县令把慧觉禅师介绍给苏东坡后，他俩一起谈佛论经笑逐颜开。苏东坡博学多才，又自称佛门居士，谙熟佛学，使慧觉十分钦佩。两人在"绿筠轩"临窗远眺，只见满目皆是茂林修竹，苍翠欲滴，景色宜人，苏东坡情不自禁地连连叫绝，即兴挥毫，写下了闻名遐迩的《於潜僧绿筠轩》：

> 可使食无肉，不可居无竹。
> 无肉令人瘦，无竹令人俗。
> 人瘦尚可肥，士俗不可医。
> 旁人笑此言，似高还似痴。
> 若对此君仍大嚼，世间那有扬州鹤。

本诗是借题绿筠轩的竹歌颂风雅高节，批评物欲俗骨。诗言志，上面这首咏竹诗是苏东坡的人生宣言，也是我们解读其一生走过道路的金钥匙。

其实，有人写过一首《慧觉孜师绿筠轩》，其中几句是这样的："绿筠萧萧含爽籁，幽姿冷落人难爱。壁间但有谪仙词，声名自到江湖外。"只不过此诗影响力远不及苏诗之广袤深远。这个人叫道潜，是苏东坡神交已久的诗僧，也是他一生的挚友。道潜，临安於潜浮溪村人（现为扶西村），本姓何，字参寥，赐号妙总大师，自垂髫之年起即修身悟禅于於潜县治西十五里的西菩山明智寺中。只不过苏东坡第一次於潜观政时，彼此还没有见过面。

苏东坡告别了慧觉禅师，由刁县令陪同来到太平村，只见田间泽畔，农妇村姑风风火火往来劳作，一片繁忙景象。此时还是早春天气,轻寒袭人,她们为了春耕赤着白细的双脚,穿着黑裙白衫,蓬松的双鬟向上翘起,一把长约尺许的银栉梳插在额前,把乌亮的头发轻轻绾住,显得健康而充满活力。

此刻苏东坡忘了眺望远处青山,两眼只见山下苕溪静静流淌,溪边垂柳依依,还有一个美丽的村姑正在顾影梳妆,她轻整云鬟,细画蛾眉,然后撑着一叶小舟,渡溪而去。对岸青山之下,她的情郎刚刚打柴归来,两人相见,无限浓情蜜意的眼波流转中,姑娘显得更加风情万种,楚楚动人,那幸福的砍樵少年完完全全地陶醉了!此时此刻,如果有人要跟他说起那些风华绝代的姬姜美女,他才不会相信呢。眼前淳朴美好的一幕,令苏东坡产生了一种很深的感动,这就是生活的至美,这就是永恒不变的人生最高境界!他写道:"青裙缟袂於潜女,两足如霜不穿屦。奢沙鬓发丝穿杼,蓬沓障前走风雨。老鼻宫妆传父祖,至今遗民悲故主。苕溪杨柳初飞絮,照溪画眉渡溪去。逢郎樵归相媚妩,不信姬姜有齐鲁。"《於潜女》勾勒了一幅淳朴健康的人物画,自然直率的爱情,恬淡安适的生活,於潜的风土人情、田园风光,淋漓尽致地呈现在人们眼前,让人羡慕不已。在苏东坡笔下,我们仿佛看到,微风细雨中,江南女子在苕溪边柳树下,轻盈地走来,青裙白衣飘飘。这些女子的神态服饰,难道不是从吴越王时期一代代传下来的?於潜女子,他们夫妇相爱,安享渔樵之乐,看到这样的人和这样的美好生活,即使周文王治下的美女们也不能与於潜女子相比。作为一位爱民如子的地方官,最大的心愿莫过于为官清正廉洁,为政求真务实,百姓安居乐业。

苏东坡一边走一边感受风土人情,一边优哉游哉地欣赏清风山月,但昌化县令陆元长有点着急了,他不知道自己有没有等对地方，不知道是不是和要接的人已经两两错过。自任昌化县令以来，他还是第一次在紫薇岭设宴接人，他没有经验，忐忑难安。陆县令要接的人就是杭州通判苏东坡——他还在七里长的紫薇岭外的芦岭关脚下，饮茶小歇。古时道路不平，从杭州到昌化，往往需要7天以上的脚程，更何况这是苏东坡第一次来。

昌化彼时已设县387个年头，"昌化"之名亦用了95个春秋。陆元长治下的昌化内外，祠社书院、驿站、桥渡、巷坊、茶楼、酒肆、水亭、山阁、医馆、寺庙一应俱全，民风淳厚。主客碰面后，陆元长见苏东坡兴致正高，便道："吾昌古郡边邑，远离州治，境内崇山峻岭，山高路阻，地僻民淳，乃州治九县之末也。"陆县令言简意赅，交通不便、俸禄微薄、三等末县且不被朝廷重视等，说的却是昌化实情。苏东坡早已听出陆元长言下之意，回曰："山高而水长，地僻而风古，路阻匪盗罕，民淳事必简，唐昌何不佳境也？"

初识昌化，苏东坡却觉得这里短中见长，可化苦经作优势，"青衫半百官岭下"。陆元长若有所悟，于是陪苏东坡回县衙。此后，凡京城、州治等上级官员来昌化，陆元长以及他的后任都会在紫薇岭上候迎。久而久之，紫薇岭被称为"接官岭"。苏东坡在昌化停留了五日，在了解民风政事之外，他还去了双溪馆、治平寺，对陆县令治下的昌化民淳俗厚、井井有条十分赞赏，留下《自昌化双溪馆下步寻溪源至治平寺二首》：

其一

乱山滴翠衣裘重，双涧响空窗户摇。
饱食不嫌溪笋瘦，穿林闲觅野芎苗。
却愁县令知游寺，尚喜渔人争渡桥。

正似醴泉山下路，桑枝刺眼麦齐腰。

其二
每见田园辄自招，倦飞不拟控扶摇。
共疑杨恽非锄豆，谁信刘章解立苗。
老去尚餐彭泽米，梦归时到锦江桥。
宦游莫作无家客，举族长悬似细腰。

从诗的题记看，从双溪馆下，步行寻溪源，至治平寺，好像是记述游寺的经过，但是诗中又没有具体的记述，至于后人所说的"凿池筑亭"更不着点墨。从首联看，虽然写到乱山滴翠、双涧响空，似乎要写昌化的山水风光，但是也没有展开。诗言志，诗的颔联，诗人写的"却愁县令知游寺，尚喜渔人争渡桥"才是诗的主旨。这"愁"与"喜"和盘托出了苏东坡的内心世界。

第二首诗直接抒发了诗人对官场生活的厌倦和对田园生活的向往，"每见田园辄自招，倦飞不拟控扶摇"，"老去尚餐彭泽米，梦归时到锦江桥"。他欣赏陶渊明，可他无法做陶渊明，因为他背负着百姓的期望，又无法为治下百姓减轻更多负担，内心的焦虑无法排解，只能借诗文寓物托讽。

昌化人总觉得没底气，想着於潜苏东坡去了三次、写诗八首，而昌化苏东坡仅去了一次、作诗两首。终究，昌化还是幸运的，毕竟与苏东坡有过一面，有过两诗，有苏东坡的"愁""喜"内心世界留存，有了千年存忆。苏东坡更值得欣喜，因为昌化给了他最高的礼遇：比如看塔人数十年扫南屏塔、傍东坡亭，拦昌化溪、筑东坡桥，还有环翠亭和倦飞亭，无一不是存留的东坡印记……他物无求，止期心平，近有昌德，远可化成。苏东坡留给昌化的，是流传已久的诗文；昌化回报苏轼的是一方厚土——醇厚、深厚、天府之土。如此，才是真的唐昌胜境。

熙宁六年（1073年）六月，苏东坡因往诸县提点到临安县。当时临安县治在高陆，知县苏舜举在县城二十五里外相接，迎苏东坡到太平万寿禅寺休憩，余暇游览各处。次日与周邠、秀才李行中和临安县令苏舜举在太平寺相见后，东坡约苏县令同游径山。一行人离了太平寺，从径山西坡登山，沿途诸人观景赋诗，唱和酬答。北宋以前登径山，均从西坡上，南宋孝宗拨款重修登山道路，改从东坡上。径山一直属临安。苏东坡《径山道中次韵答周长官兼苏寺丞》诗，便记录了这次从太平寺至径山道中的沿途所见。苏东坡自注：太平寺，俗号小径山。

临安县县令大理寺丞苏舜举与苏东坡同宗同年，自来相识，关系密切。清《临安县志》载："宋元祐间苏轼守杭时，同年宗人苏舜举为临安令，轼至临相得欢甚，与山谷、佛印登功臣、玲珑、九仙、洞霄宫、东西径山，凡题咏皆镌诸石。"苏东坡九月到临安，与同年苏舜举畅饮，作《与临安令宗人同年剧饮》以记之。苏舜举知临安县，将役钞规例献于转运副使王庭老，庭老不喜，命将其押出城。后遇苏东坡，云："数日前为训狐押出。"苏问训狐事，舜举云："闻一小话，燕以日出为旦，日入为夕，蝙蝠以日入为旦，日出为夕。争之不决，诉于凤凰，途次逢一禽，语之曰：'凤凰在假，或作凤凰浊睡'。却是训狐权慑。"意指庭老也。

在临安苏东坡与苏舜举登玲珑山，欣赏风景，诵诗题字，走村访客乐此不疲，所走之道成"东坡古道"。"玲珑虽小，苏轼曾登",《玲珑山志》开篇八字言简意赅,却道出了玲珑山的玲珑剔透以及她的人文风貌。沿卧龙潭东侧百数米,有两峰屹立,古道沿岩壁涧泉而筑,涧随山转,盘曲而上,石磴两旁古树葱绿成荫。沿道有醉眠石、苏东坡手迹"九折岩"、三休亭、学士松等遗迹。另有由玲珑山到九仙山的古道,现部分路段已荒没。

《东天目山志》载:"熙丰(此处有误,苏轼熙宁七年离杭,元丰年间未来杭)间通判杭州,元祐间以龙图阁学士出守杭州时,同年宗人苏舜举为临安令,轼至临,相得欢甚,与山谷、佛印登功臣、玲珑、九仙、东西径山,凡题咏皆镌诸石。"苏东坡来玲珑山,官任通判,但他的社会影响力主要在于他的文学、书画上,因此地方官员常常乞求题书。题写"九折岩""醉眠石"当在情理之中。明童守德《玲珑山记》载:"岩端书出长公,据镌长公别号,则非通判时书,乃元祐间复以龙图学士知杭州,百折之心益壮,触目王阳九折,不觉有会而书之耳。""九折岩"款为"东坡居士书",应是苏东坡在元祐年间任杭州知府时所题。

苏东坡来临安县应是熙宁和元祐年间各来过一次。熙宁时有诗数首。元祐间登玲珑则无诗可考证。东坡为琴操落籍(赎身),遂发于玲珑山别院,削发为比丘尼,进入佛门修行参禅于玲珑山。为了造访出家修行的琴操,苏东坡邀得好友黄庭坚、佛印禅师,一行三人,曾前往玲珑山。后来,琴操听到诗僧参寥带来了苏东坡被贬至南海瞻州的消息郁郁而终,年方二十六岁。据说诗人苏东坡后来请人在玲珑山琴操修行处重葬了这位红颜知己,并亲自写了一方墓碑。但琴操舍寿之时,是元祐后,苏东坡已离开杭州,正处在颠簸之时,后也不曾再来杭州,且

"琴操墓"未见书迹，故虽有记载却难采信。

熙宁七年（1074年）八月苏东坡与毛君宝、方君武一起，从杭州策马西行到於潜浮云岭捕蝗，又有《戏於潜令毛国华长官》诗证："宦游逢此岁年恶，飞蝗来时半天黑。"极写蝗势之烈。苏东坡连日尽在田野间察看飞蝗的来势，检查受灾的情况；晚上又须与有关人员研讨捕蝗的方法，劳累不堪。一处事定，又须再去一地，这种单调的胥吏工作，更使他心里充满委屈。当他在临平和於潜两县间的山上，行至浮云岭上时，更是疲惫难支，慨然有被人当作厮役差遣之耻，气起来就想毁车杀马，扯碎衣冠，逃归乡里去读书。但是，这个秘密的心事，除了弟辙，没处可说，乃作《捕蝗至浮云岭山行疲苶有怀子由弟二首》。

其一

西来烟障塞空虚，洒遍秋田雨不如。
新法清平那有此，老身穷苦自招渠。
无人可诉乌衔肉，忆弟难凭犬附书。
自笑迂疏皆此类，区区犹欲理蝗余。

其二

霜风渐欲作重阳，熠熠溪边野菊黄。
久废山行疲荦确，尚能村醉舞淋浪。
独眠林下梦魂好，回首人间忧患长。
杀马毁车从此逝，子来何处问行藏。

这组诗是苏东坡将离杭州通判任时所作。第一首写捕蝗所感,第二首着重写山行疲惫之感。组诗写的是现实生活给诗人思想感情上带来的一次巨大冲击,极力表现作者内心深处的难言之情,同时也是亲兄弟间推心置腹的肺腑之言。从诗作也大致可以看出东坡先生此时的心情不太好,既怨新法不清平,又欲杀马毁车远尘世,在杭任职已三年,个中"推挤"(东坡语)也让其甚觉疲惫。

但这次於潜县之行让苏东坡完成了与道潜相见的心愿:八月二十七日,苏东坡与新任於潜县令毛宝、县尉方武同去西菩寺,拜访名僧辩才,夜宿西菩山,留下了《与毛令方尉游西菩寺》诗二首。

其一

推挤不去已三年,鱼鸟依然笑我顽。
人未放归江北路,天教看尽浙西山。
尚书清节衣冠后,处士风流水石间。
一笑相逢那易得,数诗狂语不须删。

其二

路转山腰足未移,水清石瘦便能奇。
白云自占东西岭,明月谁分上下池。
黑黍黄粱初熟后,朱柑绿橘半甜时。
人生此乐须天付,莫遣儿曹取次知。

这次苏东坡终于见到了昙潜(参寥子),即道潜。自此后,昙潜与苏东坡建立了深厚的友谊。昙潜也因苏东坡的建议改名为道潜。苏东坡为寻访道潜僧人及观政,几年中三次前往於潜,可见苏东坡十分欣赏道潜，也表现了苏东坡坚忍执着、酷爱人才的性格。道潜也因此记下了苏东坡这份情谊，后来苏东坡落魄时道潜几度去看他，并一直追随苏东坡，这也成为苏东坡认道潜为莫逆之交的原因。

浮云岭处浙西，原於潜县（今属临安区）与新登县（今属富阳区）交界。《咸淳临安志》记浮云岭"在於潜县南二十五里"，而《新登县志》（道光版、民国版均同）记浮云岭"在县西八十里，高二百五十丈，与於潜分界。路极崎岖，行人病之"。时熙宁七年，江淮一带，蝗虫成灾。"见飞蝗自西北来，声乱浙江之涛，上翳日月，下掩草木，遇其所落，弥望肃然。"东坡作为父母官，捕蝗、理蝗余（善后赈济）等都是分内事。选择浮云岭捕蝗线路东坡还有其他的深意。其一，去看望接任刁县令的新於潜县令毛国华。毛县令是东坡的师长兼朋友梅尧臣的生前友人。梅是宋诗第一人，又是富阳谢家的女婿。东坡能一"举"成名，梅是伯乐（参见《谢绛研究》）。东坡《诗集》曾记："梅圣俞诗集中有毛长官者，今於潜令国华也。圣俞没十五年而君犹为令，捕蝗至其邑作诗戏之。"梅尧臣的诗有《送毛秘校罢宣城主簿被荐入补令》等，苏东坡此时作的是《与毛令方尉游西菩寺两首》，毛令即毛国华，方尉即姓方的县尉。其二，浮云岭属于潜富阳交界，旧属富阳龙羊区南安乡。五代时，钱镠（杭城的开国者）曾将南新乡、南安乡两地并作南新场，后又改设南新县（南新县的具体沿革另文再述）。熙宁五年八月，也就是东坡捕蝗之行的前两年，朝廷下令将南新县析为镇，并入新登县。其实南新县就是原吴越国（也就是新登人罗隐辅助过的）的后花园，类似于清代承德避暑山庄。想来在辖区里有这样的行政变化，东坡必是要实地造访或凭吊胜迹的。确然，登浮云岭后,东坡又到青牛岭多福寺,根据东坡自注,时间是在八月二十五日。明代嘉靖《新登县志》记:在县西七十里青牛岭,唐同光三年建宝福院,宋治平二年改为多福寺。东坡有诗《青牛岭高绝处有小寺人迹罕到》:"暮归走马沙河塘,炉烟袅袅十里香。朝行曳杖青牛岭,崖泉咽咽千山静。君勿笑老僧,耳聋唤不闻,百年俱是可怜人。明朝且复城中去,白云却在题诗处。"看来东坡对于南新这个不到一百年历史的小县,内心还是颇有感触的,百年俱是可怜人啊。不然东坡怎会写出《陌上花》这样的诗作呢!真是"江山犹是昔人非,遗民几度垂垂老"。

毛县令后调任婺州观察推官,但很快受苏东坡"乌台诗案"连累而去官。

当地人还流传着苏东坡与方武沿途以地名对联的趣话。苏东坡巧用於潜西行沿途经过的方圆、更楼、太阳三个村镇名,说:方圆鼓,敲上更楼,太阳升也。方武灵机一动,也妙用於潜东行沿途的藻溪、横塘、化龙三个村镇地名,脱口应道:藻溪鱼,跳过横塘,化龙去矣。如此妙对佳联,堪称诗文佳话,难怪当地妇孺皆知,至今口口相传。

第四节 东坡与临平

苏东坡两度出任杭州地方官期间,曾多次到临平(今天的临平由余杭、仁和两古县合并而成)关注市井生活、民间疾苦、水利枢纽等公务,闲暇之余也游览了临平的风景。吸引苏东坡眼球的当属临平境内的径山风景,还有位列"江南五山十刹"之首的径山寺。

径山,有径通向天目山,被称为"径山";又有东西两径,东通余杭，西通临安，因此也叫"双径"。它地处余杭区径山镇，与临安区接壤，系天目山东南余脉，有霄峰、鹏勃峰、朝扬峰、大人峰、晏坐峰五峰，其中霄峰最高，海拔达 769 米。"临安之北部，直五十里，有径山在焉。山有佛祠，号曰承天祠。""始至山阳，东西之径二。登自其西，壁绝襟绕，轿行少休。松桧交错，盘折蒙翳，寻丈之间，独闻语声。跻棱层，披翠茜，尽十里许。下视来径，青虹蜿蜒，拊岩腾霄，且及其巅。峡束洞隐，几不容并行。已而，内括一区，平盈坦壑。四面五峰，如掌竖指，一峰南绝，卓为巨擘。屋盖高下，在掌中矣。"径山处处风景，步步览胜，千百年来游客不绝，是江南著名的风景区。在斜坑峡谷中有深不见底的龙潭，犹如天之深井，悬挂的千丈瀑布，飞流直泻，雷声轰鸣，使人心悸目眩，不敢久待。山上遍长千百年的古松古杉，参天蔽日，绿荫笼罩。"余杭自是山水窟""故乡无此好湖山"，这是苏东坡对径山风景最确切动人的赞叹，他甚至认为家乡四川眉山也没有这般好的风景。据《四库全书》《苏东坡全集》《余杭县志》《径山志》等记载，苏东坡在径山所作的诗达到了 12 首之多。其中，"我昔尝为径山客，至今诗笔余山色"一句，体现了苏东坡对径山的深厚情感和对自然美景的热爱，引起了历代诸多诗人的共鸣。而当我们到访径山时，不仅会被秀美景色所吸引，更会因佛禅文化而折服，它吸引四方游客慕名前来，对文人诗客更具有召唤力。径山有一圣地天水坑，山高沟深，变岩崖顶上三片巨石并立，形若硕大无朋的"川"字。岩石上镌有"喝石"两个字，传说有一天，径山寺开山祖师法钦禅师静坐岩石之旁，有一位巾子山人来拜访，声称自己力大无比，欲往长安救佛法之难，求法钦度化。法钦想试试他说的是不是真的，便指着座旁之石对巾子山人说:"这里有块怪石,你能喝一声让它倒吗?"巾子山人大喝一声,巨石随声而下。法钦又让他喝一声让石复合,巾子山人又大声一喝,石头又立了起来,但裂为三块,从此这块传奇的石头有了个另类的名字——"喝石"。法钦禅师经常在此石旁悟道论禅,他对禅修的独到见解也来源于在此修行时的思考。传说当然会给历史的原貌盖上神秘的面纱,但"喝石"的由来无疑是跟径山的千年文化密不可分的。"喝石"的"喝",非"喝茶"之"喝",而是"大喝一声"之"喝",是"棒喝"之"喝"。临济宗的祖师义玄禅师常常以自己独特的禅教方式——"大声喝斥",来警醒世人直面心中妄念。其弟子模仿沿袭,遂成临济宗一大特色,所以我们可以说,"喝石"之"喝",是临济之"喝"。不管信禅与否,仔细品读"喝"字,促人醒悟,教人清醒。"喝"断妄念与浮躁,保持内心的平静,也是现代人的上好精神良药。我们现代人说"警钟长鸣",宋代人说"喝",千百年来,只是字不同而已,文脉却从未改变。北宋范仲淹在知睦州时,与圆悟禅师交情深厚。范仲淹勉励圆悟前往径山静心修佛,日后为国家再出力,并写下了《送圆悟禅师入径山》一诗:"南方幸有选佛地,好向其中穷妙旨。他年成器整颓纲,不负男儿出家志。"圆悟因得到范仲淹的鼓励,遍参诸方,精进用功,后成大器。

据悉,苏东坡在杭州任职期间,曾五次来临平、四次到访径山。明末清初《临平记》作者沈谦说:"坡公守杭,民安物阜,不特选胜于金牛,为湖山之主,即城东山僻如临平者,五马数过焉。观诸题咏,可见官清讼简,吾里享太平之福也。"按照沈谦的说法,苏东坡两度出任杭州地方官期间,至少有五次到过临平,并为临平写下多篇不朽诗作,还留下"东坡洗砚池""金钱竹"等遗址以及"十方选贤制"的故事。秀美景色让苏东坡第一次踏上径山就爱上了它。熙宁六年（1073年）八月的一天，苏东坡与钱塘县令周邠和临安县寺丞苏舜举一行坐船经余杭到达径山脚下，然后弃船登山。烈日当空的天幕，忽然裂开一大口，一阵暴雨倾泻下来，给这群人带来了一点麻烦。到达径山已近傍晚，落山的太阳在远山的山谷之中，山峰之间云雾萦绕随着山间风势向东奔腾不息。苏东坡站在径山之巅，远望天目山，山势连绵不断，像一群野马在茫茫草原上放纵地奔跑，景象十分雄伟壮观，让苏东坡心驰神往、魂牵梦萦。第二天一早，苏东坡又赶到径山之顶。阳光透过云层，为天目山连绵起伏的大自然涂上了一层金辉，清晨的微风摇曳着山间的嫩绿，为这片宁静的世界带来苏醒的呼唤。苏东坡站在山顶，俯瞰着群山万壑在眼前奔驰，强烈的满足感油然而生，《游径山》一诗自然而出。

游径山

众峰来自天目山，势若骏马奔平川。
中途勒破千里足，金鞭玉镫相回旋。
人言山住水亦住，下有万古蛟龙渊。
道人天眼识王气，结茅宴坐荒山巅。
精诚贯山石为裂，天女下试颜如莲。
寒窗暖足来朴渥，夜钵咒水降蜿蜒。
雪眉老人朝叩门，愿为弟子长参禅。
……

苏东坡的诗作描绘了"巍巍天目，蜿蜒东下，终于余杭"

的径山，径山位于东天目之北峰，据《天目山志》所载："天目龙潜于此，盖入双目之径，故名径山。"径山之所以美，它的神奇之处在于地貌呈穹隆状，群峰罗列，石径盘旋，午夜温差悬殊。由于山势耸峙，犹似一道高墙挡住了东海上西进的海洋性气流，云层常常凝结雨幕，随云烟出没，雨雾顷刻笼罩山区。天气晴朗时，白云在山头缭绕，山树苍翠如屏。一旦云雨将至，幻影无踪，犹如仙境一般。

熙宁六年（1073年），苏东坡第二次游径山，又写下了《再游径山》。

再游径山

老人登山汗如濯，到山困卧呼不觉。
觉来五鼓日三竿，始信孤云天一握。
平生未省出艰险，两足惯曾行荦确。
含晖亭上望东溟，凌霄峰头挹南岳。
共爱丝杉翠丝乱，谁见玉芝红玉琢。
白云何事自来往，明月长圆无晦朔。
冢上鸡鸣犹忆钦，山前凤舞远征璞。
雪窗驯兔元不死，烟岭孤猿苦难捉。
从来白足傲死生，不怕黄巾把刀槊。
榻上双痕凛然在，剑头一唤何须角。
嗟我昏顽晚闻道，与世龃龉空多学。
灵水先除眼界花，清诗为洗心源浊。
骚人未要逃竞病，禅老但喜闻剥啄。
此生更得几回来，从今有暇无辞数。

此诗把径山的高耸俊秀描述得美不胜收。而且苏东坡还用了大量篇幅追忆建寺的艰难和对径山佛法的虔诚。他用神来之笔叙述径山的佛骨仙气,把径山写得圣洁非凡,简直是天外佛国一般。他对径山佛寺兴衰的历史非常熟悉,在诗中娓娓动听地叙述了法钦禅师开创祖寺的艰难历程,抒发了自己忧国忧民的心胸。随后苏东坡将《再游径山》寄给弟弟苏辙,与他一同欣赏径山的秀丽风光。当时,苏辙在陕西做推官,收到兄长来信,大喜过望,秀美的文字让苏辙脑海中涌现出径山奇异秀丽的景色,苏辙遂写下了《次韵子瞻游径山》一诗作为回信:

> 我兄东南游,我亦梦中去。
> 径山闻已熟,往意穿云雾。
> 梦经山前溪,足冷忽先渡。
> 举头云峰合,到寺霜日莫。
> 香厨馔岩蔌,野径踏藤屦。
> 平生共游处,骞足蹑高步。
> 崎岖每生胝,眩晃屡回顾。
> 何年弃微官,携手众山路。

苏辙通过苏东坡的描述间接体验到哥哥对径山的喜爱,而且还对径山的景色有所了解,产生了强烈的情感共鸣,从而可以推断,苏辙通过苏东坡的诗歌,在苏东坡的描述中对径山有了深刻的认识和向往。苏辙这首次韵诗在当时流传甚广。

径山寺在杭州郊外西北方向的径山上,它属天目山余脉,因一条通往天目山的路而得名。径山寺缘起于唐代天宝四年(745年),禅宗牛头派禅师法钦在山上结庵,开创道场,普救众生创建径山寺。唐大历三年（768年），唐代宗下诏建径山寺，法钦禅师被赐封为"国一禅师"，至此佛学禅宗响彻江南。中唐时朝廷崇佛，杭州寺庙遍布湖山之间。五代吴越王钱镠建都杭城，四代五王以"保境安民""信佛顺天"为国策，扩建原有佛寺，在都城周围广建新寺，吴越寺庙"倍于九国"。而径山寺被吴越王钱镠题额为"吴兴正真禅院"。由于吴越国君听从高僧延寿劝谕"纳土归宋"，杭州佛教又受到宋王朝的青睐，并在蔡襄、赵抃、苏东坡等州官的支持下，佛寺增至三百六十所，苏东坡诗中"三百六十寺，幽寻遂穷年""高堂会食罗千夫，撞钟击鼓喧朝晡"，以及《天竺山志》所称"凿山增室，广聚学徒，教苑之盛，冠于两浙"，都描绘了当时佛教的盛况。

这里特别值得一提的是苏东坡在径山寺推行了一项中国佛教界的重大改革——将住持由"自传制"改为"十方选贤制"，即：寺院住持，不一定由本寺僧人担任，只要是有德行的高僧，无论来自何方，均可担任；一旦住持不称职，众僧人可罢免之，以防将寺院变成"子孙庙"。据悉，苏东坡在径山盘桓了几天，看到禅寺开创三百年来几兴几废的历史痕迹，依赖众法师奔走各地募捐集资重建的寺院，以及漫山遍野的殿屋，重重叠叠，星罗棋布，听到绵绵不绝的钟鼓声，一种担忧不禁萦绕于他心间：径山以法钦开山建寺至今三百三十年间，已传灯百代，这种自传的方式能发扬光大佛法吗？苏东坡的担忧是有理由的，由于自传制的缺陷，住持继承都局限在本寺范围内，僧侣的知识结构相同、视野狭窄，而且受历代陈规陋习的束缚，很难有新思想、新观念产生，佛法素养很难提高，也很难诞生享有盛名的高僧。为此，应破除陋习，冲破本寺范围局限，由官方从各地名刹中选派得道高僧主持径山导法席，使径山寺佛法永葆振兴，禅心广布。

经过深思熟虑后，苏东坡把想法汇报给陈襄知州，得到陈知州的赞同："高僧主名刹，相得益彰，才能形成中兴之势。"苏东坡推举灵隐寺的住持常悟法师担任径山寺第一代十方制住持，陈知州连声赞好。苏东坡开始奔波于灵隐寺，三请常悟主持出山。"眼内有尘三界窄，心头无事一床宽。"在苏东坡的高度赞赏与肯定下，常悟法师勉为其难地接受了。于是，苏东坡大胆革新，大张旗鼓地宣传由官方委派高僧主持法席的好处，各地高僧闻讯而来，通过辩禅论道，常悟法师不负众望，成功成为住持。常悟法师担任径山寺住持后，用智慧的禅机、高深的佛学修养、无私的胸襟、声若洪钟的梵语赢得了僧众的佩服和信任，常悟法名远近所知，他讲的《摩可止观》被佛门子弟所传颂，使径山寺宗风大振。

"十方选贤制"在当时可谓极其民主而科学，对径山寺随后的发展起到了推波助澜的作用。径山寺在南宋时最为鼎盛，嘉定年间排列禅寺位次时它被列为江南"五山十刹"之首，其时寺庙有僧众人三千佛像万尊，闻名中外（其中赴日传教有成就的径山弟子有12位，来径山参谒的日僧有26位）。

径山寺全名"径山万寿禅寺"，是江南地区历史悠久的古刹之一，有着"径山东南佛国地，万里禅宗第一山"的美誉，在鼎盛时期，寺庙拥有寺僧1700余众，寺庙建筑1000多间，寺内部威严壮观，从五凤山门，到大雄宝殿，再到观音殿和凌霄阁，重重的琉璃屋瓦，处处透着静谧、古朴和灵秀之感。寺庙的外部风景秀丽，还有许多银杏、柳杉和青松，郁郁葱葱，营造出佛门圣地特有的清静。如梅雨季拜访径山寺，清风竹涛，细雨迷离。看什么都是虚无缥缈的状态，登上山顶，能见度更低，观光客和石像在雾中若隐若现，诵经声和阵阵竹涛交织在雾中增加了神秘感，香火在水雾中四散弥漫，天空中闪过惊雷，那些静态、动态景观似乎有了生命。宋嘉定年间（1208—1224年），径山寺被列为禅宗东南"五山十刹"之首，居灵隐、净慈、天童、阿育王等江南名寺之前，名扬四海，成为"东南第一禅院"，被海内外佛徒奉为"临济宗"祖庭，于是历代帝王显贵、诗人墨客、求法僧人纷至沓来。古往今来，来径山的游人多是冲着参禅、茶事来的。所谓"禅茶一味"的境界，在径山寺被发挥到极致。径山寺，原属佛教"牛头派"，隶属于"临济宗"。临济宗，其最大特征是"接地气"，所主张的"修行"与现实生活关系密切，参禅者不再总是特立独行、听松观云，而是在最实际的日常生活中修道成佛。对此，唐兴元元年（784年）怀海禅师（720—814年）制定的《禅苑清规》还明确提出了"一日不作一日不食"，要求每位僧尼都参加劳动，这也为径山寺后来形成以"茶"为特色的农业生产打下了基础。据清嘉庆年间（1796—1820年）《余杭县志》记载：唐天宝元年（742年），国一大觉禅师法钦来径山结庵建寺后，"手植茶树数株，采以供佛，逾年蔓延山谷，其味鲜芳，特异他产"。唐禅僧洪諲（？—901年）于咸通七年（866年）接任径山寺住持后，秉承其师沩仰宗初祖灵佑（771—853年）倡导的"农禅并举"之宗风，在径山寺率众种茶，成为浙东寺院茶业生产的开端。史传径山寺开山祖师法钦，从扬州镇江一带而来，来之前他的师父跟他说，逢径则止。他遵循师嘱，"乘舟而下，逢径则止"，便到了径山，并在此结茅建寺，栽下第一棵茶树。这禅寺便是径山寺，这茶便是径山茶。

　　禅与茶向来关系密切，"丛林"最重的就是茶礼，向来有

"谢食不谢茶"之说。"青山个个伸头看,看我庵中吃苦茶。"茶能提神,不易昏沉,利于僧徒修身养性。特别值得一提的是,径山寺与茶闻名以后,由禅僧抚养、在禅寺成长、被奉为"茶圣"的陆羽(733—804年)慕名而至,在径山植茶、制茶、研茶,后在唐上元元年(760年)写成了传世名著——《茶经》,使茶由饮而艺而道,将茶与禅融为了一味。尽管李白曾来径山游历,茶圣陆羽在径山寺中写茶经,但径山寺到宋代才名满天下。径山寺能在宋代天下闻名,并不是因为宋朝政权中枢从汴梁(今开封)移至临安(今杭州)的结果,而是因为径山本是一座自然风光秀美的山峰,径山寺是一个承载着丰富文化和宗教意义的重要名胜古迹,它是佛教文化中国化后占领的最后一个制高点,同时也是江南五大禅院之首,还因为其在中国和日本文化交流中扮演了重要角色。径山寺是日本禅宗的发祥地之一,许多日本学者曾到径山寺学习禅法,这一历史背景使得径山寺成为佛教的圣地之一。

苏东坡曾多次游览径山,写下诗作《游径山》《再游径山》。作为杭州最高长官,苏东坡还关注径山寺的建设和发展,他曾写《送渊师归径山》诗:"我昔尝为径山客,至今诗笔余山色……山中故人知我至,争来问讯今何似。"苏东坡对径山的关注,体现了这位大文豪对径山的深厚情感,有关的文学创作更是为径山留下了丰富的遗产。我们从下面几个故事中不难看出东坡喜欢径山、喜欢径山的人,更眷恋径山的秀美风景。

东坡与禅茶

苏东坡久闻径山寺茶宴的盛名,有一天,他换上私服独自前往径山寺,以普通香客的身份与方丈见面。方丈看到他衣着朴素，相貌平常，以为他只是一位普通的香客，不太在意，只是淡淡地说了一句"坐"。随后转身对小和尚喊"茶"，小和尚答应一声就泡茶去了。苏东坡微微一笑，也不在意，坐下来开始和方丈谈天说地。几句寒暄后，方丈感觉来者谈吐不俗，见小和尚端着茶来了，便改口道："给这位先生敬茶"。接着他又把苏东坡引至厢房中，客气地说道："请坐。"苏东坡还是不动声色地笑笑，继续和方丈聊天。又经过一番深谈，当方丈得知来者是著名的大诗人苏东坡时，顿时肃然起敬，连忙行礼说："请上坐！"方丈接着把苏东坡请进自己的禅房，并吩咐小和尚："敬香茶！"苏东坡却起身说："天色不早，香茶就不喝了，这样吧，来一趟径山也不容易，拿纸笔来，我给你们写点东西。"方丈听了大喜，大文豪若能留下墨宝，那可是寺里的荣耀啊。小和尚取来笔墨纸砚，苏东坡拿起笔，思考片刻后，提笔写了一副对联，上联是"坐，请坐，请上坐"，下联是"茶，敬茶，敬香茶"。方丈看完对联，顿时满脸通红，羞愧难当。

这副对联至今还出现在一些茶馆茶室里，时时提醒大家要以茶待客，不能以貌取人，这也正是苏东坡对于佛法的理解。

茶与禅的结合，创造了独特且深远影响的中国茶文化。在禅宗的影响下，苏东坡对茶的理解更加深刻，将饮茶提升为精神修养的一种方式，认为品茗可以帮助人静心养性，实现心灵的净化与升华。苏东坡与径山禅茶的渊源，是中国文化史上一段美妙的相遇。它不仅丰富了宋代的文化认识，也为现代茶文化提供了宝贵的历史资源。在享受一杯好茶的同时，仿佛能穿越千年时空，感受到苏东坡超凡脱俗的茶道境界。

东坡与安平泉

临平山西南麓有一座安隐寺,唐宣宗(847—859年)时建,初名永兴院,后毁。后唐清泰元年(934年),吴越文穆王钱元瓘重建寺庙,名安平院、安平寺。宋治平二年(1065年),改为安隐寺。

安隐寺前有一泉,名安平泉。苏东坡早就听闻临平山下的安隐寺前有一眼泉水,味甘清洌。这一天,风和日丽,苏东坡来到临平安隐寺前,只见一方泉池,泉水清澈透底,却不知安平泉水源出于何处。于是,东坡先生拄着竹杖沿着山径慢慢寻找,果然在山麓找到一眼灵泉,泉中涌出的水珠像洁白的菱花,只是不知这泉眼开凿于哪个年代。苏东坡回到寺里休息,僧人用安平泉水为其泡了一杯香茗,一缕细细茶香顿时扑鼻而来,寺僧夸耀壶中的泉水就像雪水那样洁白。苏东坡不由得想起隐居临平山的唐代诗人丘丹,或许他是因为饮用这里的山泉才得以高寿而羽化成仙的吧。可惜当年陆羽没有来过这里,否则他写的《茶经》里不会遗漏了安平泉。

品茗毕,寺僧在案上磨好墨,铺上宣纸,苏东坡起身,提起湖笔,一气呵成,将诗书于宣纸上。

题安平泉

闻说山根别有源,拨云寻径兴飘然。
凿开海眼知何代,种出菱花不计年。
烹茗僧夸瓯泛雪,炼丹人化骨成仙。
当年陆羽空收拾,遗却安平一片泉。

一时间，安平泉因苏东坡的题咏而名声大振。文人墨客纷至沓来，步苏韵题诗安平泉者不计其数。苏东坡《题安平泉》诗的真迹墨宝一直藏于安隐寺内，后不知何故，墨宝被白氏所得，终不知去向。明崇祯三年（1630年），沈谦的兄长沈一先，集苏字成诗，勒石于泉上。池壁"安平泉"三字为里人郭绍孔所书。现在苏诗碑早已不见，幸好安平泉仍有涓涓细流，见安平泉而思苏东坡，更有苏东坡《题安平泉》诗为历代所咏传。

东坡洗砚池

东坡洗砚池位于径山寺院北面古道下200米的小山岙中，岙中有一潭清泉，常年不竭，因大文豪苏东坡在此洗毛笔洗砚台而得名。刻有"东坡洗砚池"的石碑便立于池旁，碑的反面还有铭文。

传说苏东坡在竹林旁寓居题诗，曾作诗曰："玉书自发春前早，旧墨曾翻浪里浪。闭客喜从寒月夜，醉看松影动龙舌。"苏东坡常常在洗砚池洗刷笔砚，于是池水渐黑。苏东坡为澄清池水，在山下买了被剪尾巴的螺蛳放生于池中，池水居然变清了，螺蛳也活了，成为径山无尾螺的一段佳话。

洗砚池边的青翠竹竿上，常有一丝丝一条条黄色斑痕，据说随着季节和阳光照射，这些斑痕会由红变青，观者无不称奇。传说这是苏东坡留下的遗迹。那时东坡即将辞别杭州，他最后一次来到径山寺。这一天，住持和尚携了纸笔请苏大学士题词写字，苏东坡兴致勃勃，立马笔走龙蛇写道"众峰来自天目山，势若骏马奔平川……"突然，飞来一对山鸡，在竹林里呼叫，好像在叫"苦苦苦"。鸡啼触动了苏东坡心中的隐痛，他把朱笔掷向窗外，当笔飞出时，刚好碰在一根竹竿上，那墨渍就溅了开来，流淌在好几根竹竿上。当时，他虽然已将诗写完，但心头还是不很痛快，因为那两只山鸡的叫声扰乱了他的好心情，接着他就下山回杭州去了。苏东坡离开杭州以后，这些竹子上留下来的朱纹却一直没有褪掉，并且越来越多，这一片竹林的竹竿上，都有一条条像泪痕的花纹，久而久之，条条斑痕如金线。有人说那是东坡留恋径山的纪念，也有人说那些斑纹很像金丝，就叫金丝竹吧。于是人们称之为"金线竹""锦线竹"。

现在洗砚池旁边有仿古木结构的亭阁长廊等建筑，长廊上悬挂着一幅幅石刻的诗文。另有一座六角亭，古色古香。你可以坐在凉亭里小憩片刻，看看金钱竹，吟吟诗，聊聊天，拍拍照，想象着千年前苏东坡在此作诗的场景，来一场穿梭古今的怀念。

东坡与临平山

苏东坡留给临平一首很有名的词《南乡子·送述古》：

　　回首乱山横，不见居人只见城。谁似临平山上塔，亭亭，迎客西来送客行。
　　归路晚风清，一枕初寒梦不成。今夜残灯斜照处，荧荧，秋雨晴时泪不晴。

这首词是苏东坡送杭州知州陈襄离任时所作。陈襄，字述古，宋神宗时名臣，北宋理学家。熙宁五年（1072年），陈襄出任杭州知州。当时苏东坡正好在杭州任通判，虽然陈襄是他的顶头上司，且年龄比苏东坡大20岁，但他们在文学艺术上有共同爱好，政治上也同病相怜，所以陈襄并没有把他当下属看待,而是作为忘年之交,公务之余常请苏东坡赏花、出游、宴饮等,留下了一段佳话。熙宁七年(1074年),陈襄被调回陈州任知州,他离开杭州时,苏东坡同舟送他到临平,并作《南乡子·送述古》。昔时,临平为杭州水路北行的第一站,若有好友离杭,一般送至临平再作别。苏东坡词中提及的临平山和山上这座塔,均为行旅接近或离开杭州的标志,因此词中有"谁似临平山上塔,亭亭,迎客西来送客行"之说。词的下半阕写的是舟到临平,已经是"残灯斜照"的夜晚,分别时"秋雨晴时泪不晴",两人凄然相别,足见情谊之深厚。

送别陈襄后,苏东坡也是命运坎坷、仕途多舛,从湖州知州官位上受"乌台诗案"牵连变为囚徒,又从囚徒变为黄州团练副使,在黄州四年,后调到汝州任职。途经南京时,他与在南京供职的裴维甫偶然相遇。裴维甫是余杭人,嘉祐四年(1059年)进士,是杭州知州沈立的女婿,也是苏东坡的诗友和老朋友。两人相遇后,裴维甫作诗相赠,苏东坡唱和,回赠《次韵杭人裴维甫》:

> 余杭门外叶飞秋,尚记居人挽去舟。
> 一别临平山上塔,五年云梦泽南州。
> 凄凉楚些缘吾发,邂逅秦淮为子留。
> 寄谢西湖旧风月,故应时许梦中游。

在这首诗中,诗人回忆起五年前在杭州与陈襄分别时的情景,深秋落叶纷飞,与友人在临平山的塔下依依惜别。诗人回顾了这几年的奔波生活,表达了对杭州的深深怀念,常常梦见西湖的明月,而临平山上的塔也成为他的永恒记忆。苏东坡的诗词两次写到临平山上塔，因此，临平山及山上的塔也随苏东坡的诗词永载史册。后来，临平山上的塔不知毁于何年。直到2005年，方在临平山巅建东来阁，亭亭玉立于临平山上，再次成为临平和杭州的标志性建筑。

苏东坡与佛日寺

苏东坡喜佛学之道，他在杭州时，足迹遍布名山名刹，与多位高僧结为好友，互有酬唱。他曾多次游历临平镇西星桥的名刹佛日寺，留下六首游佛日寺的诗作，占苏东坡在径山所写诗歌总数的一半，足以表现他与佛日寺僧荣长老的深厚情缘。

佛日寺，位于临平星桥佛日坞，后晋天福七年（942年）吴越忠献王钱弘佐建。到北宋时，在佛日山、桐扣山、黄鹤山一带，渐成寺院建筑群，其中有名可查的就有10余处，又以佛日寺为最。苏东坡似乎对佛日寺情有独钟，他在杭任职时，至少三次到过佛日寺。苏东坡第一次来佛日寺，作了一首五言绝句《游佛日寺》："佛日知何处？皋亭有路通。（皋亭，指皋亭山，在佛日山西，与黄鹤、佛日、桐扣同为当地名山）钟闻四十里，门对两三峰。"（此诗《苏轼诗集》未收录，见于《临平记》）全诗短短四句，寥寥二十字，看似信手拈来，实则匠心独运，栩栩如生地描述了佛日美景。诗中不仅写了佛日寺的地理位置、前往路线，还描绘了佛日寺的特征。全诗既有写景，又有绘声，使人读来宛若置身其地，因而这首诗成为咏佛日寺的代表作而流传久远，魅力经久不衰。苏东坡第二次到佛日寺是在熙宁七年（1074年）八月，在杭州知州陈襄离任前，他陪陈襄游览佛日寺，并在寺院法堂题字："祖老入山之十三日，述古赴南都，率景达、原叔、子中、子瞻会别于此。熙宁七年八月十二日。"字方四寸许。淳熙四年（1177年），寺僧慧举将苏轼题字勒石立碑，范成大为之作跋。次年正月初九，周必大又为之作书跋。

苏东坡崇佛喜禅，如让他在驿站和禅房之间选择，他肯定是进寺院。苏东坡曾在佛日寺小住读书，并与寺僧道荣长老结为挚友，结下深厚情谊。他曾作《佛日山荣长老方丈五绝》：

其一

陶令思归久未成，远公不出但闻名。
山中只有苍髯叟，数里萧萧管送迎。

其二

千株玉槊拥云立，一穗珠琉落镜寒。
何处霜眉碧眼客，结为三友冷相看。

其三

东麓云根露角牙，细泉幽咽走金沙。
不堪土肉埋山骨，未放苍龙浴渥洼。

其四

食罢茶瓯未要深，清风一榻抵千金。
腹摇鼻息庭花落，还尽平生未足心。

其五

日射回廊午枕明，水沉销尽碧烟横。
山人睡觉无人见，只有飞蚊绕鬓鸣。

苏东坡一口气为佛日寺僧道荣长老写下五首七言绝句，足见两人情谊之深厚。第一首诗表达了作者对陶渊明式归隐田园生活的向往。第二首和第三首诗描写了佛日山的景色。沿佛日坞走来，只见峰峦秀拔，林麓深霭，清泉夹道，鸟鸣长松修竹间，还有数株大松皆为唐宋之物，松竹梅这岁寒三友玉洁冰清，冷眼看世界。还有山寺附近的渥洼泉水、细蒲翠滴，而龙苍洞旁的龙藏泉飞流直下，迸珠溅玉，响声如雷，令人仿佛置身于世外桃源。第四首和第五首诗写的是苏东坡在佛日寺小住时的生活场景。苏东坡曾到佛日寺小住读书，读书处是向上庵，庵旁有隐居石、幻云石和玉蟾石三奇石，庵依石而筑，为一胜景。他在佛日寺小住时，逍遥自在，无拘无束，吃罢午餐，在回廊竹榻午睡的诗句，读来妙趣横生，让人忍俊不禁。此外，苏东坡还应道荣之请，为佛日寺作《灵感观音偈》。北宋元祐四年（1089年），苏东坡第二次来杭州任知州时，又为《佛日轮藏》（经书，据《临平记》载为元丰年间所抄录）题了"天宫宝藏"四字，僧侣立碑安装在寺庙大殿之上。佛日寺因苏东坡往游和留下墨宝而名声大振，文人墨客纷至沓来，成为当时一大旅游名胜。

时过境迁、物是人非，佛日寺几经兴衰，如清末临平本土诗人江蓝在劫难过后曾到佛日寺，他在《过佛日寺故址》中写道："七百余年古道场，由来未断佛前香。忽遭兵火经奇劫，空剩林泉列上方。钟磬声沉山愈寂，松篁阴减地犹凉。渥崖池上清奇石，依旧临流背夕阳。"可见，佛日寺遭兵火劫难后满目疮痍，寺院损毁严重。后佛日寺略加修缮，僧人苦苦经营，但规模和香火已大不如前。至20世纪70年代，佛日寺尽毁。1995年，由民间集资，在黄鹤山小竹湾棋盘山南麓重建，改名佛日隆昌寺。苏东坡所题"天宫宝藏"主碑处，现在已成为开采石灰石的水泥厂矿区，原来景迹已遭毁坏，遗迹荡然无存了。但苏东坡对径山以及佛日寺的情思却依然留在临平人的心中。

第五节　走进西兴赏灯笼

在北宋时期，每年元宵节都要在皇宫内院张灯结彩。皇家过节本无可厚非，1070年的元宵节却引来了推官苏东坡的一封奏折，他不仅对元宵节办灯会表示强烈反对，还言辞激烈，引得宋神宗大怒。

事情源自浙灯采买。元宵节前几日，苏东坡结束一天的公务回家，一边欣赏着十里长街旁各式各样或富丽堂皇或精巧可爱的灯笼，却偶遇两个太监以圣旨为由，强行低价购买一老一少卖的灯笼。二人处境艰难，衣衫褴褛，面带菜色。他扶起老人，细问缘由。老人告知，浙江西兴（宋称西陵）灯笼天下闻名，每年元宵节他们都会从浙江西兴贩一批灯笼到开封来卖，赚几个血汗钱养家糊口。谁知今年皇宫要办灯会，而皇上指名要用浙江的上等好灯笼。因此皇上降旨，要内宫太监半价采买四千只浙灯。"这哪里是买呀，简直就是抢！"老人愤怒地说。苏东坡立即取出银子给老人救急。

回到家里，苏东坡彻夜未眠。他有过做地方官的经历，深知老百姓的苦难。回到京城，他对朝廷的腐败耳濡目染，体会更深。天灾加上人祸，大宋王朝积贫积弱的局面已现端倪。为图后宫开颜，贱买浙灯，更是十足的坑民害民。虽说自己是个小小的推官，这件事宫中大臣都装聋作哑，无人敢拦，但为了大宋江山，更为了百姓的利益，他不能不管。想到这里，苏东坡提笔给皇帝写了一份《谏买浙灯状》，在奏表中他写明希望皇帝以爱民为本，收回办灯会的命令，希望凡宴会、游乐等一律从简。其实大办元宵节灯会是王安石提议的。

第二天一早，苏东坡来到府衙，府衙里关满了宫中送来的拒卖浙灯的百姓。他觉得事情严重，刻不容缓，立即赶到宫中向皇帝呈上奏表《谏买浙灯状》。皇帝接到苏东坡的奏表，看了几行就扔到地上，大怒道："岂有此理，岂有此理！"过了一会儿，他静下心来一想，觉得苏东坡说得有理，又捡起奏表，继续看下去。看完后，不由得感叹道："子瞻事国爱民，吾不如也！"随即传旨不再买浙灯，也不办灯会了。

这段传为美谈的故事，便是北宋历史上著名的"罢市浙灯"。

西兴的灯笼文化历史悠久、做工精细、品种繁多、巧夺天工，据《萧山县志》记载，西兴灯笼在宋代十分兴盛，销往金华、衢州、杭州、嘉兴、湖州，更远销至外省如江苏的苏州、无锡，江西的鹰潭、上饶，安徽的屯溪、黄山，山东、河南乃至全国各地。民国《萧山县志稿》卷一第三十九页说："灯笼，西兴相近各村妇女皆以此为生，有广壳、香圆、单丝、双丝、方圆、大小便行诸品，通销全省。"壳子原料采用夏履桥出产的淡竹，节长而肉厚，能劈出四层甚至六层篾，再将它分劈成丝，然后编制圆鼓鼓的灯笼壳，熟手一天能做十多只。她们用刀劈起丝来像《庄子》里的"庖丁解牛"似的，"以神遇而不以目视，官知止而神欲行"，晚上在极微弱的灯光下照常能做，十指灵活，一边聊天，一边照常无误地剖分篾丝。灯笼店家上门收购了灯笼壳回来，用剪刀修光毛出面来的竹丝头，用糨糊糊上一层"毛太纸"，那是一种以竹为原料制成的薄纸。糨糊晾干后再涂上一层油。这种油过去是用一半桐油一半青油熬成，也有的用清漆代替。如果要在灯笼上写字画花或剪贴，必须在上油以前完成。另有一种纱灯，做法是在壳子外面贴上一层产于湖州双林镇的蚕丝稀纱，然后粘上一层用海藻（行内人叫"白胶"）煮成的胶水，晾干后其透明度比用纸糊的要好。白胶要上两次，牢度好一些。如果要贴字，字外再涂一层油。这类灯基本上是宫廷用物。做灯笼壳是重头，壳子配上底盘、芯架（芯架有用竹做的，如小灯笼或准备烧给鬼神的灯笼），有些灯再配上一根带钩头的提灯杆，工艺程序就全部完成。灯笼的用途，当然在照明，然而其中也包含讲排场、敬鬼神以及当玩具、赠品的成分，应用面很广，因而型号、款式也极多，按大小次序来说：大样，直径1公尺，宫廷用。二样、三样，也叫广壳，做龙凤灯用，一般挂到庙门口或衙门口，绘上彩色龙凤，贴上剪出的菩萨名称如"东岳大帝""关圣帝君"等；衙门用的当然要看节庆日的情况而定。四样，直径相当于大脸盆，大约用于寺庙。据说从前是做路灯或挂在船头上照明并作信号灯之用，灯上面还穿上一顶笠帽以挡雨露。五样，有八寸、方灯、高口、香圆、广圆等，为普通百姓日常照明、玩耍以及避邪所用。

上面说到，灯笼制作过程中要在壳子上彩绘龙凤，或者剪贴姓氏堂号等，最简单的制品也要写上个福字。所以西兴灯笼不仅是日用品，也是工艺美术品，是一种文化。

"罢市浙灯"事后，过了一年，苏东坡就来到浙江杭州任职，在他的认知中"杭州景物冠天下""西兴灯笼美如画"。

西兴古称固陵、西陵，有"浙东第一关隘"之称，是钱塘江上南北四大古渡之一。西兴始于春秋战国时期。春秋时，西兴为越国之关防，是古钱塘江边的渡口城堡。《水经注》载："浙江又迳固陵城北，昔范蠡筑城于浙江之滨，言可以固守，谓之固陵，今之西陵也。"它是连接大越（绍兴）至吴（苏州）的古道的过江渡口。西晋永康年间，会稽内使贺循在会稽主持凿渠，自绍兴迎恩门起，向西经柯桥、钱清、萧山到西兴，后人称"西兴运河"。西晋以后，西兴由军事重镇向中转码头转变，形成服务于过江转运的商业市镇。唐《六典》记载，唐开元、天宝年间，西兴已设驿站。五代末，吴越武肃王将西陵改名西兴。南宋定都临安，因漕运与贸易的需要，有关西兴运河的疏浚记载大增，西兴成为浙东货物转运的重要集散地，西兴运河成为沟通江海的必经之路。

西兴是浙东运河的起点，与京杭运河的终点杭州隔江相望。浙东运河又名官河、漕渠，包括西兴运河、绍兴城内运河、绍兴护城河、山阴故水道、虞余运河、慈江—刹子港等河段。其中，西兴运河河段，运河向东经杜湖村蒙山前至萧山西门，从西门牛脚湾入市内，出东门经莫家港到衙前，过衙前弯向南到钱清，穿过钱清江（也叫西小江）向东南行经柯桥到达绍兴西郭门。西兴运河之头有水道沟通钱塘江，水道上曾设堰以挡潮水，必要时开堰放水。浙东运河西起钱塘江南岸的西兴，经绍兴，跨曹娥江，东至宁波三江口，经甬江入海，与海上丝绸之路相连，为中国大运河内河航运通道，成为"海上丝绸之路"的重要节点。

同样，从南岭、福建等地以及日本来的海船，在宁波驻泊后，改乘内河船，经浙东运河至杭州，与江南运河对接，直达当时的最大商业城市扬州。据《宋史·王安石传》记载，北宋庆历八年（1048年），当时王安石任鄞县县令，他组织民众，订建湖界,疏浚水道,"起堤堰,决陂塘,为水陆之利"。东钱湖是宁波重要的水利工程,环湖有著名的"七堰、九塘"分布四周。南宋时以临安(今杭州)为都城,明州(今宁波)、绍兴、台州是经济富庶的地区。南宋乾道年间(1165—1173年),西兴运河经疏治后,与山阴故水道连通,成为浙东运河的重要段落,也是沟通海外的水道。至此浙东运河自钱塘江经绍兴、宁波通海的完整水运体系已经形成,并正式定名为"浙东运河",它是维系南宋都城与明州港的重要交通线。

据记载,苏东坡曾四顾西兴。第一次,是去拜访友人赵抃。1071年赵抃任越州知州,赵抃与苏东坡不仅仅是简单的友人或师生关系,更是彼此尊重和赞赏的知己。苏东坡一到杭州就前去越州拜访赵抃,路过西兴,在大城隍庙过塘行码头下船,走街串巷,兴致勃勃地一个一个店铺观灯笼,看到灯笼匠人独具的精巧手艺一路赞不绝口。

苏东坡还去视察了牛埭。两晋以前,江河相连,洪汛期间,江潮倒灌入河,水退江浅时,则河水流失,造成干旱。晋代时,朝廷兴修堰坝以阻断相连江河,保持内河水位稳定,有利于航运舟楫。在江河交汇处兴筑埭坝后,江船入河或河船入江,都采用人力拖船过埭的办法。到了南北朝宋武帝刘裕时,这种耗时费力的人力拖船过埭改为牛拉过埭,始称"牛埭"。牛埭的出现是杭州古港通航技术的一大进步。东晋时,初立钱塘江水埭后,即行征税,不久被停止。南齐时,牛埭税征课甚重,仅西陵牛埭一年便可征收上百万的税钱。苏东坡一边看一边赞誉先人有智慧。

苏东坡第二次去西兴是为迎接赈灾粮。时隔不久,朝廷的赈灾粮用大船运送来杭,船到西兴,苏东坡前去调运指挥(大船上的物资要在西兴码头搬运到小船上运到杭州），见识到了西兴码头昼夜繁忙的景象。晚清诗人来又山，以《西兴夜航船》为题写过一首民歌体的诗："上船下船西陵渡，前纤后纤官道路。子夜人家寂静时，大叫一声'靠塘去！'"（《冠山逸韵续编·卷五》）来又山只用28个字，就写出了西兴水上交通的繁忙。你看西兴塘外的钱塘江渡口，上船下船人流如织；运河的古纤道上，纤夫前后相接。白天忙了个够，到晚上夜深人静之时，夜航船到了。船头上点篙的人大声吆喝，叫船尾掌舵把橹的人"靠塘去"。这一声吆喝，既是因深夜天黑为使船头船尾靠岸动作协调而招呼，也是为经过百里水路艰辛终于到达目的地时的喜悦而欢呼。

　　苏东坡在西兴仔细观察了码头的日船。所谓日船，就是当天到当天离去的船。停靠规则一般是：衙前、坎山方向来的，当日停船埠；绍兴、临浦、所前、江塘里方向来的，停驿前码头；瓜沥、马鞍、安昌、华舍方向来的，当日停船埠；官船停驿前码头，鱼苗船停后河头（今龙图庙前西兴村休闲广场处），等等。日船百里路程当天打转回，是速度惊人的翘艄船，这种翘艄船都用两支橹摇三个人拉纤。拉纤怎么个拉法，现代人没有看见过，也许倒看过俄国画家列宾（1844—1930年）的名作《伏尔加河上的纤夫》，听过我国赫哲人《乌苏里船歌》那高亢悠长的号子。列宾的画中是十一个纤夫拉着一条船，每个纤夫胸前都套着一块脏兮兮的布，脚上穿着麻编的鞋子，步履沉重地挪动着脚。可是萧山绍兴一带的纤夫全不是这样。他们从来不打号子，他们以一小时十多公里的速度负重奔跑，嘴里只有喘气的份儿，哪里还唱得出悠扬的号子。他们三个人拉同一根纤绳，各人胸前挂一块竹板，竹板的绳子结在纤绳上。脚下只穿草鞋，练就一副铁脚板。因为百里纤道并非一块石板到底，有些地方难免是沿河泥泞地，再或是下雨天，必须得有铁脚板和铁身板。

关于古纤道，《新唐书·地理志》"越州—山阴"章节中说："北五里有新河，西北十里有运道塘，皆元和十年观察使孟简开。"这运道塘就是古纤道，是江河两岸纤夫挽船前进的小路，在一些运河段需采用这种方法为行船提供动力。古纤道是运河上的一绝，现已列为国家级文物保护单位。孟简修筑的纤道有单面临水的，有双面临水的，延绵百余里。两面临水的纤道，远远望去，犹如一条漂在水上的练带，以柯桥镇上谢桥至湖塘镇板桥段7.5公里最有特色。其中太平桥至板桥段每隔2.36米至2.75米设一桥墩，墩与墩之间，用三条石梁拼合，宽1.5米左右，每孔净跨2米左右，计281洞。每隔一里多路，建一高低错落的拱桥或梁桥，桥洞相连。"白玉长堤路，乌篷小画船。"置身其间，人在画中行。古纤道在明清时期和新中国成立后多次整修过。现在运河上的船只都用柴油机驱动，纤道上拉纤的纤夫见不到了。这一二十里长的水中石桥，在世界上绝无仅有。南宋嘉定十四年（1221年），当时的绍兴知府汪纲曾在运河沿岸每隔十里设一施茶水的站，供纤夫们解渴，的确是一件以人为本的大好事。但纤还是非拉不可的。纤夫们艰苦卓绝的毅力，现代人很难想象。

古镇西兴，有一条古色古香的老街，始自板桥，终至铁岭关，长约1500米，宽1.6米至2.5米，与浙东运河平行，旧时坊肆栉比，商贾云集。苏东坡此次还视察了西兴的杨太和过塘行。所谓过塘行，顾名思义，就是货物转运站。《西兴镇志》载：自清末至民国时期，西兴共有过塘行72爿半，从业者达千人之多，为当时名震江南的货物集散中心。古浙东运河和钱塘江由于水位不同，不能直接通船。运河运来的货物要在这里卸下来，用人工运到钱塘江再装船，反之亦然。苏东坡所领的赈灾粮，在杨太和过塘行转运处。

苏东坡第三次到西兴是因净慈寺住持一事。净慈寺主持善本，奉召赴京主持皇族家庙法云寺。净慈寺需要一位佛学修为高深的和尚来做住持。听了辩才和尚的推荐，苏东坡前往越州，邀请楚明长老来接掌净慈寺。因为担心楚明长老不能来杭州，所以苏东坡没有在西兴停留，当天就直往越州赶去。

苏东坡第四次到西兴是在1091年。1091年高句丽使团来杭州，共有269人，沿途经明州（宁波）、润州（镇江）等州而后到西兴，苏东坡前往西兴迎接。这次迎接花销巨大而无一利，苏东坡没有陪他们在西兴赏玩，因为他认为这种交往劳民伤财。

大量资料表明，当年西兴是个濒临钱塘江的繁华商埠。富庶的宁绍平原上的稻米、食盐和其他各种物产，都是通过这条运河，在西兴过渡口进入钱塘江径直运往京都。来自日本、高句丽、中东和东南亚诸国的使臣、商贾和货物，从宁波上岸，改乘内河船只，也是从这里入钱塘江去晋谒大宋皇帝的。就是这个西兴运河，肇始于春秋战国时期的山阴故水道，历经约2500年的发展演变，延续使用至今，它是宁绍平原航运、泄洪、灌溉、输水的主干水道，更是一条鲜活的大运之河。旧时，宁绍平原盛产的稻米、茶叶、丝绸、黄酒等随着船只摇曳而来，在西兴中转经京杭大运河向北而去；来自北方的货物也会沿大运河南下，过西兴进浙东运河，转运至绍兴、宁波一带，最终踏上"海上丝绸之路"。水运路线环环相扣，串联起不计其数的城镇与富饶丰盈的物产,也让通江达海的西兴成为古代水运大动脉的"物流中心"。以船为车,以楫为马。从西兴出发,我们能看见历朝历代经济商贸的繁荣。有镇上老人遥想当年,更是自豪于在西兴什么货品都能找得到。上船下船西陵渡,人来人往长街喧。自此,这里便有了故事,有了情感,有了诗兴遄飞。

苏东坡描写西兴的诗词有三首存世。

瑞鹧鸪·观潮

碧山影里小红旗,侬是江南踏浪儿。
拍手欲嘲山简醉,齐声争唱浪婆词。
西兴渡口帆初落,渔浦山头日未欹。
侬欲送潮歌底曲,尊前还唱使君诗。

八声甘州

有情风万里卷潮来,无情送潮归。问钱塘江上,西兴浦口,几度斜晖。不用思量今古,俯仰昔人非。谁似东坡老,白首忘机。

记取西湖西畔,正春山好处,空翠烟霏。算诗人相得,如我与君稀。约他年,东还海道,愿谢公,雅志莫相违。西州路,不应回首,为我沾衣。

望海楼晚景五绝
其三

青山断处塔层层,隔岸人家唤欲应。
江上秋风晚来急,为传钟鼓到西兴。

西兴是幸运的,毕竟与苏东坡有过几次会面,有诗词三首,还有苏东坡的千年存忆。

第六节　寻访东坡运河足迹

现今杭州大运河城东桥下有一组东坡治水——疏浚运河畅通水源的石刻浮雕像,有石刻道:"北宋年间,由于钱塘江潮水影响,杭州城内的运河因为沉积的泥沙而淤塞,每隔三五年需进行一次疏浚。熙宁四年至七年(1071—1074年)苏轼在杭州任通判之时,已主持过疏浚前沙河的工程。据《咸淳临安志》卷十的记载,当时的前沙河在菜市门外,太平桥外沙河北水陆寺前入,可通汤镇、岩门盐场。菜市门即东青,在今东青巷口,太平桥在今庆春门,水陆寺在今华家池北,汤镇在今东北乔司,岩门在今萧山区境内。可见这是一条由庆春门出发,经华家池、汤镇至岩门盐场的河道。此间苏轼数番修治井渠疏浚运河。"这是现代人颂扬苏东坡在杭州疏浚运河的功绩。据记载:熙宁四年(1071年)十一月,苏东坡首次来杭任通判。次年初冬,他奉运司檄来汤村镇督开浙西运河段头的运盐河。汤村镇今为临平区乔司一带,当时有盐场,其盐用铁盘盛卤,山柴煎煮,色白粒细,味稍淡而鲜,受杭民喜爱,也是宋朝官府重要的财政收入来源。但汤村地处沙壤地带,河道狭小,运输不便。苏东坡即因此奉派督役开河,以利盐运。那时,汤村是仁和县四镇之一。距离汤村沿江有大片盐场,盐是历代朝廷的重要收入来源,事关国计民生。当时汤村盐场所产的盐主要依靠流经临平的上塘河至大运河运输到各地,因此上塘河当时也叫运盐河。北宋熙宁年间,受钱塘江海潮影响,泥沙不断沉积,从盐场通往上塘河的河流经常淤塞，从而严重影响盐的外运。为此，官府征集徭役，疏通运盐河。上塘河（运盐河）是杭州地域内有史籍记载的第一条人工开凿水道，其建造源头可追溯至秦代，距今已有两千多年的历史。公元前223年，秦灭楚后，修建沟通太湖流域与钱塘江的陵水道，北起由拳（今嘉兴），南接钱塘（今杭州）。历史上这条陵水道的南半段，即上塘古运河，又被称为"秦河"。隋炀帝开凿大运河时进行拓宽和疏浚，曾经的陵水道，经柳浦通钱塘江，逐渐成为水上运输要道，直至元末仍是大运河上进入杭州城的唯一通道。即便后来大运河改道，上塘河也依旧承载着重要的运输功能，同时也为两岸居民灌溉农田、生产生活提供了重要保障。

上塘河，秦时称作陵水道，俗称秦河，通钱塘江。当年秦始皇一统中国后，南巡会稽，自丹阳经临平到钱塘，走的就是这条水路。隋时为江南运河之南端，终于柳浦。唐代称为夹塘河，贞观八年（634年）于海宁筑长安坝，而成上河。其源出西湖，亦为西湖泄水之道。宋代称浙西运河，走上塘，经临平、长安入大运河。明洪武年间（1368—1398年）筑德胜坝，其南段始称上塘河。至1969年开通德胜坝，上塘河起点改在施家桥，终至盐官，余杭境内长为11.38公里。

苏东坡督开浙西大运河段头的运盐河时，有一千多名被征服役的老百姓，丢弃了自家繁忙的田事，来开凿河道，只为运盐之用，生活的忧虑不说，而其时天又久雨不歇，一路皆是泥淖，人人被雨淋得浑身湿透，简直就像猪鸭一样，在泥浆中打滚。河道中段，有一处地下涌沙长达数里，开凿更是困苦。苏东坡来督役的这一天，要察看实际施工的情形，也必须在这上淋下淖、窄不容足的工程线道上与牛羊争路，他心里愤郁不平。

远处的钱塘江笼罩在烟雨苍茫之中,眼前盐场也被白茫茫的雨雾所浸没。上峰为操办运盐一事催促得紧迫,可是又有谁来体恤这些可怜的农夫呢?天刚蒙蒙亮,急促的鼓声就催促他们出工,农夫们在河沟中徒手挖土搬石,像猪鸭一样在泥沟中爬行,不时有泥石坍塌下来,引起阵阵惊叫。苏东坡站在河岸上,注视着眼前的悲惨景象,不禁潸然泪下。在这矛盾心情下,他写下了不朽诗篇《汤村开运盐河中督役》:

> 居官不任事,萧散羡长卿。
> 胡不归去来,滞留愧渊明。
> 盐事星火急,谁能恤农耕。
> 薨薨晓鼓动,万指罗沟坑。
> 天雨助官政,泫然淋衣缨。
> 人如鸭与猪,投泥相溅惊。
> 下马荒堤上,四顾但湖泓。
> 线路不容足,又与牛羊争。
> 归田虽贱辱,岂识泥中行。
> 寄语故山友,慎毋厌藜羹。

这首诗真实记录了当时农夫冒雨开河"薨薨晓鼓动,万指罗沟坑""人如鸭与猪,投泥相溅惊""线路不容足,又与牛羊争"的凄楚情景。但是苏东坡也知"盐事星火急,谁能恤农耕",于是"胡不归去来,滞留愧渊明"之心,油然而生,跃然纸上。苏东坡生动地描绘了民众在泥水中劳动的艰辛,以及在狭道上与牛羊争路的场景,展现了苏东坡对民众疾苦的深切关怀和对官僚主义的批评。此外,诗中还表达了苏东坡对于归隐田园生活的向往，他认为归田虽贱辱，但至少不会遭受泥水之苦。诗的最后一句"寄语故山友，慎毋厌藜羹"表达了诗人希望友人不要嫌弃清苦的生活，也体现了诗人对于简单生活的珍视。

是日，汤村督役毕，天色已晚，苏东坡到附近水陆寺借宿，与禅师对榻长谈，心情依然很不平静。他既看到农夫的辛苦，更想到又是"农事未休侵小雪"的时刻，这是正在播麦种菜的农忙季节；而且这里土质沙松，并非新道的理想开河之地，内心反对，又不得不违心督役，只因要让汤村之盐源源运入艮山门外的盐仓存盐，盐场课税又汨汨充实国库。于是他写下《是日宿水陆寺寄北山清顺僧二首》，向在杭的僧人诗友清顺诉说当日见闻，发出"遥想后身穷贾岛，夜寒应耸作诗肩"的感慨。

可惜，南宋嘉熙三年（1239年），一次大潮，外水陆寺被冲毁，盐场及运盐河也受潮害。到明永乐十三年（1415年）连汤村也整个儿被钱塘潮冲毁。运盐河开成后，和前沙相连，直通杭州汤村镇到桐扣山脚，后经钱塘潮泥沙冲击，河道自然也被废毁了，形成乔司一带土地，当日苏东坡督开的运盐河已无迹可寻了。但是不管怎样，当时苏东坡督开的运盐河在开发水上运输方面起了积极作用。苏东坡作为北宋著名的政治家，生性耿直，敢于揭露社会弊端，反映百姓疾苦。他的勤政恤农思想，在《汤村开运盐河雨中督役》这首诗里表现得淋漓尽致。这首诗是他身临其境、有感而发而写下的叙事诗，真实记载了北宋熙宁年间乔司、临平等地开挖疏浚运盐河的史实，描绘了疏浚运盐河时农夫劳作的悲惨场景，以及与大运河的联系，具有历史的真实性。因此，这首诗不仅具有极高的文学价值，更具有珍贵的史料价值。

苏东坡是一位"运河人",他的一生都与大运河结下了不解的情缘。据考证,他曾经19次经过京杭大运河,还在大运河上留下许多遗迹。苏东坡写过一首关于大运河的诗——《自河北放舟归江南》:

"晓来铜雀东风起,春风凌乱漳河水。
郎官惊起解归舟,一日风帆可千里。
侵晨鼓舵发临清,薄暮乘流下济宁。
南宫先生先我去,花时想达瓜洲步。
寻君何处典春衫,杏花烟雨大江南。"

这首诗与他先后在运河畔的徐州、湖州、扬州、杭州等地为官有密切的关系。苏东坡一生走遍大半个中国,最北到达河北定州,最东到达上海青浦,最南到达海南陵水,最西到达四川雅安。在江浙一带,他也留下诸多足迹:在徐州、扬州、杭州做过官,到南京拜访过王安石,赴密州上任绕道连云港,6次路过苏州,15次登上金山。而他的千里行程几乎都离不开大运河的水运。苏东坡以开封为起点,走的是北宋的运河,我今天要说的是苏东坡与京杭大运河的事。这两条运河有很大不同。北宋的运河是以开封为中心、以汴河为骨干,形成密切联系京师与全国各地的水系。但它和京杭大运河也有重复的地方,这就是从楚州往南,直到杭州的这一段水道。苏东坡多次到江南来,任职也好,闲居也好,大多走的是水路,去常州、镇江、扬州、杭州必然也是走京杭大运河。

苏东坡第一次走大运河是什么时候?1066年。什么地方?江苏境内。这一年四月,苏父去世,英宗赐银帛,东坡不受，为父求取官爵，诰赠光禄大夫，同时英宗特饬有司备具船只，载送灵柩归蜀。前一年，东坡发妻王弗病逝，这样，1066年，苏东坡及兄弟苏辙护送苏父灵柩和王弗灵柩，从开封出发，前往老家眉山。从开封到眉山，有水陆两路可选。苏东坡走的是水路。走汴水，舟行东南，经陈留、泗州到盱眙，入淮水，过楚州，而后走京杭大运河，到扬州，再逆江而上。苏东坡的这次行程往往被研究者忽略，其实东坡的诗里都写到过。他的诗文虽是文学作品，但也可以当作一份历史纪录。熙宁四年（1071年），东坡赴杭州通判任，再次路经盱眙，作《龟山》诗，诗中有两句："我生飘荡去何求，再过龟山岁五周。"元丰三年（1080），苏辙路过盱眙，亦有《过龟山》诗："再涉长淮水，惊呼十四年。龟山老僧在，相见一茫然。""岁五周""十四年"，诗中的这些数字透露了他们1066年在这段运河上的经历。苏东坡单是从开封到杭州，或从杭州到开封，走完全程的，就有三次之多。

苏东坡第二次走大运河是在1071年。当时苏东坡自求出京到杭州任通判，他从开封出发，由汴水入淮，转大运河到杭州。在十月十六日这一天，他在山阳驿（淮安）停留休息，不料遭遇冰雹。在《十月十六日记所见》中，他写道："云收雾卷已亭午，有风北来寒欲僵。忽惊飞雹穿户牖，迅驶不复容遮防。市人颠沛百贾乱，疾雷一声如颓墙。使君来呼晚置酒，坐定已复日照廊。恍疑所见皆梦寐，百种变怪旋消亡。"之后，东坡南下扬州，同友人相聚一番，作《三同舍》诗。又去润州、苏州，到十一月二十八日，才到杭州。

苏东坡第三次走大运河是在1089年，他以龙图阁学士任杭州知州。当时，新党一派已被打压，司马光一派上台。但东坡看到旧党执政，仍然腐败不堪，便对这种现象进行了抨击。如此一来，东坡既不能容于新党，又不能见谅于旧党，只好同上次一样，自求外调。

苏东坡在杭州干了近两年知州就被召回朝了，元祐六年（1091年）三月初九，东坡走浙西运河自杭州西郊下塘乘船离杭，因为刚发生的水灾以苏州和湖州的情况最严重，所以他要从水路绕道灾区，亲自勘察明白。于是决定先赴湖州，溯吴淞江，再至苏州。这样，他从杭州回到开封，第四次走了一遍大运河。既是走水路，那必然经过京杭大运河江南运河段。

苏东坡一生中曾在三座大运河城市做过地方官，分别是江苏的徐州、扬州和浙江的杭州。这些城市位于大运河沿岸，苏东坡在这些地方留下了深深的足迹和重要的文化影响。苏东坡在徐州、扬州、杭州担任过知州，他与大运河南端城市有着不解之缘，这些经历构成了他与大运河的不解之缘。

落帆亭位于嘉兴市城北隅、杉青闸路西侧，是古代杉青闸旁的一处园林。北宋年间，杉青闸是古代大运河上的著名水闸，亦称"杉青第一闸"。苏东坡到杭州任职行船到杉青闸停留时，杉青闸发生了一件事，此事让苏东坡在此留名。

杉青闸旁边有座施王庙，庙里的当家和尚十分厉害，故意把庙的正梁造得比孔庙大成殿正梁还要高三尺。当地秀才们不服，一起拥进庙门找和尚评理，要和尚拆低正梁。和尚说："要我拆低庙的正梁可以。我出一上联，请你们对下联，期限七天。"和尚念出的上联是："木马三脚两个头。"众秀才几经聚会应对，可是六天过去了，仍是对不出。第七天他们又到杉青闸上的亭子里聚会，可依然无计可施。这时，忽见运河里驶来了一艘官船，原来是苏东坡到杭州任职，经过这里。众人纷纷走出亭子来迎接，苏东坡见了，忙挥手命船工落帆停船上岸。东坡见众秀才双眉紧皱，个个像有满腹心事，不禁发问："诸位，何事忧愁？"众人齐说被一和尚的对联难倒了。东坡问明原因，颇有兴趣地说，这木马是指木匠锯木头的锯子架，上有两个头，下有三只脚。接着，他又斜视了一下横在运河滩上的大铁锚，脱口念道："铁猫（锚）四爪一条腿。"众人一听都拍手称妙，于是大家欢欢喜喜地请苏东坡到亭子里喝酒。第二天，施王庙里的当家和尚一听下联，大吃一惊。一打听是皇帝的老师苏大学士帮秀才对出下联，只得将施王庙的正梁降到比孔子大成殿低三尺。为了纪念苏东坡杉青闸下船巧对下联，当地便将这座始建于隋代的亭子于北宋哲宗元祐四年（1089年）重建，并改名为"落帆亭"。亭畔有"浓绿暗宫柳，肥红绽野梅"楹联。此后落帆亭成为官吏和过闸客商游憩之所，以后历经修建，更远近驰名。

　　常州舣舟亭是一处名胜古迹与自然风光相结合的江南园林，也是为了纪念北宋大文豪苏东坡而建。《宋史·苏轼传》载，熙宁六年（1073年）十月，朝廷让苏东坡以杭州通判兼任转运使的身份前往常州、润州、秀州和苏州赈济饥民。眼看年关临近，一贯认真负责的苏东坡就加快赈灾速度，希望通过他的努力和放粮赈济，能让更多的灾民温暖过年。他一路风餐露宿，辗转苏州、无锡农村，抓紧处理救灾事务。当他来到常州城东郊时，已是除夕了。为了尽快赶往灾情最为严重的润州，同时减轻常州地方官署负担，且不惊动百姓过除夕，苏东坡就连夜宿营在常州城外京杭大运河上的船上。这个除夕，对于身负重任的苏东坡来说，自然非同一般。在船上苏东坡盖着两层被子，脚还是寒冷，他由此想到，受灾的百姓更是深陷水深火热之中。刚洗过头发的他,陷入了沉思,感怀于百姓之苦和赈灾任务之重,他提笔为常州留下了《除夜野宿常州城外二首》,诗中感慨道:"但把穷愁博长健,不辞醉后饮屠苏。"这就是苏轼爱民情怀的最好体现。除夕下午,船抵常州城东的通吴门外,苏东坡却下令泊此。船家大感不解,因为距驿站所在的城中弋桥仅两三里路程,作为专来赈灾慰问视察灾民的上级官员,理应受到当地官员的接风和高级的礼遇。手下人欲登岸向常州官府通报,也被他制止。原来苏东坡不愿在万家团聚的良辰打扰地方官员。如住驿站休息,固然温暖舒适,但自己这批不速之客必然搅得驿站员工不能回家,要为他们服务。而大家不上岸,驿站员工和当地官员就能过一个团圆夜、安心年!真是悲天悯人的大好官,值得后人传颂。

苏东坡多次在江南运河段的常州、润州、高邮、惠山、苏州、松江、湖州、杭州等地来回游走。这么多次的大运河之旅,最让东坡印象深刻的,可能要数元丰二年(1079年)八月那次。当时,东坡因"乌台诗案",从湖州被押解至开封。经过太湖,他一度要跳湖自杀。到扬子江边,他再度要跳江,被看守卒吏拉住,求死不得。我们真要感谢那几位尽职尽责的卒吏,如守护不严,那就是可怕的损失,世上少了苏东坡!

苏东坡的一生与大运河结下了不解的情缘,他的文学创作和政治生涯都与这条重要的水上交通要道紧密相关,他还做了一件对运河漕运十分有益的事。宋朝初年,运河上的漕粮运输时间长,运工收入低,汴河上便出现运卒、艄公利用漕船回港空载时贩运私货和替商人搭载货物的现象。为了调动运工的积极性,政府默认了这种贩运活动,朝廷多次下令,禁止沿河税务机构拦检漕船。但到元丰年间,一些官员为了扩大商税收入,严查过往漕船，对私货征收过税。同时，又设置专船承运客商货物，断绝运输者揽运途径。这一新法的实行，减少了漕运从业人员的收入，引起了他们的激烈反抗，"虽加刀锯，亦不能禁其攘窃"，运工日子过不了，只好盗窃漕粮。而且每盘查一船，全纲其余二十九船"皆须住岸伺候"，严重地影响了漕船航行的通畅。《宋史论稿》记载，元祐七年（1092年），扬州知州苏东坡上奏，激烈地批评盘检漕船之弊，要求恢复旧制。宋政府采纳了苏东坡的建议，但对漕船所带私货的数量却明确加以限制。从此，运输者利用漕船运销私货的权利得到了公开认可，既促进了商品流通，又有效地提升了运工的积极性。苏东坡已故去上千年了，但他的名字在大运河两岸久唱不衰。他不仅在运河城市留下了众多的历史遗迹、民间传说，成为大运河旅游的宝贵资源，而且留下了一首首不朽诗词，成为我们永远的精神财富。

第四章　同道情义

第一节　富有真知灼见的好领导

如幸运地拥有一位优秀的顶头上司，他不仅具备卓越的领导才能、公正清廉、平易近人、体察民情，还总是能给予下属支持和鼓励，让下属有信心去实现目标，下属碰到这样的领导真乃幸事。苏东坡任杭州通判时，与三任知州沈立、陈襄、杨绘共事，三位领导个个都是好领导，苏东坡真是幸运之人，他享受到了一生之中为数不多极为快乐和畅怀的三年。

首先来说说沈立。沈立（1007—1078年），字立之，历阳（今安徽和县）人，北宋著名的水利学家、藏书家，进士出身。在担任宣州知州期间，沈立动用民力疏浚河道，多次治理水灾，并且积极推行通商法，发展宣州商业经济，取得良好成效。他丰富的为官经历为后来的多部著作的完成积累了充分的资料，沈立采摘大河事迹、考察古今利弊，著《河防通议》，是论述河工技术最早的著作，后世治河的官员必读之书。沈立在各地方任职期间颇有政绩建树。迁京西北转运使，得到皇帝数次下诏嘉奖，加赐金，又加集贤修撰、知沧州，进右谏议大夫、判都水监，出为江、淮发运使。在担任这些职务期间，地方治理得非常好。后知越州、杭州、审官西院及江宁府，判督、水监，有善政。

沈立知杭州时已64岁，比苏东坡大28岁，在政治上已至暮年，他早已听闻苏东坡大名，自是对他关照有加，而苏东坡也知道沈立乃是有真才实学之人，故而两人相处融洽，称得上一对忘年交。

熙宁五年（1072年）春，苏东坡到杭州后的第一个春天，沈立邀他同往吉祥寺赏花，苏东坡为沈立作的《牡丹记叙》中，记录了当时的赏花盛况：

> 熙宁五年三月二十三日（1072年4月14日）余从太守沈公观花于杭州吉祥寺，……园中花千本，其品以百数。酒酣乐作，州人大集。金盘彩篮献于坐者，五十有三人。饮酒乐甚，素不饮者毕醉。自舆台皂隶皆插花以从，观者数万人。

从文字中可以看出，当年的牡丹花会，同时也是一场酒宴，平时不喝酒的人，在花会上都喝醉了，很多差役（皂隶）随从（舆台）都在身上插饰牡丹花，前来赏花者过万。

苏东坡在酒醉饭饱、得意忘形、神采飞扬的状态下写下一首《吉祥寺赏牡丹》：

> 人老簪花不自羞，花应羞上老人头。
> 醉归扶路人应笑，十里珠帘半上钩。

老头头上戴花也不害羞（当时，沈立64岁，苏东坡36岁），倒是插在老人头上的花儿有几分害羞！一个个喝得酩酊大醉，东倒西歪。沿路看热闹的人都忍不住开怀大笑。十里长的街道上约有一半的住户都挑起了珠帘，大家都伸着头、睁大眼来看这难得一见的热烈喜庆景象。

补充说明：我国历史上都是妇女戴花，可是唐、宋时期也有男子簪花的风俗、习惯。宋朝男人为什么酷爱簪花？这是当时一种普遍的社会风气，据《宋史·舆服志》记载，彼时簪花已是一种宫廷礼制。南宋诗人杨万里《德寿宫庆寿口号》诗中说:"牡丹芍药蔷薇朵,都向千官帽上开。"苏东坡《吉祥寺赏牡丹》诗中的前两句就生动地刻画出他旷达不羁、洒脱乐观的形象,当时他已是中年男子,竟也倾慕花之娇姿艳质,于是有了簪花上头的勇气。《全宋诗》中与簪花有关的诗歌有一百多首。可见在宋朝时,男士簪花已不算是另类奇怪的装扮。簪花受众广泛,从朝廷官员到平民百姓,簪花已俨然成为一种社会风俗。苏东坡还有首《定风波·重阳》:"与客携壶上翠微,江涵秋影雁初飞。尘世难逢开口笑,年少,菊花须插满头归……"再次证实了当时的男子簪花审美风尚。《宋史·礼志》就说到,凡是国家大型庆祝和宴会活动中,都出现男子簪花的身影,这多了几分全民参与的文艺色彩。"男子簪花"不仅体现了北宋开明包容的社会环境,也折射出了审美归宿,以及精神认同的普世态度。

沈立与苏东坡关系不错,不过苏东坡到杭州不到八个月,沈立就离杭赴京,除审官西院。熙宁五年(1072年)七月,沈立即将卸任,邀请苏东坡游西湖,东坡因有事没能赴约。第二天,苏东坡在北山的西湖中,采得并蒂莲花一朵,于是写诗一首献给沈立:

湖上棠阴手自栽,问公更得几回来。
水仙亦恐公归去,故遣双莲一夜开。

这首诗用了一个典故:周召公到南方巡行,在棠树下听讼断案,执法公正,施惠于民。后人思念召公的德政,就不忍心砍伐棠树。东坡以此典故,说沈立在杭州有惠政,百姓都问他何时还能回到杭州。即便是水仙王庙的龙王也担心沈立离开,而派遣美丽的双莲在一夜之间速速开放,以挽留沈立的脚步。

一个月后,沈立将启程赴京。东坡作《和沈立之留别二首》。

和沈立之留别·其一

而今父老千行泪,一似当时初去时。
不用镌碑颂遗爱,丈人清德畏人知。

和沈立之留别·其二

卧闻铙鼓送归舻,梦里匆匆共一觞。
试问别来愁几许?春江万斛若为量。

八月,沈立正式调离杭州,苏东坡与他依依惜别。他们两人相处近八个月,互相尊重互相包容互相信任,共享湖山,流连诗酒,情谊日深,今日一旦分手,回想诸多往事,如同一梦,当然怅然。苏东坡在诗中对沈立主持越、杭两州太守时的政绩予以很高的评价,并对他们的离别予以深深的惋惜,也表明他们之间的友情真挚难忘。沈立与苏东坡在杭州为官期间交往时间虽短,由于志趣相投,又相聚于风景胜地杭州,于是常在一起吟诗和唱,苏东坡赠予沈立十几首诗文,苏东坡的诗文绝大部分幸运地保留下来了,遗憾的是沈立的大部分酬唱诗作今已失传。

沈立前脚走了,陈襄后脚就来继任了。

陈襄(1017—1080年),字述古,号古灵先生,福州侯官(今福建闽侯)人。宋代名臣、著名诗人。说到陈襄,仙居人称其为文教之祖。陈襄在北宋仁宗庆历八年（1048年）任仙居县令，初到时，仙居"民风朴野，罕知读书"，他首抓教化，在县衙附近购买土地，创办学宫（学堂），亲笔写下《劝学文》，先与德高望重的老人相商，然后请老人们向大家宣讲，仙居的父老乡亲们被感动了，纷纷送子上学。陈襄便以县令之身份，在全县号召兴办学宫（学堂），殷殷劝导少年弟子入学读书。陈襄下乡察访民情时，遇到山谷中办有学堂，就兴致勃勃地下车为儿童讲学。他针对社会上"民穷多变、监狱患满"的现象，主张以德化民，他又亲笔写下《劝俗文》教育百姓、引导百姓改变陋习，倡导扬善之风。三年后，陈襄任满选调入京，他留下了《我爱仙居好》诗十一首，其中离开时的一首为：

> 我爱仙居好，隆儒尠（鲜）大方。
> 诸生令讲艺，童子俾升堂。
> 买地兴民学，驱车下党庠。
> 三年邑未化，官满意彷徨。

有一件事特别要说一说：陈襄破案。陈襄刚为浦城主簿并摄县事时，曾利用心理学破案，传为美谈，流传至今。

有一起盗窃案，贼人难以分辨。陈襄说，庙里的钟神灵得很，能辨盗，偷东西的人只要一摸，钟就会响。他暗地里把钟涂上墨，并用帷幕遮了起来，再命令有盗窃嫌疑的人到庙里，每个人把手伸进帷幕去摸钟。没有偷东西的人都大胆去摸，而那个盗贼怕钟响就不敢用手去摸。结果只有一个人手中无墨，就认定他是盗贼。盗贼不服，陈襄说出道理，盗贼心服口服，甘心服罪。

熙宁五年（1072年）八月陈襄出任杭州知州，在杭两年，时值苏东坡任杭州通判，他是苏东坡的直接领导，两人共事时间长，成为忘年好友，结下深厚友谊。他们都反对王安石变法，在政治上有共同语言，因而感情就容易沟通。他们共事两年多，工作中协调一致。通判就是州府长官的行政助理，握有裁可、连署州府公牍和监察官吏的实权，号称监州。虽然陈襄是苏轼的顶头上司，还比苏东坡大20岁，但苏东坡已是名满天下的大诗人，所以陈襄没有把他作为下属看待，而是以忘年交的身份与他交往。在任期间，陈襄外应宾客，内抚人民，州不知扰。杭岁为水乡，然皆斥卤之地，陈襄讨其源流，大兴水利，主持疏浚唐代李泌开凿的六井，并利用西湖水灌溉农田，苏东坡特写《钱塘六井记》记载此事。

北宋熙宁年间，杭州六井严重淤塞。熙宁五年（1072年）秋天，知州陈襄刚到这里，问及百姓担忧的事情。百姓都说，六井不整治，老百姓都没有水饮用了。南井沟处低洼可是井高，水在地底下流淌，常常供应不过来。于是陈襄决定疏浚六井。当时的六井相较于唐代六井已有所不同，唐代开凿的金牛池已经荒废，取而代之的是宋代在相国井南面开凿的南井。正是在这次疏浚中，陈襄的副手、身为通判的苏东坡第一次参与为杭州老百姓治水。

要怎么治理这些水井呢？

陈襄找来了僧人仲文和子珪帮忙，让他们带领弟子，挖开石沟，进行补漏，这样一来相国井的水就满了。对于已经近乎恶臭的方井，陈襄将它稍稍向西迁移了不到五步的距离，居然意外找到了60年前井口本来的位置。为了疏浚南井，陈襄首先治理了涌金池，将之分为上中下三部分，上池禁止洗衣服、给马匹洗澡,上池外还设置两道闸门,一道是引水入池的进水门,一道是设在石坎之中通过五根竹管将池水引向南井的出水门。由于涌金池地势高于南井,水往低处流,因此,南井的水也就经常处于满的状态了。六井疏浚工程在熙宁六年(1073年)春完成,这也成了陈襄到任后的第一个民生工程。

此外,陈襄还在杭州大兴教育,亲自讲学,推荐人才。杭州人民感恩知州陈襄功德,为其放鸽祝寿。

苏东坡与陈襄平日里关系亲厚,情同手足,转眼一年共事下来,正副职搭配工作,配合默契,都很开心。苏东坡秉性天真烂漫,只要脾气相投,他是愿意把自己认为有意思的一切东西拿出来与朋友分享的。去年带自己来赏花的沈大人已经调离,新上任的知州陈襄陈大人到底喜不喜欢牡丹呢?苏东坡一到季节立马就想把陈知州叫来吉祥寺赏花,但在约好的时间,却左等右等不见陈襄,不多时,有差人来告诉苏东坡,陈大人公务在身,赶不过来了。此时的苏东坡身处花国之外,心痒难耐,很为陈襄的失约而不快,提笔以花的名义写了一首抱怨的小诗——《吉祥寺花将落而述古不至》。

吉祥寺花将落而述古不至
今岁东风巧剪裁,含情只待使君来。
对花无信花应恨,直恐明年便不开。

苏东坡差人将诗转交给陈知州。陈襄看了诗后自觉有些好笑,便说定次日一道赏花,并回赠了苏东坡一首诗,其中末句"只恐明年花更好,不知谁与并栏干"分明是在应和苏东坡的那一句"直恐明年便不开",但又感到宦海无常,不知明年还有没有机会再与诸君有此一聚了。苏东坡听了知州的应和,倍感知音之快,立即着墨再回韵一首,为苏陈二人这一段短暂而别致的友谊写下了优美的诗《述古闻之明日即来坐上复用前韵同赋》:

仙衣不用剪刀裁,国色初酣卯酒来。
太守问花花有语,为君零落为君开。

这首小诗写得如此轻巧可人,读起来朗朗上口,写尽了牡丹国色,犹如诗中之仙,让人一见倾心中的情深,还夹带了一丝小小的忧愁。公余时间,陈襄经常邀苏东坡一起出游、赏花、宴饮、吟诗,两个人唱和的诗词达 20 首之多,陈襄有《古灵集》传世。

陈襄接到调任通知,要去应天府任职,苏东坡前后写了 7 首词送别。即将离杭前一天,苏东坡设宴于杭州城中吴山之上有美堂,把酒叙情依依难舍,应陈襄之请,苏东坡即席写下了《虞美人·有美堂赠述古》:

湖山信是东南美,一望弥千里。使君能得几回来?便是樽前醉倒更徘徊。
沙河塘里灯初上。水调谁家唱。夜阑风静欲归时。惟有一江明月碧琉璃。

诗人表达了再聚不易、当尽醉方休的难舍之情。
还有一首诗,苏东坡写道:

> 草长江南莺乱飞，年来事事与心违。
> 花开后院还空落，燕入华堂怪未归。
> 世上功名何日是，樽前点检几人非。
> 去年柳絮飞时节，记得金笼放雪衣。

诗中，苏东坡一方面感叹时事，一方面以赞扬的口吻追忆陈襄为杭州人民办好事，杭州人民感德太守陈襄，为其放鸽祝寿一事（其中"雪衣"指白鸽）。陈襄和诗写道：

> 春阴漠漠燕飞飞，可惜春光与子违。
> 半岭烟霞红筛入，满湖风月画船归。
> 缑笙一曲人何在？辽鹤重来事已非。
> 犹忆去年题别处，鸟啼花落客沾衣。

诗中，陈襄深情地惋惜未能与苏轼同赏西湖美好的春光，更借"辽东鹤"典故，感叹物是人非、世事变迁。东坡送陈襄上任送到临平，并作有《南乡子·送述古》词，可见两人感情深厚及依依不舍之情。

送走了陈襄，新任太守杨绘七月到任。对苏东坡来说，这一年注定是一个离别之年。到九月，苏东坡也收到调任密州知州的诏命。苏东坡与杨绘共事两个多月。

杨绘（1027—1088年），北宋翰林学士，御史中丞。字元素，号先白。谥肃轩。汉州绵竹（今属绵竹九龙镇）人。杨绘少年聪慧，名闻西州。宋仁宗嘉祐元年（公元1056年）登进士第，历任大理评事（正七品）、荆南府通判、集贤校理、开封府推官。在此期间表现出非凡的判案能力，同时又以善于理财著称。仁宗察知其才，让他去户部任职，他以母亲老迈需服侍为由请任眉州知府，后改任兴元知府（四品）。他在任内使当地人民安居乐业，民风淳朴，创造了其官狱内380天没有囚犯关押的奇迹。

杨绘作为谏官，敢于直言，态度坚决，不畏权势。史书说他"为吏敏强"，"表里洞达，一出于诚"。这也招致了他政治上的起伏。吏部尚书曾公亮请求让他的儿子判登闻鼓院，并用与他关系深厚的曾巩做史官。杨绘争辩说，曾公亮把持国政，把朝廷的职位看得如同自己家的东西（高兴给谁就给谁）。以前曾公亮在越地做官，因为强占民田，要被郡守绳之以法，当时曾巩的父亲曾易占也在越地做官，曾多方庇护曾公亮。任用曾巩，是为了私情。皇帝因此否决了曾公亮的任命请求。但杨绘也被解除了谏官的职务，改兼侍读，但他坚决推辞。滕甫把杨绘的态度告诉了皇帝，皇帝下诏给滕甫说："杨绘抗命不受的心思孤高深远，立身朝堂却孤立无援，不畏强权，而知无不为，我一看到他，就认为他是忠诚之士，并把他安排到言官的位置上，信任他也是笃定的。现在免除他的谏官职务，是因为他难和宰相并立于朝堂的轻重问题，让他暂且回避一下矛盾，你告诉他我的心意。"杨绘说："谏官进言不被采纳就应该离去，经筵不是姑息的地方。"最终杨绘没有接受侍读的职务。不到一月，皇帝又恢复了他的职位，让他管理谏院，并擢升为翰林学士，任御史中丞。

杨绘敢于直言，即使对当朝宰相也毫不容情，因此得罪宰相王安石。当时王安石主政，推行新法，朝中很多旧臣辞职归家（古时官员正常退休年龄是七十岁）。杨绘向皇帝谏言："应当爱惜朝中老臣，当今很多旧臣称病请求辞去职务。范镇年

六十三、吕海五十八、欧阳修六十五,这些人都辞官归家了;富弼六十八而托病辞官;司马光、王陶都才五十而请求担任闲散官职,陛下难道不想一想其中的原因?"王安石听闻后,深为记恨,奏请朝廷将其与刺史刘挚"俱贬岭外"。皇帝没有同意,结果改任其为侍讲学士。后来,杨绘在朝议中仍然坚持己见,再次受到排挤,被降职为侍读学士、知亳州,应天府、杭州知州,后又再为翰林学士。因曾推荐属吏王永年,受到牵连被贬,任荆南节度副使,"数月,分司南京,改提举太平观"。

1074年,陈襄改任应天府。杨绘则知杭州。二人易任,也就是奉旨对调工作。七月,杨绘抵达杭州,苏陈杨三人在吴山有美亭饮酒唱和,自是风雅。苏东坡填词一首《诉衷情·送述古迓元素》:

钱塘风景古来奇,太守例能诗。先驱负弩何在,心已誓江西。
花尽后,叶飞时,雨凄凄。若为情绪,更问新官,向旧官啼。

词中苏东坡用自嘲的口吻,表达了一送一迎此时此刻的真情实感,足以说明他旷达的人生态度和对朋友的真情,如此一来,新旧两任太守开怀大笑,宴席上几番畅饮。

苏东坡也趁此机会写了《菩萨蛮》欢迎杨绘。

菩萨蛮·玉笙不受朱唇暖

玉笙不受朱唇暖。离声凄咽胸填满。遗恨几千秋。恩留人不留。

他年京国酒。泫泪攀枯柳。莫唱短因缘。长安远似天。

这是一首典型的送别词。写的是1071年，苏东坡要到杭州做通判，在离开京城时，他的朋友兼同乡杨元素曾为其送行，京口送别的离情别绪，直到现在他仍记忆犹新。词作表达了两人之间的深厚情谊。席间苏东坡还做了一首《醉落魄》赠予杨绘。

醉落魄

分携如昨。人生到处萍飘泊。偶然相聚还离索。多病多愁，须信从来错。

尊前一笑休辞却。天涯同是伤沦落。故山犹负平生约。西望峨嵋，长羡归飞鹤。

不过，事情也凑巧，送走了陈襄，苏东坡和杨绘先后得到新的调令，苏东坡移守密州，杨绘进京做了翰林学士，他们二人在杭州共事两个多月，开启新的征程。离开之前，苏东坡和杨绘诗词唱和十分惬意，二人惺惺相惜。苏东坡写了多首《南乡子·和杨元素时移守密州》《定风波·送元素》等优秀作品。又是离情别绪依依，只是这次送别的是杨绘，而离别的成了苏东坡。

杨绘在其任上，果断处理政事和讼案，体察民情，治理蝗灾，颇受当地吏民拥戴。后来又任开封府、兴国军等地知府，均表现出卓越的才干。元祐初年（1086年）以天章阁待制，再任杭州知州，九月与苏东坡饯别于西湖。杨绘晚年弃官南下，定居海阳县官溪都创槎桥村。元祐三年（1088年）六月丁丑卒。

苏东坡对杨绘评价甚高,将其比为三国时的羊祜。两人唱和诗词有十首之多。杨绘也是位诗人,《全宋诗》存其诗 10 首。

第二节　东坡在杭的好部属

有个好领导是件幸事,有几个聪明能干的得力部属也是件幸福的事,苏东坡就这样幸运,他的部属个个能文能武、多才多艺。

先说说苏东坡任知州时相处得很好的三个通判。三个通判个个都是才士。初为世交梅子明学士,苏州人。他是为了便于事亲,才从馆阁调来杭州。苏东坡曾将得自文登海上的小白石赠予其父作枕,寄诗中有"爱子幸僚友,久要疑弟昆"的话。可惜梅子明在任未久,调职他去。次为袁毂,字公济,一字容直,四明人,他是苏东坡开封举人试的同年(另再述)。后来袁毂调知处州,来接替袁毂杭州通判位置的是杨蟠,亦字公济,章安人,他是个有名的诗人,而且非常喜欢梅花,题《金山》诗"天末楼台横北固,夜深灯火见扬州"脍炙人口。欧阳文忠在世时,读杨蟠的《章安集》,题诗曰:"苏梅久作黄泉客,我亦今为白发翁。卧读杨蟠一千首,乞渠秋月与春风。"杨蟠以奉议郎出为杭州通判,大约已是元祐五年(1090年)之冬,其时距苏东坡去任,为日无多,他曾两次各作梅花诗十首求和,苏东坡也每次步韵和作十首。四十首咏梅诗,要无一句意思重复,要无一字落入俗套,实为不易。二人唱和成为诗坛佳话。

苏东坡还有几位部属值得一提:如法曹毛滂,字泽民,泽民曾至黄州向东坡问学,住过东坡雪堂,亲见当时苏东坡穷困的境况;现在做了他的部属,又眼见他坐拥节旄的气概。所以苏东坡在《次毛滂法曹感雨》诗中，特别重提旧况："我顷在东坡，秋菊为夕餐。永愧坡间人，布褐为我完。雪堂初覆瓦，上簟下无莞。时时亦设客，每醉笱辄殚。……"这番描写，有其深意，泽民年轻，似乎有点少年得志的轻狂，所以诗尾用李泌和懒残和尚煨芋的故事："悲吟古寺中，穿帷雪漫漫。他年记此味，芋火对懒残。"表达了一个父执辈诚挚的期勉和爱心。

又如杭州节度判官郑遵彦，字之邵。他是熊本奉命知杭州时带来的帮手，谁知到任数日，熊又改知江宁，由苏东坡来接手了。遵彦被留在杭州两年，精勤吏事，对苏东坡帮助很大，苏东坡为此很感谢熊本，诗言："贤哉江东守，收此幕中奇。无华岂易识，既得不自随。"遵彦是事母有过人之处的大孝子，苏东坡更是敬重他，得到最好的新茶，先送给遵彦的母亲。

又如马瑊，字中玉，茌平人。他来得较迟，元祐五年（1090年）八月始自淮南西路改两浙路提刑。他是黄庭坚的朋友，很会填词，与东坡唱和甚乐。苏东坡筹议救济两浙灾伤事，得其助很多。

在以上部属外，苏东坡有几位部属，特别应该让人们知道。他们在疏浚西湖这件福泽万代的事业中，默默奉献才华、智慧和精力，他们值得杭州人民祭拜。

疏浚西湖的监理师——刘景文

赠刘景文

荷尽已无擎雨盖，菊残犹有傲霜枝。
一年好景君须记，正是橙黄橘绿时。

因这首诗我开始认识刘景文，也是因为这首诗入选了小学课本而特别知名，让中国的小朋友认识了刘景文。1090年，苏东坡任杭州知州时，在下属迎接他上任的宴会上遇到了一位叫刘景文的人。此人的身世让苏东坡记住了他。刘景文（1033—1092年），名季孙，字景文，祥符（今河南开封）人，大将刘平之子。宋仁宗嘉祐间，以"左班殿直监饶州酒务、摄州学事"。宋哲宗元祐年间以左藏库副使身份任两浙兵马都监，和苏东坡同时在杭州任职。刘景文本是北宋名将之后，父亲在他幼年时战死沙场，兄弟早丧，他孤苦无依，在朝廷中混了一辈子，还只是一个从八品的官。在后来的交往中苏东坡越来越欣赏刘文景的为人和诗文，称他为"慷慨奇士"，经常和他诗酒往来。苏东坡在杭州疏浚西湖，筑起堤坝，在沿河植柳、湖心树石，背后都有刘景文帮助苏东坡实现政治理想的身影。刘景文把协助苏东坡施为当作自己的政治理想，推波助澜，添薪吹火，成为苏东坡施政计划的积极响应者、协助者，监理者。从元祐五年（1090年）四月二十八日疏浚西湖筑建苏堤开工之日起，刘景文几乎天天亲临施工现场，监理疏浚西湖计划一步一步进行，挖掘、搬运、施工，仔细到采石挖土运送路线的最佳化，安排挖泥除葑人工的多少，甚至精细到种柳种桃的间隔距离都一一丈量定位，还时不时陪着苏东坡在施工现场安步代车、酷暑挥汗，督工监造。为了让疏浚好的西湖保持清晰度，刘景文请教当地农民，找到了一个一劳永逸除草清湖的好方法，并急急忙忙上报给苏知州。原来杭州的农民喜欢种菱角种莲藕，种菱角和莲藕的人下种以前一定要先锄草，因为不锄草的话野草长得太快，菱角莲藕很难有收成。所以，刘景文想到让农民租用西湖四周的湖面种菱角种莲藕的办法，既可清理周边的淤泥葑草又可收到租金用于西湖水面的管理。苏东坡看到方案后大喜过望，连声说好。得到苏东坡的肯定后，刘景文就定了一个地方法规，制成碑竖在杭州的官府里面，每年用很低的租金把沿岸的湖面出租给农民种菱角和莲藕。农民种上菱角、莲藕后，不用官府组织动员自己就会去湖里锄草，每年锄一次草，杂草就长不起来了。他又担心，万一农民种菱角种莲藕收成不错，有大胆的人会偷偷地扩大种植面，一直种出去，最后种到湖心里，菱角莲藕把整个水面都盖住了，怎么办？于是他就规定只许沿岸的水面可以种，靠湖心的地方不许种。问题是水面上怎么标界限呢？他就请人用石头做了三块石碑，在湖中间竖了个大大的三角在那里，两块石碑之间的连线，靠岸的这边可以种，靠湖心的这边不许种。时隔900多年以后，这三块石碑成为3个小宝塔留在西湖上，朋友们去过的都看到了——三潭映月。那个小宝塔是干什么用的？当时起的作用是标界限。所以，刘景文所想所思所做所干对杭州西湖建设真是太有益了。整治好的西湖岸边种植着杨柳芙蓉，浓艳灼灼，绿水荡漾，山水相映的优美图景，是苏东坡政治理想和文学情怀相结合的经典之作，是收藏在刘景文箧中的一幅绝佳山水画，也是刘景文为报答苏东坡的知遇之恩而倾注的全部心血。

说回前面的《赠刘景文》一诗，它是苏东坡对刘景文坎坷身世的同情和对他的鼓励。刘景文此时已是58岁的老人了，在朝还只是个小小的两浙兵马都监，仕途已是暮年，说一些鼓励的话肯定苍白无力，普通的话已经没有办法激励他振作了，于是苏东坡就作这首诗送给他：荷花凋谢了，连替它遮风蔽雨的荷叶也没有了。菊花凋残了，只余下一节迎霜傲风的枝干。但是请你记住，一年中最好的光景不在荷花、菊花开放时，而是在橙子和橘子成熟的季节。《赠刘景文》一诗始于绝望，结尾却给人带来盎然生机。荷花粉红、菊花金黄,又与诗末尾的"橙黄橘绿"相呼应,让这首诗在精神层面和艺术层面都大大增色。

由于刘景文的任劳任怨、无私奉献及鼎力相助苏东坡实现理想抱负,因此他深得苏东坡尊重、爱戴和欣赏。西湖疏浚后,元祐五年(1090年)十一月,苏东坡向朝廷上奏《乞擢用刘季孙状》,举荐刘景文担任更为重要的职位。文中记述了刘景文父亲刘平将军的英勇事迹,并称赞刘景文:"笃志好学,博通史传,工诗能文,轻利重义,虽文臣中亦未易得。况其练达武经,讲习边政,乃其家学。至于奋不顾身,临难守节,以臣度之,必不减平。"后来,在苏东坡举荐下,刘景文知隰州(今山西隰县),但不久后即去世,年60岁。苏东坡又作《乞赙赠刘季孙状》,赞扬其"练达军政,至于忠义勇烈,识者以为有平之风",追忆其"性好异书古文石刻,仕宦四十余年,所得禄赐,尽于藏书之费",坦诚"实与季孙相知"并"欲望朝廷特诏有司,优与赙赠,以振其妻子朝夕饥寒之忧",足见苏东坡对刘景文的深情和帮助是动真格的,并非只停留在诗文上。

《苏东坡全集》中收录的与刘景文相关的诗词有20余首,如《次韵答刘景文左藏》《次韵刘景文、周次元寒食同游西湖》《次韵景文山堂听筝三首》《和刘景文雪》《和刘景文见赠》等,其中有一篇明确提到"生日,蒙刘景文以古画松鹤为寿,且贶佳篇,次韵为谢",也就是说,苏东坡过生日,刘景文给他送了一幅松鹤古画祝寿并且有赠诗。苏刘二人还一起赏过枇杷。苏东坡有诗记载:

绿暗初迎夏,红残不及春。
魏花非老伴,卢橘是乡人。

> 井落依山尽,岩崖发兴新。
> 岁寒君记取,松雪看苍鳞。

该诗明确题注:"真觉院有洛花,花时不暇往,四月十八日,与刘景文同往赏枇杷。"刘景文因此和了一首《次韵东坡赏枇杷》:

> 夏木有余绿,山僧知胜春。
> 日长寻卧榻,花落断游人。
> 红旆来虽晚,清风到亦新。
> 成林卢橘熟,翠羽杂金鳞。

在《喜刘景文至》一诗中,苏东坡写道:"天明小儿更传呼,髯刘已到城南隅……我闻其来喜欲舞,病自能起不用扶。"诗作几乎是以夸张的手法写出了自己对刘景文到来的喜悦,足见二人感情深厚,相交甚笃。

疏浚西湖的设计师——苏坚

生查子·诉别

> 三度别君来,此别真迟暮。
> 白尽老髭须,明日淮南去。
> 酒罢月随人,泪湿花如雾。
> 后月逐君还,梦绕湖边路。

此诗是苏东坡写给苏坚的,此时苏东坡 53 岁,刚好知天命之年,还不算老,彼时苏东坡为杭州太守,苏坚为钱塘寺丞,彼此是上下级关系。"三度别君来,此别真迟暮。"这是第三次为你送别,这一次分手我们都已经人到暮年,从"三"字我们可次看他俩关系不一般。苏坚(?—1102年),字伯固,《宋史》无传。《苏轼诗集》中有题注云:"苏坚,博学能诗。东坡自翰林守杭,道吴兴,伯固以临濮县主簿,监杭州在城商税。"由此可知,苏坚是苏东坡担任杭州太守时的得力助手,重要的幕僚人物,也是疏浚西湖的设计师。苏东坡对苏坚很器重,二人常常以诗歌唱和。苏坚不负所望,坚定推动执行了苏东坡制定的方针政策和政治抱负。

元祐五年(1090年)四月二十九日苏东坡向朝廷上《杭州乞度牒开西湖状》,过了六天也就是五月初五日,苏东坡又向朝廷上了《申三省起请开湖六条状》,两个奏章一个请求:修治西湖。第一个奏章中申明疏浚西湖的五大理由,并用具有说服力的语言阐述了西湖的重要性。第二个奏章,是疏浚西湖的详细设计方案,并且引用了一大段苏坚的疏浚设计方案。朝廷同意之后,疏浚西湖的建修全部按照苏坚的设计方案全面实施。可见,整修疏浚西湖的幕后功臣正是这位叫苏坚的人。疏浚西湖,堆泥筑堤,苏坚被苏东坡聘为"督开西湖"总督,与其共进退。

在开发西湖这项浩大的工程中,苏坚真可谓功不可没,在这个过程中他向苏东坡提供了许多切实可行的建议。比如当时苏坚提出三个处理葑草和淤泥的建议:一是把葑泥堆积在湖中心;二是把葑泥运到南山上堆积;三是用葑泥在西湖西边堆条长堤。苏东坡对三个建议都有不同看法,第一个建议,把葑泥堆在西湖湖中心,西湖变小了,破坏了四周风景;第二个建议,挖葑泥靠锄头铁笆,肩挑人抬,从湖中运输到南山上有近两里路，不知要多少人工，更不知何时能完成，工时和经费耗不起；第三个建议，葑泥堆长堤要好石块和好的泥土，从何而来？苏东坡经过调查研究采用了苏坚第三个建议，建堤，建一条"爱情堤"，苏知州做出了一个为杭州人福泽万代的决定！为了解决筑堤用的石块和泥土，苏东坡在苏坚的引领下亲自来到西湖西边南高峰角下的慧因高丽寺与方丈商量，方丈大师一听苏东坡的所作所为，立马答应苏东坡的请求。于是西湖疏浚建堤工程在四月二十八日兴工开挖，到了九月，西湖构成一条贯穿南北的 2.8 公里长堤。

苏坚任劳任怨，一直亲力亲为，为苏东坡减轻了许多负担，而且，他的这些聪明才智都被苏东坡逐一采用了。苏坚参与建设了苏东坡主持的多个重要的水利工程。除开发西湖的浩大工程，还有治理六井及治理运河。打通西湖与六井、运河之间的地下水道，在西湖灌输下使六井水清澈甘甜，运河清晰溢流，还在水渠中间作石柜贮水以备不时之需。在苏东坡修浚淤堵的运河时，苏坚根据自己多年的工作经历建议在茅山河设闸堰，潮水顺茅山河而来时关闭闸堰，潮水在闸外沉静一段时间又流经一段路程后，泥沙沉积潮水变得清澈，再开闸放水流入，这样就不会将泥沙带入运河中。苏东坡在询问黄馈、苏坚方法的可行性之后，实地考察，"率僚吏躬亲验视，一一皆如坚言，"此后便开始了修浚运河的工程，使得杭州地区不再受潮水侵蚀带来的困扰，确保了潮水不再入市，河道不淤，舟楫常行。苏东坡在《申三省起请开湖六条状》中对修浚运河一事有详细记载。苏东坡还计划开凿石门运河，上书朝廷《乞相度开石门河状》，想为钱塘江上的船工建一条安全平稳的航道，以避开江中浮山的凶险路线，保证舟船顺利通行。苏坚提出从钱塘江上游富阳一带的石门坞开凿一条向东的运河，他的想法深得苏东坡赞赏，可惜这一科学建议未能实现，苏东坡即奉召赴京。但苏东坡和苏坚的这一规划显示了他们对杭州水利治理的深远眼光。此外，苏东坡还邀请苏坚前往会稽开凿镜湖（鉴湖），以造福民众，表达了希望苏坚能跟随自己一起去治理自己喜欢的镜湖，再创辉煌的愿望。可惜这一美好想法因故未能实现。这是后话。

苏坚在苏东坡未来杭州时，一直默默无闻，苏东坡到杭任职后两人开始共事，一起筑起千秋伟业，一起诗酒唱和，可以说，苏坚不仅是苏东坡知杭州的得力助手，还是惺惺相惜的知己。

查相关资料得知：苏坚是当时宰相苏颂的族人。苏东坡与苏颂，认同宗，叙家谱，有联宗之谊。故而，苏东坡自然而然地就视苏坚为兄弟，对其青睐有加了。苏东坡与苏坚的友谊日久天长，日月可鉴。元祐七年（1092年）三月，苏东坡出任扬州太守；八月，以兵部尚书召回朝廷。在此期间，苏坚与苏东坡有交往。苏东坡还写了一首酬答苏坚的诗歌——《余旧在钱塘，同苏伯固开西湖。今方请越，戏谓伯固，可复来开镜湖耶？伯固有诗，因次韵》。而后苏东坡送苏坚回吴中安家。一年后，苏东坡再次被排挤出朝堂，出知定州，苏坚亦是仕途辗转。绍圣元年（1094年）七月，他们才在九江匆匆见了一面。"我梦扁舟浮震泽，雪浪摇空千顷白。"苏东坡那首大气磅礴、气度昂扬的《归朝欢·和苏坚伯固》，即是当时与苏坚的唱和之作。而后苏东坡再贬惠州，三年后，即绍圣四年（1097年），花甲之年的苏东坡又被一叶孤舟送到了荒凉之地海南儋州，再见已是四年之后。建中靖国元年（1101年），宋徽宗即位，大赦天下，苏东坡得以北归，苏坚带着儿子苏庠专程前往韶州陪伴苏东坡。次年正月苏坚待回吴中苏州老家时，苏东坡想起贺铸有首《青玉案》，于是写下了另一首《青玉案》来送别苏坚。

青玉案·和贺方回韵送伯固归吴中故居

三年枕上吴中路，遣黄耳、随君去。若到松江呼小渡，莫惊鸥鹭，四桥尽是，老子经行处。

辋川图上看春暮，常记高人右丞句。作个归期天已许，春衫犹是，小蛮针线，曾湿西湖雨。

词的意思是：这三年来，你都只能在梦中飞向吴中故园路。这次你归家，我送只传信的黄犬，随你一道回去。如果到了松江，呼唤小舟渡口，不要惊到鸥鸟白鹭。苏州的四座名桥，那是我经常去游玩的地方。我也曾像王维绘制"辋川图"一样，细细品味苏州的暮春景物，也记得吟诵王右丞的名句。你回家的日期天已经应许了，身上的春衫是小蛮的细针密线，它曾浸湿西湖的春雨。

这首词的上片写思念家乡，梦萦故乡。送你传信的黄犬，是愿苏坚不要一别便杳无音信。下片称赞苏坚的故乡，苏州风物有如辋川，诗歌之美俨然王右丞也。终于如愿以偿，要回到故乡，穿着家里爱姬做的衣服，如今终于可以团圆了。苏东坡写这首词，主要是为了祝贺苏坚，祝贺他归乡。苏坚也不负苏东坡的期许，长期都与苏东坡保持着友谊。"继灵均，比梦得"，苏坚才华出众，苏东坡赞其才能堪比屈原和刘禹锡，彼此唱和往来的诗作，在苏东坡的文集中，罕见地保留了十六首之多。

苏坚最终官至建昌军通判,有文集,但已佚失。

疏浚西湖的后勤部长——袁毂

点绛唇·闲倚胡床

闲倚胡床,庾公楼外峰千朵。与谁同坐。明月清风我。

别乘一来,有唱应须和。还知么。自从添个。风月平分破。

苏东坡任杭州知州的第二年,一位叫袁毂(字公济)的老友来到了他的身边。袁毂(生卒年不详),字公济,一字容直,四明人,是苏东坡开封举人试的同年。当时,袁毂考第一,当解元;苏东坡考的是第二。但至省试,他却后于苏东坡,四年后才成进士,以后在宦途上又一直不得志。袁公济是个秉性淡泊、与世无争的人,苏东坡与他过去曾在南新县一度相逢,看他境况似乎非常潦倒,如今却得共事于杭州,苏东坡和诗说:"……却思少年日,声价争场屋。文如翻水成,赋作叉手速。"又说:"今年复为僚,旧好许重续。升沉何足道,等是蛮与触。共为湖山主,出入穷涧谷……"这位长得清瘦如鹤的袁公济,与他是"青鬓共举,白首同僚"的老朋友,如今又做了同事,关系自然是非常亲密。

袁公济担任通判,就是给苏东坡当副手。袁毂不但工作上要为苏东坡排忧解难,生活上也得把苏东坡照顾周到。喝酒得陪,作诗得和,玩也得黏着腻着。不过,能跟苏东坡这样一个既没架子还趣味盎然的上司在一块,应是人生一大幸事吧。其实,苏东坡也是这么想袁公济的。可谓,人生得好友一枚足矣!

苏东坡向朝廷上奏了《杭州乞度牒开西湖状》，请求：修治西湖。袁毂一面等候朝廷回复，一面与苏坚带领技术官员和民间能工巧匠，对西湖全境进行查勘，进一步完善挖泥治湖规划。为了办成这件对杭州对百姓对子孙有利的大型工程，袁通判真是心思缜密、考虑周全，开始着手准备在湖四周搭建三百个简陋草棚，以方便民工起居休息安放工具。考虑到工程的工作量绝大部分在西边，他拿着长绳一个一个地定位，不到百米就建棚挖坑埋灶；他还组织、征集到数以万计的铁耙、竹篾、木碓、圆木杆子，并且安置了上千个雪隐（厕所），并派专人负责整理清洁。他可以说马不停蹄四处奔波，该想的办法他都想到了也做到了。

袁毂建设苏东坡给邻近的秀州（治所在今浙江嘉兴）太守写信，请求他派出五十只秀州船前来西湖助援，因为袁通判算计了一下把杭州以及钱塘县内的所有船只（除日常生活必须留用的）征用起来，开工之日还是会出现船少人多的情形，会误工影响进度。上奏的奏疏朝廷同意了，此时此刻杭州人兴高采烈，争分夺秒上湖挖泥筑堤。

袁毂还出台以工代赈办法，在征得苏东坡同意后征召民工，四天不到二十万民工上堤。此事可以说是件民心工程，但眼看人力还是远远不够，袁毂又以赈灾余款，招募三万杭州周边州县的灾民上工地，当时实际下湖铲葑草除淤泥的民工有近二十五万人。袁毂把整个堤分为六段进行施工，以免人员堆积分工不明，还指派下属从杭州所属各县调来粮食、菜肴、水果等，全面保障施工现场民工的饮食起居。随后，又求两浙兵马都监刘季孙，调遣两千名士兵，对挖泥筑堤施工进行"网格式"管理监督。九月，朝廷调拨的开湖钱和粮食下来了，工程进展突飞猛进。

半年后，整治一新的西湖，湖山沐晖，垂柳飞扬，烟波荡漾。湖畔堤上，游人如织。堤上不仅有九座小憩亭阁，还建有六座石拱桥，拱桥下湖水相通，沟通里湖和外湖。"苏堤春晓"的苏堤，就是苏东坡带着一干敢于担当的下属发挥自己的聪明智慧带领杭州百姓筑起的那道 2.8 公里长堤。

疏浚西湖的工程中还有一人也非常重要，就是钱塘县尉许敦仁，他首先建议西湖可开。所以此工程中，做出贡献的人很多，他们值得后人谒拜。

第三节　清正爱民的好县令

苏东坡任杭州通判时，杭州境域辖下为钱塘、仁和、富阳、余杭、临安、於潜、盐官、新城、昌化 9 县。苏东坡是个为官清正廉洁，为民爱民济民，为政求真务实的好官，当他发现自己所辖各县的父母官，个个同他如一个模子出来的好官，这是让他多么幸福和欣慰的事！

铁杆粉丝钱塘县令周邠

钱塘县为杭州首县，同城而治。钱塘县设南阳、北关、安溪、西溪 4 镇 11 乡。苏东坡任杭州通判时，其时任钱塘县令的是钱塘人周邠（字开祖）。宋咸淳《临安志》卷六十六列传录："周邠字开祖，钱塘人，嘉祐八年登进士第。熙宁间，苏轼倅杭，多与酬唱，所谓周长官者是也。轼后自密州改除河中府，过潍州，邠时为乐清令，以《雁荡图》寄轼，有诗，轼和韵有'西湖三载与君同'之句。后轼知湖州，以诗得罪，邠亦坐赎金。元祐初，邠知管城县，乞复管城为郑州，有兴废补败之力。由是通判寿春府，见苏辙所行告词。后知吉州，官至朝请大夫、上轻车都尉。其丘墓在南荡山。"

周母卒，苏东坡作挽词云：教子通经古作贤，安贫守道节尤坚。盛赞其母。从中可以看出在杭州期间苏东坡很赏识周邠，不管是其文学才华，还是其身材相貌。两人相互酬唱，交往频繁。周年长苏东坡一岁，是个陪同苏东坡在杭州西湖边流连了三年的铁杆票友。

说到相貌，周开祖相貌堂堂，仪表不凡，仿佛从古典画卷中走出的翩翩佳公子。他的面容轮廓分明，五官深邃，犹如雕刻师精心雕琢的艺术品。那双眼睛，明亮而深邃，闪烁着智慧与温柔的光芒，仿佛能洞察人心。鼻梁高挺，唇角微扬，带着一丝自信和从容。所以苏东坡在杭州期间无论大小事，无论远近走，无论判案观政，身边都有周开祖的身影，他带着这位帅哥美男走遍杭城各地。

熙宁六年（1073年）立秋前后，这段时间杭州城里久不下雨，地干泉沽，地里的庄稼已经枯黄，湖泊将要干涸，在那时官家和百姓最普遍的办法是向老天爷求雨，苏东坡也不例外，他叫上周开祖去求雨，作有《立秋日祷雨宿灵隐寺同周徐二令》一诗："百重堆案掣身闲，一叶秋声对榻眠。床下雪霜侵户月，枕中琴筑落阶泉。崎岖世味尝应遍，寂寞山栖老渐便。惟有悯农心尚在，起瞻云汉更茫然。"

公元1073年重阳日，本是官府举办例行酒会的日子，苏东坡向陈襄告假，又推辞了众人的邀请，与周邠和几个僧人去游西湖上吴山有美亭。此时的杭州城已是万家灯火，远远就能听到市井饮酒的喧嚣声。当时，周邠丧服在身，心情沉郁。而苏东坡也心事重重,虑及家国及自身,写下了两首诗。

会客有美堂·周邠长官与数僧同泛湖往北山湖中二首
其一
霭霭君诗似岭云,从来不许醉红裙。
不知野屐穿山翠,惟见轻桡破浪纹。
颇忆呼卢袁彦道,难邀骂座灌将军。
晚风落日元无主,不惜清凉与子分。

其二
载酒无人过子云,掩关昼卧客书裙。
歌喉不共听珠贯,醉面何因作缬纹。
僧侣且陪香火社,诗坛欲敛鹳鹅军。
凭君遍绕湖边寺,涨渌晴来已十分。

这是两首寓意深刻的诗,真实流露出苏东坡和周邠此时此刻的情绪。诗中的袁彦道,是东晋历阳太守,因上奏军情不实而被朝廷认为有欺瞒之罪,被免去官职。灌将军则是西汉猛将灌夫,在丞相田蚡的婚宴上因不堪被鄙视,怒起痛骂被斩杀。在诗的最后,苏东坡以重阳落日后的清凉,寓意当时的政治氛围,一天会比一天肃杀,请他保重身体,坚定志向。重阳落日,僧人孤舟,在这一刻,苏东坡终于吐露心声。当时周邠因岳父陈舜俞公官场之事仕途受到了极大的影响,且其父病亡不久,心情十分低沉,苏东坡对此感同身受,以历史典故自喻,劝周邠熬过这段艰难的日子。苏东坡劝解周邠,"霭霭君诗似岭云,从来不许醉红裙"。身在沟渠,仰望明月,这才是词圣苏东坡真正的人生，是对周邠的真正关心。

熙宁六年（1073年）六月，苏东坡动身到临安时，约好友钱塘县令周邠和秀才李行中同游径山，在太平寺聚齐。而后一行人离开太平寺，从径山西坡登山。沿途观景赋诗，唱和酬答。苏东坡《径山道中次韵答周长官兼苏寺丞》诗，便记录了这次从太平寺至径山道中的沿途所见及心中所思。

据说，有次上班时间苏东坡玩"失踪"，下属有事找不到他，把事给耽误了。陈襄知道（苏东坡邀请友人游西湖去）后便与周邠大致说了个眉目，让他写首诗戏说一下，然后叫人把周邠写的诗贴出去。周邠所写之诗云：

> 放归驺骑独寻山，直入青萝翠霭间。
> 谢客杖藜方自适，阮公蜡屐许谁攀？
> 何愁白发能添老，须信黄金不买闲。
> 应向林泉真得趣，徜徉终日未经还。

诗前还有一段序言：

> 窃闻子瞻学士，昨日飘然单乘，独出南屏，旋至北山，穷幽览胜，真得物外自适之趣。邠尝诵欧阳公诗云："使君厌骑从，车马留山前。行歌招野叟，共步青林间。"然明公今日之乐，正得于此。

众人看了，才知道苏东坡昨天游西湖去了，而且明白陈襄对此毫无追究之意，便也无话可说，这事就此"熄火"。苏东坡读了周邠所写之诗，大为高兴，后来约了周邠共游灵隐，并吟一诗相和,中有句云:"我与世疏宜独往,君缘诗好不容攀。自知乐事年年减,难得高人日日闲。"两人这次的灵隐寻踪,得"林泉真趣"是肯定的,而且在灵隐必有酽茶相伴。从此事中可以窥探苏东坡与周邠的关系相当亲密和友好!

熙宁八年(1075年),周邠调任为乐清县令。得知周邠到乐清的消息,苏东坡赞许他"脱湖北之行而得乐清,是舍鱼而取熊掌也"。

《广雁荡山志》说周邠:"为邑令,有惠政,人称为周长官。每游雁荡,觞咏累日不去。然仍勤为民事,民乐其游,王梅溪称为乐之遗爱。"周邠在乐清就想把当地的美景风俗告诉给东坡,他想了很久后构思出一幅手绘《雁荡山图》,寄给远在密州的老朋友苏东坡,苏东坡为此题诗《次韵周邠寄〈雁荡山图〉二首》,其中一首为:

> 指点先凭采药翁,丹青化出大槐宫。
> 眼明小阁浮烟翠,齿冷新诗嚼雪风。
> 二华行观雄陕右,九仙今已压京东。
> 此生的有寻山份,已觉温台落手中。

苏东坡在诗中说观图如观雁荡山,表达出神往之情,可惜最终未能如愿到温州雁荡山一游。

周邠和苏东坡两人除了同僚关系,政见相同,还多有诗词来往。和韵诗词较多,如《次韵周邠》《次韵周开祖长官见寄》《会饮有美堂·答周开祖湖上见寄》《径山道中次韵答周长官兼苏寺丞》等诗词约十五首之多。

属吏加好友新城县令晁端友

晁端友（1029—1075年），字君成，山东巨野人。在北宋，晁氏宗族名气很大，晁氏宗族自称是汉代御史大夫晁错之后，亦是北宋的名门望族、仕宦之家、书香门第，在约二百年中，先后有十几人考中进士，二十多人见诸史籍记载，几乎代代有人金榜题名、在朝中做官，人称"晁半朝"。有人说苏东坡和晁端友是同榜进士，这是错误的。晁端友是皇祐五年（1053年）进士，而苏东坡中进士是在嘉祐二年（1057年），两人相差了四年。与苏东坡为同榜进士的，其实是晁端友的哥哥晁端彦。两人以出色的成绩登进士第，成为欧阳修的学生。

今天我们说的晁端友是晁补之的父亲。苏东坡在杭任职期间有文字记录，夸赞新城县令晁端友。"细雨足时茶农喜，乱山深处长官清"取自东坡诗《新城道中二首》，是苏东坡对晁知县的评价。他身穿一件朴素的蓝布长褂，头上包着方巾，还常常戴着草帽，一个地地道道的农家汉子式的县长大人。

苏东坡在杭州任通判时一共去富阳新城"视政"四次，一来因为县令晁端友是好友；二来又因富阳风水好，山清水秀，又紧邻杭州，水陆通衢，总是找得到好地方赏月赏花赏风景；三来众多乡村和寺院供应的主要食品是富阳豆制品，如豆腐皮、素鸡、素烧鹅、素肠等（今人乐道的龙羊香干、新桐馒头、永昌臭豆腐）均出自富阳，让苏东坡垂涎三尺；四来富阳纸业发达，为朝廷上供竹纸。这几次的"视政"让苏东坡看到了富阳新城的风土人情，民情市态，晁县令治理能力优秀且在百姓中享有盛誉，受到苏东坡的连连赞赏。

苏东坡与晁端友一行来到天云山并与天云寺的住持遂空品

茗论禅,还一起欣赏寺内奇泉"珍珠泉"。珍珠泉约一丈见方,二尺多深,水清如镜。它不但冬暖夏凉,春清秋碧,四季长流,可供寺中所有人吃用,更为奇特的是,它逢人围观便会泛起一串串如同珍珠的水泡。苏东坡盯着一串串从泉底冒上来的水泡,诗兴大发,遂轻轻地吟出:"四海云峰四季春,菖蒲自古伴溪行。山巅曲径通禅寺,院内奇泉护众村。"大家击节称好。刚用完斋膳,忽听寺院边村里哭声连连。晁县令在罗里正的陪同下,起身下山进村。原来是有三四户农家的男人近十天没盐下肚,没力气下田干活,坐在家门口唉声叹气,而家里的孩子和媳妇在哭泣。家里的老婆婆看到县令大人后噙着泪说:"没有盐哪!"她扶起坐在地上的老头向晁县令说:"老爷!俺们已经几个月没有尝到过盐味啦!俺们现在连走路都没有力气了。"晁端友自言自语道:"怎么会连盐都没有?"老婆婆摇着头道:"老爷啊!朝廷有新的王法,不许百姓自己熬盐、卖盐。哪个私自熬盐、卖盐,都要抓去坐牢。只是,官家的盐不多,价钱又贵,百姓买不起而且还买不到,所以就没有盐吃了。"晁端友知道山村百姓的生活苦,但没有想到眼前的山村已缺盐几个月了。他顿时红了眼睛,他慢慢地站起身来,双手比画着对他们说道:"老人家,让你们受苦啦!县衙里还有一些官盐,明天就叫人运来分给村里的乡亲们。"老婆婆却说:"老爷,有盐,俺们也没钱买啊!"晁端友抹了一把溢出的泪水,即刻吩咐里正商量对策,并商议明天县衙带来盐分盐的事,然后走过去扶住老人大声道:"老人家,这盐不用钱,俺用官俸将它买了来分给乡亲们!"老婆婆拉着老伴就要跪下,晁端友及时将两人扶住。半响老人道:"谢老天开眼啦,谢谢青天大老爷!俺又能有盐吃啦!"晁端友又了解了一下周边村落百姓的生活情况并及时做了些安抚,与随行人员商量了对策，保障食盐的供给，这才使不平静的山村安静下来。

苏东坡看到晁端友体恤民情的拳拳之心，心中欣慰，更增加了对晁县令的好感。

晁端友在新城三年，诗作不少。当年新城名流如许广渊等人就和过晁氏的诗。当然最有名的无疑是东坡先生与晁端友的唱和《新城道中二首》，乃是千年绝响！

新城道中

其一

东风知我欲山行，吹断檐间积雨声。
岭上晴云披絮帽，树头初日挂铜钲。
野桃含笑竹篱短，溪柳自摇沙水清。
西崦人家应最乐，煮芹烧笋饷春耕。

一行人穿山越岭，踏春前行，一路上更是春光明媚、春意盎然。桃花，竹篱，垂柳，小溪，再加上正在田地里忙于春耕的农民，构成了一幅生动的农家春景图。雨后清新秀丽的山村景色，让诗人十分愉悦。因此，从苏东坡的眼中看到的景物都带上了对晁县令赞赏的主观色彩，充满了更多欢乐和生机。

《新城道中二首》第二首诗中的"细雨足时茶户喜，乱山深处长官清"一句更是赞赏了这位为民清正的好县令。

苏东坡给晁端友的诗集作的序中有一段描述，语气平淡，听者却难免唏嘘："乃者官于杭，杭之新城令晁君君成讳端友者，君子人也。吾与之游三年，知其为君子，而不知其能文与诗，而君亦未尝有一语及此者。"三年的职场同道，连苏东坡也不知道晁端友还能诗文，可见晁端友有多低调。但是从晁端友的诗文来看，他的才气并不弱。就算是忽略苏东坡和黄庭坚对他的评价，他的诗也入选过后世多家的选集之中。这样的事情对于有些经常说怀才如同怀孕的牢骚文人来说简直是不可思议的。对当时的晁端友来说，这种低调似乎并不能给他带来任何仕途上的帮助。要知道，北宋年间的清丰晁氏家族，是当年唐朝长安城南韦杜家族一般的存在。上有太子少保致仕的晁回，中有做过龙图阁学士、参知政事的晁宗悫，后面还有大名鼎鼎的晁补之。在这样的家族中，晁端友做地方官做到新城县令，回到京城不过是著作佐郎，实在是颇有些沉沦下寮。设身处地地想想，晁端友的心态能够在这样的落差之下还保持平和，足见其自我平衡能力之强。

晁端友为人低调，但为百姓做事为富阳新城谋福则呕心沥血，千方百计。据史料记载，泗洲造纸在北宋祥符年间规模就很大了，能满足寺院抄经烧香之用。考古挖掘出的泗洲造纸遗址是迄今为止世界上唯一有确切纪年的传统工业遗存。泗洲至少在北宋大中祥符八年（1015年）就已生产竹纸。苏东坡与县令晁端友及其子等人来到泗洲造纸工坊。苏东坡写过一首诗《富阳妙庭观董双成故宅发地得丹鼎覆以铜盘承》，妙庭观就坐落于泗洲附近，在如今与泗洲自然村接壤的观前村。既到了妙庭观，就不会不到泗洲造纸工坊。那晁县令此行的目的只是游妙庭观吗？答案肯定不是，县令是"带货直销"。苏东坡在杭州最喜欢用的笔是宣城的诸葛笔，最喜欢的墨是李廷邦的墨，最喜欢的纸是澄心堂的纸。由于写诗作画，澄心堂的纸用完了，他开始用晁县令送去的富阳泗洲的竹纸。对"竹纸"，苏东坡感觉其与澄心堂的纸不相上下，所以此次他前去考察泗洲造纸工坊，为朝廷和州府定购些纸张，也为晁县令的新城增加些税收。据《续资治通鉴长编》记载，熙宁七年（1074年）五月，朝廷诏令杭州岁造纸五万番。北宋熙宁七年的诏令是："诏降宣纸式下杭州，岁造五万番。自今公移常用纸，长短广狭，毋得用宣纸相乱。"似乎有几个意思：一是宣纸仍属正统官纸，或由于产量不足，需要杭州越地竹纸来补充；二是杭州竹纸正式可以成为公用纸，但尺寸规格上还须与宣纸有别；三是杭州造纸业在北宋正处于上升发展期，尤其在泗州，竹料充足，水源丰沛，交通便利，所产纸已不仅仅是供应杭州了，还北上开封进入朝廷；四是尽管还没有达到与宣纸地位相等，但竹纸质量已获官方和社会名流如东坡、米芾等公认。东坡曾有诗："麦光铺几净无暇，入夜青灯照眼花。从此剡藤真可吊，半纡春蚓绾秋蛇。"苏东坡的朋友乐山人赵次公解说道：麦光，纸名，盖南中竹纸之流。赵次公的口气似乎还看不上竹纸，然东坡已是首肯了。苏东坡首肯并积极推销富阳新城的竹纸，于是竹纸就开始进入朝廷官府文人场所，销量越来越大。

晁端友在十几年的基层工作生涯中，为官清廉，官声不错，任职之地老百姓都不愿意他离开，调任到了老百姓还拉船挽留，好几天发不了船。晁端友最终以著作佐郎的身份离世，享年四十七岁。苏东坡对其评价很高，但其他上司的风评却不怎样，因此晁端友仕途不顺、家境贫寒，以致他去世后，奠仪不足，也请不起名人作墓志铭。黄庭坚写的墓志里有明确的描述：

> 君成处阴匿迹，家居未尝说为吏。及为吏极事，事有不便民，上书论列甚武。为上虞令，以忧去，民挽其舟，至数日不得行。使者任君成按事，并使刺其僚，君成不挠

于法，不欺其僚，尽心于所诿，不为之作嚆矢也。仕宦类如此，故不达。

晁端友有遗集，原本收录有三百六十首诗作，现今已散失无存。值得欣慰的是，晁端友的儿子晁补之，是著名的"苏门四学士"之一，这表明他的文学血脉得以延续。

与民打成一片的於潜县令刁璹

北宋熙宁六年（1073年）春，苏东坡任杭州通判时，从富阳、新登，取道浮云岭，进入於潜县境"视政"。当时於潜县令刁璹热情接待了苏东坡。在这次视察中，刁璹陪着苏东坡走乡串户，所到之处，乡野无不笑面相迎。苏东坡奇之，笑着问乡邻："为何？（你们为什么与刁县令这么熟悉，而且他这么好说话？）"众人齐声答道："刁令熟久矣。（刁县令就我们的兄长和朋友）"原来刁璹天天走街串巷到各田头地里去看市容市貌以及地里的庄稼长势，而且哪家出现婚丧嫁娶，刁县令都会前去探访帮忙一二，哪家生儿生女他也会去贺喜送礼，因此深受治下百姓所爱。苏东坡对刁县令的斐然政绩感到欣喜，县里的一切事务都令他非常满意。

刁县令的善解人意、聪慧机智以及实干精神让他在任何场合都能与百姓相处融洽，这种强大的亲和力使他在於潜县各村落各场合中游刃有余，让百姓爱戴，要不然，以苏东坡的性格和为人，是不可能仅仅因为同年就给予好评的。于是在刁璹为其所建野翁亭请题诗文时，苏东坡欣然作此《於潜令刁同年野翁亭》：

山翁不出山,溪翁长在溪。
不如野翁来往溪山间,上友麋鹿下凫鹥。
问翁何所乐,三年不去烦推挤?
翁言此间亦有乐,非丝非竹非蛾眉。
山人醉后铁冠落,溪女笑时银栉低。
我来观政问风谣,皆云吠犬足生氂。
但恐此翁一旦舍此去,长使山人索寞溪女啼。

可以看出他对於潜县令刁璹的好评。这首诗,初看是苏东坡为刁璹建的野翁亭而写,实际上蕴含着对刁璹政绩的好评。"野翁来往溪山间","翁言此间亦有乐",乐在哪里?"非丝非竹非蛾眉",乐在安民。何以见得?苏东坡自答:"我来观政问风谣,皆云吠犬足生氂。"也就是说,苏东坡去民间走走,听到了老百姓对县令刁璹的好评,他用一个典故来形容。《后汉书》记载,岑熙做魏郡太守时政清民安,连老百姓家的看门狗也无所事事,脚底都长出了长毛。最后两句"但恐此翁一旦舍此去,长使山人索寞溪女啼"的意思是说,如果县令刁璹离任,道士们会感到很落寞、民妇会为此流泪。

刁县令知道苏东坡喜竹还喜欢画竹,特意邀请苏东坡在寂照寺"绿筠轩"观景游览,因为寂照寺内绿竹遍寺,尤其在绿筠轩四周茂密的竹林中,清新的空气带着竹叶的清香扑鼻而来。这里静谧而清幽,让人心灵得到了宁静的滋养和放松。当刁县令把寂照寺慧觉禅师介绍给苏东坡后,他俩一起谈佛论经笑逐颜开,刁县令在一边侍候着。两人在"绿筠轩"临窗远眺,见满目皆是茂林修竹,苍翠欲滴,景色宜人,苏东坡情不自禁地连连叫绝。于是,他即兴挥毫,写下了闻名遐迩的《於潜僧绿筠轩》，此咏竹诗乃是中华民族文化中的宝贵遗产。

苏东坡"视政"回杭途中循经桂芳桥，但见勤劳朴实的於潜人，有的在田野割麦插禾，有的在坡上采茶摘桑，也有打柴的、收菜籽的，男耕女织的场面特别迷人……溪边有一群质朴、美丽、清纯的山村姑娘，拢着个大银梳子（一种鸟尾巴式的发束）无拘无束、有说有笑地在洗衣。其中一位绰约多姿，青裙白衣，赤足如霜，衣着朴素，打扮随俗的姑娘，用手拽着衣服，将水泼向刁县令，还说道县令大人这么清爽爽的水你也来洗洗舒服舒服吧。苏东坡看到这一幕，有感于刁县令在百姓中的亲和力，于是诗兴大发，写下了著名的《於潜女》，刻画了一个鲜活的浙西村姑形象。这首诗以清新明快的笔墨，描写了越地农村中这位善良、美丽的劳动妇女的形象，表现了作者健康的思想感情和审美趣味。

这次会面也加深了苏东坡与刁璹的友情，第二年即熙宁七年（1074年）五月，苏东坡到润州（江苏镇江）公干，再一次看望了辞官返乡的刁璹，作诗《刁同年草堂》以记。以后的日子里苏东坡多次与刁璹把酒言欢，诵诗相对，友情日深。

第四节 细说东坡的清廉

苏东坡是北宋全才式的艺术巨匠，一生进退自如，宠辱不惊，是秉性难改的乐天派，悲天悯人的道德家，黎民百姓的好友。苏东坡仕途多舛，经历二次在朝、二次外任、二次被贬，曾在16个城市任职，现今这16个城市都成立了研究会和纪念馆。在纪传体史书和历史文案中展现出来的苏东坡形象，都是为官清正廉洁，为民殚精竭虑，为政求真务实。《宋史》评价他：器识闳伟，议论卓荦，文章雄隽，政事精明。苏东坡的为官言论，是其实践智慧的结晶，适合用来做官德教育，对现今廉洁教育有着示范作用。

苏东坡前后两次任职杭州，十分关注百姓民生，备受杭州人民崇敬。离任杭州时，苏东坡的一位挚友送来黄金、白银作为礼物。盛情难却，苏东坡就将这笔礼金转赠给安乐坊，用来为贫困百姓治病。他曾说过，求官的目的在于得，否认这一点是虚伪的，但"得"与"道"发生矛盾时，不要为了得到高官厚禄就放弃自己所学的道。"君子可以寓意于物，而不可以留意于物。"君子可以欣赏美好的事物，而不可以沉溺于美好的事物。生活顺遂之时他常助人为乐，在杭州为建安乐坊捐出私款五十金；难能可贵的是，在人生逆境之中他还能乐善好施，苏东坡贬谪惠州，生活困顿，但为修东新桥、西新桥，他还是捐赠了御赐的犀带。

苏东坡一生，论职位，高居庙堂、历典八州；论学识，当朝极品，无人匹敌；论书画，风靡朝野，奇货可居。他却从来没有富有过，也从来没有想要富有过。他很坦然地表示，"我虽穷苦不如人，要亦自是民之一"，"人人知我囊无钱"，从思想意识上筑起清正廉洁的价值观防线，自己时刻清醒、主动地保持恬淡简朴的生活方式，而且始终坚持清廉是六事的根本。他在《六事廉为本赋》中写道："事有六者，本归一焉。各以廉而为首，盖尚德以求全。"告诫为官者要心胸坦荡、两袖清风，才能做到善始善终。苏东坡家风清廉，父母"皆性仁行廉"，他自己终身恪守"苟非吾之所有，虽一毫而莫取"的准则，临终前作诗云："至今不贪宝，凛然照尘寰。"

苏东坡不仅在杭州廉洁勤政，爱民为民，还为杭州留下了四百多首精妙绝伦的赞美诗词，而离杭时却只带走慧净禅师所赠天竺石作为纪念，并留有绝句："在郡依前六百日，山中不记几回来。还将天竺二峰去，欲把云根到处栽。"王国维曾经称赞苏东坡："三代以下之诗人，无过屈子、渊明、子美、子瞻者。此四子者苟无文学之天才，其人格亦自足千古。"子瞻就是苏东坡。这四位诗人之所以受到王国维的推崇，除了他们的诗歌成就之外，还在于他们高尚的人格。苏东坡就是这么一位让世人敬仰崇拜的人。

　　"功废于贪、行成于廉"是三苏廉洁文化的主题，"亲、清、轻、勤"是三苏廉洁文化的核心内容，"读书正业、孝慈仁爱、非义不取、为政清廉"是三苏家风的精髓，"守其初心始终不变"是苏东坡坚守的民本思想。苏东坡的祖父苏序乐善好施，其父亲苏洵，是著名文学家，也是史上有名的慈善家。他们"轻财好施，急人之病"等风气代代传承，文献记载实例很多。苏东坡的母亲程老夫人，与孟轲之母、岳飞之母并称为中国历史上"三大贤母"。唐宋八大家，苏家出三人，这不是偶然的，而是缘于：家庭世代耕读传家的风气涵养，父母言传身教、严格约束的责任传承，自幼严格管教下形成的良好习惯。

　　《周礼·天官·小宰》言："以听官府之六计，弊群吏之治：一曰廉善，二曰廉能，三曰廉敬，四曰廉正，五曰廉法，六曰廉辨。"苏东坡以此六廉为本，作《六事廉为本赋》，谈古今官场最关键的廉洁问题。所谓六事，即善良、能干、恭敬、正直、守法、明察。这是官吏应具有的六项素质和应有的六项表现。"廉"有考察之意，亦有清廉之意，苏东坡认为清廉是六事的根本。

苏东坡以他的亲身实践为我们树立了一种东坡精神。这种东坡精神可以用古圣先贤的两句话来表达：一是"穷则独善其身，达则兼济天下"(《孟子》)；二是"富贵不能淫、贫贱不能移、威武不能屈，此之谓大丈夫"(《孟子》)。苏东坡终其一生，不论遇到多么大的挫折与困难，不论遭遇到多少艰难险阻，他都始终坚持读书人的操守；他都始终不曾放弃对国家、百姓的责任感；他都始终坚持匡时济世的报国之志。无论他的生活境遇多么艰苦，个人地位发生了怎样的变化，面临怎样的威权压迫，他都始终敢于仗义执言、不吐不快，这不是急躁冒进的个人主义，而是一种独立自主、敢于担当的可贵人格，也体现实事求是的勇敢精神，这正是苏东坡可爱的地方，也是东坡精神的伟大之处。

传承东坡精神，如何做到两袖清风、超然高蹈？苏东坡的人生启示是首先要处理好人与物的关系。苏东坡在《前赤壁赋》中云："天地之间，物各有主，苟非吾之所有，虽一毫而莫取。"不是我的，要分毫不取；即便是我的，亦不可沉溺。

苏东坡《宝绘堂记》提出了"君子可以寓意于物，而不可以留意于物"的观点。此文还以他的亲身经历来论证。苏东坡年轻时酷爱书画到什么程度呢？家中收藏的，唯恐失去；别人拥有的，唯恐得不到。后来他幡然醒悟："吾薄富贵而厚于书，轻死生而重于画，岂不颠倒错缪失其本心也哉？"从此之后他就不再沉溺其中。

清廉之人，目中无钱。苏东坡就是这样的人。"俸入所得，随手辄尽。"这与他对金钱的态度不无关系。苏东坡不看重金钱。他在《东坡志林》中说："近日颇多贼，两夜皆来入吾室。吾近护魏王葬，得数千缗，略已散去。此梁上君子，当是不知耳。"

好贼不打空转身，前提是知道主家有钱可偷、有宝可窃。所以，在过去，凡是日进斗金的商人，常有"孝敬"的仕宦，天降横财的暴发户，都是窃贼紧盯的目标和频频光顾的对象。苏东坡为人护葬，撰祭文、题墓碑、写志铭，哀悼之余，润笔颇丰。梁上君子把苏东坡也当成了暴发户，连续两夜入户，其志在必得之心可知。然而，聪明的窃贼并不知道，苏东坡不蓄资财。他曾说"俸入所得，随手辄尽"，每个月的工资，领了就花，到手就没了。他对所得润笔、酬谢之类也是如此。"散去"二字，尽现苏东坡对金钱的态度，有钱大家用，有钱用到无钱止，边得边散，随手辄尽，其潇洒来去、不受牵绊的人生态度尽现。而那窃贼，见不及此，虽连续两夜光顾，也不得不空手而归。

苏东坡被贬谪黄州期间，穷日子到了精打细算甚至抠门的地步，在《答秦太虚书》中写道："初到黄，廪入既绝，人口不少，私甚忧之，但痛自节俭，日用不得过百五十。每月朔，便取四千五百钱，断为三十块，挂屋梁上，平旦，用画叉挑取一块，即藏去叉，仍以大竹筒别贮用不尽者，以待宾客。"但他对这样的生活解释说："一曰安分以养福。二曰宽胃以养气。三曰省费以养财。"他不但不觉得丢人，而且觉得好处多。苏东坡生活简朴，两袖清风。习近平总书记在十九届中央纪委二次全会上发表重要讲话，引用苏东坡《前赤壁赋》中名句："惟江上之清风，与山间之明月，耳得之而为声，目遇之而成色，取之无禁，用之不竭。"他说："苏轼的这份情怀，正是今人所欠缺的，也是最为珍贵的。"

当年苏东坡在黄州新结识的一位王姓卖酒掌柜，看苏东坡生活困苦，便自作主张把苏东坡赠予他的一幅墨竹画卖与他人，并将卖得的300两银子交与苏东坡，让他安家用。苏东坡知道后迅速找到买家把钱款退与人家，随后又把这幅画投进了火炉。并告诉王掌柜说：苏某虽穷，但画艺无价！

画艺无价，只树有缘人。世人皆知苏东坡是文坛巨匠，诗词赋北宋顶级大咖，殊不知，他的书画作水平也可以说达到天花板级。在北宋时期苏东坡的书画已经非常受人追捧，收藏购买者大有人在，但他从不会为不义之事或为钱而卖书画，更不会用书画走后门或将之作敲门砖。心离金钱越远，离名利越远，才能真正进入艺术之化境。

据宋赵令畤《侯鲭录》载，北宋仁宗期间苏东坡任翰林学士时，皇城使姚麟喜爱他的书法，苏东坡的好友韩宗儒好吃，常常拿了其书札去换羊肉若干斤。某日，苏东坡正在忙着为皇家起草文书，韩宗儒接连派人送信来，以期换取回信。韩家仆人守在院子里不停地催，苏东坡就是不给回信，还忍不住笑着对仆人说：回去告诉你家主人，今天断屠，没有羊肉可吃。

苏东坡在杭州任职时，有人告状说别人拖欠他两万钱绸款不肯偿还。于是苏东坡把那人召来询问，得知欠钱者以制扇为生，因天气不好做好的扇子卖不出去欠钱。苏东坡仔细地看了他很久，说："暂且拿你做的扇子来，我来帮你开张。"苏东坡拿了空白的扇面二十把，顺手拿起判案用的笔书写行书、草书，画上枯木竹石。他把写画好的扇子交给那人说："去外面快卖了还钱。"那人半信半疑。刚出了府门，就被人争着抢买扇子，来得晚的人想买也买不到，非常懊悔。卖扇子的人于是全部还清了欠款。

当时苏东坡的书画作品就这么有价值了，但他宁可守着读书人的清正、士大夫的节操、当官者的清廉过单纯朴实的生活，个人从不为钱、为生活而卖字画赚钱。字画诗只给有缘人。

　　苏东坡在个人生活追求上也显得豁达大度。据说他在密州太守任上时，有一老者因见他衣着简朴，误将其认作新任太守的跟班或家人。而他堂堂一位四品太守，在灾荒时刻与当地老百姓同甘共苦，乐于用杞菊充饥，与民共度灾荒。他写的《后杞菊赋并序》说："人生一世，如屈伸肘。何者为贫？何者为富？何者为美？何者为陋？"认为无论哪种情况，"卒同归于一朽"。他认为奢侈腐化、大吃大喝不仅有害风气，也有害身体。在给一位友人的信中，他写道："口体之欲，何穷之有？每加节约，亦是惜福延寿之道。"意思是说，人的欲望是无穷尽的，注意节约，对身体和事业都有好处。林语堂曾说过，苏轼已死，他的名字只是一个记忆，但是他留给我们的，是他那心灵的喜悦、思想的快乐，这才是万古不朽的。

第五章　生活情趣

第一节　山色空蒙雨亦奇

对苏东坡来说：雨，是一种心情。尤其是江南烟雨、杭州的雨更让他神清气爽，如诗洋洋洒洒让人回味，如歌起起伏伏令人心动；清清的雨，不是凉爽，而是澄净，是自然的精彩，是岁月的涤荡，是生命的美丽和永恒！对雨情有独钟的苏东坡，其诗词中出现雨的次数多达百余次，频率高，含义丰富。

对杭州西湖雨的心境，是心随境转，还是境随心转，全在于苏东坡的一念之间。心念变了，世界就变了。先看看苏东坡在杭州创作的诗歌中对雨的心境，再来欣赏下苏东坡在诗词中对雨的钟爱，从另一个侧面来说说"爱山如爱色"的诗人情怀。

熙宁六年（1073年），西湖碧水盈盈、繁花似锦、风光怡人，时任杭州通判的苏东坡邀了几位朋友，请了个戏班子泛舟游春，莺歌燕舞中众人赏景对酌、谈古说今，十分欢愉。众人听得有味、看得投入，时间不知不觉过去大半，俗话说"春天孩儿脸，一日变三变"，之前西湖上空还是彩霞满天、春阳沁人，刹那间却是阴云密布、春雨霏霏。苏东坡望着急晴急雨的西湖，不觉诗兴大发，低声吟道："水光潋滟晴方好，山色空蒙雨亦奇。"吟完两句，一时搜尽枯肠，找不到合适的诗句。他一边凝视着西湖的远山近水，一边陷入沉思。醉眼蒙眬中，一阵暖风吹过，碧蓝的湖水，波光粼粼，映出正在给苏老爷斟酒的卸妆后的戏班台柱子王朝云那妩媚动人的容颜。微醉的苏东坡凝视着王朝云，赞到"西湖好美、宛若西施"，于是"欲把西湖比西子，淡妆浓抹总相宜"的诗句呼之欲出了。西湖是天然美景，西施也是吴越之地孕育出来的美人，天生丽质是她们共同的特点，比喻巧妙贴切而又自然。苏东坡的这支神来之笔，把6.5平方公里的山水美景比喻成一个绝世美女，可以说达到了"喻人而不敢喻"的惊人高度，真是无人能及。

苏东坡一生经历了多次外任，即调离朝廷，这无意中给他提供了踏踏实实为百姓办事作贡献的契机。每到一个地方，他都清正为民，赢得了民众的爱戴。

《吴中田妇叹》是他到杭州后写成的，诗中写到的雨应该是苦雨，雨造成了天灾，百姓的正常生活受到了严重威胁；这种与农业、农民生活息息相关的雨，一直是他念念不忘的关心事。

吴中田妇叹

今年粳稻熟苦迟，庶见霜风来几时。
霜风来时雨如泻，杷头出菌镰生衣。
眼枯泪尽雨不尽，忍见黄穗卧青泥。
茅苫一月垄上宿，天晴获稻随车归。
汗流肩赪载入市，价贱乞与如糠粞。
卖牛纳税拆屋炊，虑浅不及明年饥。
官今要钱不要米，西北万里招羌儿。
龚黄满朝人更苦，不如却作河伯妇。

这是一个吴中田妇凄苦的悲诉，是一个普通农家在淫雨霏霏的农田生活的真实写照。在这风不调、雨不顺的年份里，稻谷长势缓慢，迟迟不见成熟，而稻谷快熟时却淫雨连绵，连杷头镰刀都发霉生锈，黄澄澄的稻穗在风雨中纷纷倒卧在泥巴里……全诗紧紧扣住诗题的"叹"字，写得层次分明又步步深入。

在以写雨为主题的诗篇中,《吴中田妇叹》最为有名,此诗对现实的揭示和批判相当尖锐,足可管窥作者在政治上遇事则发的正直性格。这里的雨,是绝望的雨,夹杂着百姓绝望的心声,辛酸凄苦场面生动深刻,足以令人落泪。

　　首先叹息稻熟苦迟,其次哀叹秋雨成灾,复次喟叹谷贱伤农,末以嘲讽官吏逼民投河作结,令人触目惊心。"龚黄"者,指汉朝的龚遂与黄霸,二人俱以恤民著称,如今"循吏"满朝,而人民更苦,其意盖有讽焉。"河伯妇"用《史记》西门豹治邺的典故,意谓人民被逼得走投无路,不如效河伯妇之投河。苏东坡对新法强烈不满,对官吏漠视百姓深为痛恨,对人民的生活疾苦十分关注,因而常在诗中讽世论政,希望"有补于国"。所谓"诗可证史",此诗中的雨在历史上真实存在过,如今读来,依然力透纸背。

　　熙宁六年(1073年)初秋的一天,苏东坡与几位好友在有美堂中畅怀酌饮(吴山上有美堂,为时任杭州太守梅挚所建,堂名取自宋仁宗赐梅挚诗"地有吴山美,东南第一州"),不料天气骤变,只见原来晴空万里的天空,大片大片的乌云就像随时要压下来。苏东坡依山远眺,只见钱塘江面上波浪被狂风拍打得卷起很高。

　　面对此情此景,苏东坡豪气冲冠、诗兴大发,于是写下了《有美堂暴雨》:

> 游人脚底一声雷,满座顽云拨不开。
> 天外黑风吹海立,浙东飞雨过江来。
> 十分潋滟金樽凸,千杖敲铿羯鼓催。
> 唤起谪仙泉洒面,倒倾鲛室泻琼瑰。

暴雨谁都经历过，但只有诗人才能够为生活中这种常见的但又稍纵即逝的景物赋予永恒的意义，从而显示它的美。诗以雄奇的笔调、新妙的语言有声有色地摹写了诗人于有美堂所见的骤然而至的急雨之景。暴风雨是大自然中最能震慑人心的壮观景象之一。

苏东坡生性豁达爽朗，对暴风雨特别欣赏，写了多首诗进行描摹赞叹。这首诗由于是在吴山顶上的有美堂中所写，气势更为雄浑壮大。诗的起首很突兀，直接入题写暴风雨来时的气势，闷雷起自脚下，云雾绕座不散。突出了所处地势很高，因而所见的暴雨与平地所见不同，为下文铺垫。接着就别出蹊径，描绘了一个壮阔异常的场面。风是看不见的，苏东坡却给它着色，说是黑风，以视觉代替感觉，很形象地表现了暴雨来时疾风挟着尘灰乌云的情况。"吹海立"是形容风的强烈。宋蔡绦《西清诗话》以为是学杜甫文中"九天之云下垂，四海之水皆立"，尽管不一定对，但两者的气势很接近。有美堂虽然很高，但不可能见到大海，"吹海立"是想象之词，下句写风带着暴雨从东面渐渐而来，便是实指。夏天的暴雨，区域很小，来势迅猛，通过"飞雨过江来"五字，将这一情况囊括殆尽。必须注意的是，苏东坡写的是在一座近海城市上看到的景物，而不是在别的什么地方看到的，他特有的想象和感受，使诗作展现了大自然的壮丽雄伟之景。

熙宁七年（1074年）初夏，苏东坡与陈襄等人相约到涌金门码头上乘船游西湖，为情同手足的同僚杭州太守陈襄送别。陈襄调任南都（河南）商丘，杭人依依不舍，哭送贤太守的情景，让苏东坡为之动容。面对此情此景，东坡举杯豪饮，并作《六月二十七日望湖楼醉书》。

这首诗，就如同它的标题一样，是苏东坡喝醉之后所写，当时的苏东坡到底喝醉到了什么程度，我们无法得知。我估计，多半是似醉非醉、要醉不醉之间，至少是苏东坡知道自己喝多了，要醉了的状态吧。趁着一头的酒劲，带着八九分醉意，苏东坡登上了昭庆寺前的望湖楼。这时，风越刮越猛、天越来越黑。苏东坡站在望湖楼上被风一吹，一声响雷又让他酒醒了几分。苏东坡深深地被雷雨中的西湖景色吸引住了，不禁即景吟出了佳句："黑云翻墨未遮山，白雨跳珠乱入船。卷地风来忽吹散，望湖楼下水如天。"侍者看到苏老爷如此兴奋，连忙铺上纸磨好墨，备齐文房四宝，只见苏老爷饱蘸浓墨，挥笔就写下了这首七言绝句。待到写完"六月二十七日望湖楼醉书"几个字，他把笔一掷就扑在桌子上睡过去了，鼾声犹如打雷一般。

　　诗人运用了丰富的想象和生动的比喻，将乌云比作"翻墨"，雨点比作"跳珠"，形象地描绘了暴雨的壮观景象。通过"未"字突出了天气变化之快，"跳"字和"乱"字则生动地表现了雨点的急促和杂乱。这种描写有声有色，展现了诗人对自然景观的敏锐观察和细腻描绘。

　　要是顺着苏东坡醉酒后的思维来看，这风景就更有意思了，本来是乌云蔽日、雷鸣电闪、暴雨如注的天气，一阵狂风之后，这些都卷走了，眼前呈现了水天一色、湖光潋滟之景，如此造物主的美景呈现在眼前，是不是会有一种莫名的穿越感，仿佛自己穿越了时空，从一个空间进入到了另外一个空间。

　　元祐四年（1089年）七月，苏东坡以龙图阁大学士的身份出知杭州，与第一次来杭州时隔十五年。经历过仕途坎坷的苏东坡，看惯了官场的沉浮，已经十分豁达，他专注于为百姓办事，闲时寄情山水游历西湖。

一天，他与莫同年（莫同年又名莫君陈，字和中，吴兴人，时任两浙提刑官。莫与苏同年进士及第）等二三好友相邀同游西湖。从六公园码头上船，沿着湖滨、断桥、白堤一路游去，湖上小船三三两两，岸上游人如织，好一派湖山春光，不料天气好似小孩子的脸，说变就变，突然间稀里哗啦地下起了小雨。俗话说"晴湖不如雨湖"，面对此景，东坡他们也不急着避雨，既来之则安之。烟雨蒙蒙，湖上现出了不一样的朦胧美。面对湖面朦朦胧胧的细雨，东坡如似看到了当年的好同僚陈襄等人，他们调任的调任、辞官的辞官，留在朝中的友人也变化万千。于是他低头思忖片刻，吟出诗句"到处相逢是偶然，梦中相对各华颠。还来一醉西湖雨，不见跳珠十五年"。东坡把它起名为《与莫同年雨中饮湖上》。旧友在朦胧的雨中出现，如偶然相逢在梦中，悲喜交集。相对各自头上的染霜谢顶，离别之悲更让人难过。再来一醉游西湖，是为忆旧。"不见跳珠十五年"，是感慨时光流逝太快。苏东坡十五年前任杭州通判时写有《望湖楼醉书》，诗中有"白雨跳珠乱入船"之句。而此诗中也出现"跳珠"两个字，可见苏东坡对"跳珠"二字的喜爱。此诗写忆旧思友，亦喜亦悲，但诗中无悲喜二字。诗作体现了苏东坡晚年简淡深远的诗风。

还有《新城道中二首》中的两场雨更有神意：其一："东风知我欲山行，吹断檐间结雨声。"苏老爷要外出"视政"就应该是风和日丽、霞光万道的好天气。其二："细雨足时茶农喜，乱山深处长官清。"下够了毛毛细雨才能让茶农品味到丰收的喜悦，更让乱山深处的清官好友开怀大笑。

从苏东坡对雨千姿百态的细致描绘中，我们可以发现，首先，他是一个感觉敏锐、感受力丰富的诗人。他的观察细致入微，能以一种审美的态度，一种释放的心情去看待身边的一切，哪怕只是再平常不过的雨，在他的笔下，也是有性格的，有单纯轻快的雨，有忧愁苦闷的雨，有缓慢沉稳的雨，有清纯温柔的雨，更有充满了佛性智慧，可以涤荡受损心灵，抚平忧伤，引导人走向平静和安详的雨。总之，在有雨的诗歌中，苏东坡把雨人格化了。

第二节　月下观潮第一人

浙江钱塘潮本是大自然的奇观，自唐以来，天下闻名。"钱江秋涛"作为钱塘十景之一，是天下一大奇观。"钱塘秋涛"在历史上曾经吸引过许多骚人墨客，是诗人们吟咏不绝的胜景。在宋代，江流尚未改道和变迁，涌潮由南大亹来，势盛力劲，潮声如雷，仿佛千军万马奔腾而来，让人感受到大自然的无穷力量。潮水直冲杭州之东南，使杭州江干一带成为观潮胜地，游览者可以在那里登山而观之。北宋时，凤凰山的望海楼，吴山的七宝峰和安济亭，都是杭州城内观涛最佳之地，其中尤以望海楼最为著名，苏东坡前后四次观涛都在此，留下十多首关于"钱江秋涛"的诗词。

《催试官考较戏作》

催试官考较戏作
八月十五夜，月色随处好。
不择茅檐与市楼，况我官居似蓬岛。
凤咮堂前野橘香，剑潭桥畔秋荷老。
八月十八潮，壮观天下无。

鲲鹏水击三千里，组练长驱十万夫。
红旗青盖互明灭，黑沙白浪相吞屠。
人生会合古难必，此景此行那两得。
愿君闻此添蜡烛，门外白袍如立鹄。

苏东坡这首杂言古诗中的"八月十八潮，壮观无下无"是咏赞钱塘秋潮的千古名句。千百年来，钱塘江以其奇特卓绝的江潮，不知让多少游人看客为之倾倒。

本诗重点记叙的就是一次观潮的盛况，写的是作者耳闻目睹的潮来前、潮来时、潮头过后的景象，描写了大潮由远而近、奔腾西去的全过程，描绘出江水由风平浪静到奔腾咆哮再到又恢复平静的动态变化，写出了大潮的奇特、雄伟、壮观。

宋时观潮，一般农历八月十一日就开始，经过八月十五日中秋节，到八月十八日达到高潮。八月十八日传说是潮神生日（杭人尊伍子胥为潮神）。为了迎接潮神生日，杭州十万人家，男女盛装，倾城而出。由巴蜀山水哺育成长的苏东坡，奇山奇水经历有多少，但面对奔腾而来的数丈高潮峰，耳闻震天霹雳似的涛声，也不能不魂魄激荡，感情澎湃，赞叹不息。

《八月十八日看潮五绝》

这五首钱塘看潮七绝，是苏东坡作于熙宁六年（1073年）中秋。每当农历八月十五日至十八日，潮势汹涌澎湃，比平时大潮更加奇特，潮头如万马奔腾，山飞云走，撼人心目。历代诗人，多有题咏。苏东坡这组七绝是名作，而且更绝的是苏东坡在其中一首诗中提倡观夜潮，赏识夜潮的瑰丽，是第一个倡导"月下观潮"的人。钱江日潮如万马奔腾汹涌澎湃，而夜潮更是别有一番风味:在水银一般的月光下,白色浪花奔腾而上的景象,再加上夜深人静以后潮头澎湃的声浪,自是更加荡人心魄!

八月十五日看潮五绝·其一
定知玉兔十分圆,化作霜风九月寒。
寄语重门休上钥,夜潮留向月中看。

这首咏观夜潮的诗,很别致。只要有皓月当空,岂顾霜风之寒冷。多么想遣一个使者去传语帝阍,让九重门敞开,使钱江潮水在月光下畅通无阻。诗人的奇特想法表达得很巧妙,而观看月夜怒涛的愿望又跃然纸上。

八月十五日看潮五绝·其二
万人鼓噪慑吴侬,犹似浮江老阿童。
欲识潮头高几许?越山浑在浪花中。

八月十五日看潮五绝·其三
江边身世两悠悠,久与沧波共白头。
造物亦知人易老,故叫江水向西流。

八月十五日看潮五绝·其四
吴儿生长狎涛渊,冒利轻生不自怜。
东海若知明主意,应教斥卤变桑田。

八月十五日看潮五绝·其五
江神河伯两醯鸡,海若东来气吐霓,

安得夫差水犀手，三千强弩射潮低。

　　第五首中，作者再次抒发观潮所得的感想，纯从想象落笔。前两句"江神河伯两醯鸡，海若东来气吐霓"是由观潮想到《庄子·秋水》所写河伯"望洋兴叹"这个故事。"秋水时至，百川灌河""泾流之大，不见涯涘"，河伯自以为"天下之美为尽在己"，等到他东行至海，看到汪洋浩瀚的大海涛澜，这才向海神表示自己的渺小。江神倘若东临大海，也会有同样的感受。长江大河也都有潮头。诗人表示如以江河的潮水，和这样雄伟的海潮威势相比，那么江神河伯就像小小的醯鸡（蛾蚋），是微不足道的。海若从东方驾潮而来，潮水喷吐，就像虹霓一样，映着中秋的月色，这怒潮就更为壮观。诗人这种看潮以后的观感，虽然是以神奇想象的笔思写出来的，但也是以事实为依据的。后两句"安得夫差水犀手，三千强弩射潮低"是说倘若能得到当年夫差穿着水犀之甲的猛士，用上钱武肃王（钱镠）射潮的三千强弩，把它射服就范，兴许是个好事。"安得"两字，表明诗人的愿望，也是诗人的想象。诗人感到如此威势巨大的潮水，要把它压低下来，使之为人民造福，是非常不易的。这两句把两个历史故事巧妙地联系在一起，给人以强烈的印象。"水犀手"的故事出自《国语·越语》："今夫差衣水犀之甲者亿有三千。"夫差因而战胜了越国，成为一时的霸主。射潮的故事，出自孙光宪《北梦琐言》的记载：吴越王钱镠，在建筑捍海塘的时候，为汹涌的怒潮所阻，累筑无成。后来钱王下令，造了三千劲箭，在叠雪楼命水犀军驾五百强弩，猛射潮头，迫使潮水趋向西陵而去，终于建成了海塘。这则故事虽近神话，但说明了"人定胜天"的道理。诗人把夫差水犀军和钱王射潮两件事融为一体，虽然引用上稍有出入，但设想是颇为神奇的。诗人为官杭州，也曾在西湖中建成苏堤，拦阻湖西群山涧壑注入西湖之水，或使停蓄，或使宣泄，使之造福杭州民众。这说明诗人重视兴修水利，是从实际出发，想制伏怒潮，而不是好大喜功。

这组看潮绝句，波澜壮阔，气象万千，有意到笔随之妙。在运笔方面，有实写，有虚写，有感慨，有议论，有想象，有愿望，淋漓恣肆，不落常轨，体现出苏东坡诗作风格上英爽豪迈的特色。苏东坡自注云："吴越王尝以弓弩射潮头，与海神战，自尔水不近城。"吴王夫差和武肃王吴越王钱镠射潮事，表达了苏东坡对制伏潮患的愿望，三千支强弩射退潮头是一种夸张，但也表明苏东坡关怀民生、造福百姓的心愿。

《瑞鹧鸪·观潮》

瑞鹧鸪·观潮

碧山影里小红旗，侬是江南踏浪儿。拍手欲嘲山简醉，齐声争唱浪婆词。

西兴渡口帆初落，渔浦山头日未欹。侬欲送潮歌底曲，尊前还唱使君诗。

词译为：青山影里舞动着小红旗，我是江南踏浪弄潮的小伙子。拍手想笑我如山简酩酊醉（山简为西晋名士，嗜酒。后人常以"山简醉"形容名士风流、豪饮旷达的形象），两岸观众齐唱浪婆词。西兴渡口赛舟的帆刚落，渔浦山头的太阳还没有偏移。我想送潮该唱哪一支曲？对酒还应高歌陈太守作的诗。

上片描写弄潮儿在万顷波中自由、活泼的形象。词的第一句以高大的"碧山"来突出"小红旗",这是一种衬托;而以"小红旗"来写人——弄潮儿,这又是一种衬托。试想脚踩怒涛,手执红旗,劈波斩浪,如履平地,这需要过硬的水上功夫。苏东坡的词中第一次出现了"弄潮儿"这种民间表演活动(在万里鲸波中翻涛踏浪以旗尾不湿者为优胜),同时还表现出水上健儿们不仅在作体育表演,而且在作文娱表演,并透露出乐观、开朗的精神状态。

下片写钱塘江退潮,弄潮儿唱起"使君诗"作为送潮曲。过片"西兴渡口"两句,一方面显示出时间的推移,暗示弄潮儿的水上表演已持续了数小时之久;一方面又暗写钱江已退潮,由下文"送潮"二字也可以明白地看出来。好比一场戏,只把布景显现出来,而戏中的情节却秘而不宣,留给观众去想象,这是词人用笔精练、含蓄的表现。结拍两句紧承前文,点明"送潮",并顺便提及与己同游的知州陈襄,显得不卑不亢。

这首《瑞鹧鸪》写于熙宁六年(1073年)八月,与其说是写景词或山水词,不如说是风俗词,从某种意义上说,是对当时杭州文化习俗的历史纪录。显而易见,作品用了代言体,以弄潮儿的口吻展开叙写,亲切有味。作品也受到了民歌风调的影响,能给人以质朴自然的美感。钱塘江拥有悠久的弄潮文化传统,早在北宋,便有关于弄潮儿的记载。"弄潮儿向涛头立,手把红旗旗不湿",这是潘阆在《酒泉子》中的记载,意为弄潮儿在波涛滚滚的潮头站立,追潮逐浪,尽情玩耍,手里的红旗竟然没有被水打湿。字里行间尽显弄潮儿的英勇无畏、搏击风浪、身手不凡和履险如夷。

如今钱塘江冲浪被列为钱塘江观潮节的固定表演项目,正式打破"冲浪只是一项海洋运动"的大众认知,创造了"内河冲浪"这一独特概念，其也成为世界上唯一的内河冲浪赛事，是对悠久的钱江弄潮文化的献礼和新的诠释。各国冲浪好手们将立于大浪潮头之上，化身"弄潮儿"与气势磅礴的潮水相映成趣，成为钱江观潮的一大胜景。2009年，钱塘江国际冲浪挑战赛诞生了。2014年，中国国家冲浪队创立，开始在钱塘江口开展集训。从观潮到"弄潮"，钱塘潮的人文精神价值在不断延续。

《望海楼晚景五绝》

望海楼，在旧治中和堂之北。始建于唐武德七年（624年），北宋时犹存。这组诗共五首，作于熙宁五年（1072年）八月，当时苏东坡在杭州担任州试的主考官。州试余暇，苏东坡得以到凤凰山上的钱塘江边望海楼闲坐，在望海楼上从傍晚到晚上所看到的海天景色——江潮、雨电、秋风、雅客、江景，各具情韵。于是他执笔写下波腾浪卷、喷玉溅珠、水月相映、海天无涯的令后人吟咏不绝的诗篇。

望海楼晚景五绝·其一
海上涛头一线来，楼前指顾雪成堆。
从今潮上君须上，更看银山二十回。

望海楼晚景五绝·其二
横风吹雨入楼斜，壮观应须好句夸。
雨过潮平江海碧，电光时掣紫金蛇。

望海楼晚景五绝·其三

青山断处塔层层,隔岸人家唤欲鹰。
江上秋风晚来急,为传钟鼓到西兴。

望海楼晚景五绝·其四

楼下谁家烧夜香,玉笙哀怨弄初凉。
临风有客吟秋扇,拜月无人见晚妆。

望海楼晚景五绝·其五

沙河灯火照山红,歌鼓喧喧笑语中。
为问少年心在否,角巾欹侧鬓如蓬。

纵观五首诗,第一首写江潮来势很快,气势壮观;第二首写风雨入楼,气势很猛,转眼间却是雨收云散,海阔天青,变幻之快使人目瞪口呆,表现出一种壮美之景;第三首写江上的秋风隔岸传送人们的呼唤声和钟鼓声;第四首写傍晚时望海楼下的乐曲声和雅客和诗拜月的流风;第五首写夜晚江上的渔船灯火以及歌声笑语,让人如痴如醉。诗歌用雪堆、银山、金蛇、青山、秋风、玉笙、船灯、歌鼓等意象来描绘钱塘晚潮以及海天闪电等江景,文字如行云流水般流畅,显示了作者高超的艺术功底。

《观潮》

观潮

庐山烟雨浙江潮,未至千般恨不消。
到得还来别无事,庐山烟雨浙江潮。

翻开苏东坡的诗集,描写庐山和杭州的诗篇可说不少,但是这一首《观潮》所流露的思想感情却很特别,极具禅味。就苏东坡的庐山诗而言,他写的"横看成岭侧成峰,远近高低各不同。不识庐山真面目,只缘身在此山中"就别开生面;他还写过《戏徐凝瀑布诗》:"帝遣银河一脉垂,古来唯有谪仙词。飞流溅沫知多少,不与徐凝洗恶诗。"前者哲理趣味极浓,说明如陷在里面跳不出来,就常被现象迷惑而看不到客观事物的真相。后者对李白诗的崇拜恰到好处。可是《观潮》一诗,就完全是另一种抒写,值得玩味。

这诗是苏东坡在临终之时给小儿子苏过手书的一道偈子。听说小儿子将去中山府通判就任,他便写下了此诗。对于此诗仅从字面看是很简单的,但简单中又蕴含着不简单,不简单之处就在于本诗的第一句与最后一句是重复之句。而最后一句"庐山烟雨浙江潮"重复出现究竟何意也成了解读的热点。

"到得还来别无事,庐山烟雨浙江潮"由《五灯会元》卷十七所载青原惟信禅师的一段著名语录演化而成。语录的原句是:"老僧三十年前未参禅时,见山是山,见水是水。及至后来,亲见知识,有个入处,见山不是山,见水不是水。而今得个休歇处,依前见山只是山,见水只是水。大众,这三般见解,是同是别?有人缁素得出,许汝亲见老僧。"这"三般见解",指的是禅悟的三个阶段,也即是入禅的三种境界。东坡此诗,正用此意。

从诗的命意看,可以看出诗人对庐山的风景和钱塘江潮慕名已久,常萦于梦寐间。似乎如果不能身历庐山之境,一赏烟雨迷离之奇;如果不能目睹钱塘江潮,一看它万马奔腾、势撼山岳之壮,真是辜负此生,千般遗憾,难以消解。可是后来攀登庐山，饱览了庐山的烟雨，出使杭州任职，欣赏了一年一度的钱塘江潮，反倒觉得客观的景物变得平淡无奇了。烟雨的聚散飘忽，江潮的自来自去，似乎可以忘记了，烟雨、江潮也似有还无了。

苏东坡借《观潮》为题，抒写了一种消极、虚无的思想，有佛家的禅宗情调。所谓禅宗，有南北之分，北宗强调"拂尘看净"、"慧念以息想，极力以摄心"，南宗则提倡"心性本净、佛性本有、觉悟不假外求"以达到"无念为宗"。苏东坡在诗中说的"到得还来别无事"，就是把庐山烟雨、钱塘江潮淡化，淡到不过如此，这与苏东坡当初未来时的千般期待、万分遗憾，形成鲜明对比。全诗言简意赅，富含哲理，少了一贯的豪放之气、婉约之风，却犹如轻声细语，道尽人生三大境界。

第三节　杭州书写的墨宝

苏东坡是北宋的书法大家，倡导"尚意"。苏东坡书法的特色为：用墨丰腴，结字扁平，左低右高，笔画恣意，落字错落，率意天真。苏东坡善写楷书、行书，早年取法王羲之，后期融入颜真卿、杨凝式等人的风格。苏东坡在谈到自己的书法时说，"我书意造本无法，点画信手烦推求"。正是这种追求意趣的书法风格取向，这种注重书法的表现形式，努力丰富各种对比关系的做法，影响了他身后的每一代人。苏东坡在杭任职期间所写的许多墨宝，让杭州人心醉神迷。

满纸灵气的《西湖诗卷》

苏东坡任杭州通判的那几年，苏东坡爱上了杭州的山、杭州的水、杭州的人，写了四百余首描绘西湖山水风景的诗词，如《饮湖上初晴后雨》《望湖楼醉书》《夜泛西湖》等，其中关于"西湖"的诗句，比如"未成小隐聊中隐，可得长闲胜暂闲。我本无家更安往？故乡无此好湖山"，真可谓春风得意，意气风发，而这一时期他的书法已然有大成，他写下了一卷大有乐不思蜀意味的《西湖诗卷》长帖，这件书法全卷以极其精妙的小行书写成，满纸的灵气，真可把颜真卿跟王羲之都比下去了！同时期他作的文章也极佳，比如"西湖三面环山，中涵绿水，松排青嶂，草满平坡。泛舟湖中，四面瞻视，水光山色，竞秀争奇，柳岸花汀，参差掩映。已而峰衔翠霭，月印波心，画舫徐牵，菱歌晚渡，游人俨在画图中也"。

苏东坡的文字，看起来每一个字都平平无奇，但整体串联起来，却给人一种无比醇和的自然之感，而往往每次读诵，都有一种如沐春风的感觉，这就是大师的境界。他的书法也是一样。这件《西湖诗卷》没有他的《寒食帖》那样表现出情绪跌宕，也没有像他的《李白仙诗卷》那样精微莫测，但每个字都是自然书写，而正是这种自然，却能够让人感受到才子书法家难以名状的书卷气息。

苏东坡的书法取法，在书法界一直是一个谜，有人说他是学颜真卿和徐浩的，也有人说他是学习杨凝式的，更有人说他是学习王僧虔的，还有相当一部分人说他的书法来自家传。

苏东坡的传世墨迹不算少，而这件《西湖诗卷》藏于台北故宫博物院，是苏东坡生平传世墨迹当中字数最多的一幅字，全卷足足有千余字，每一个字的笔法都极为精妙，细腻中见波澜，秀逸中见沉雄，更难得的是其书卷气浓厚，字字从胸中流淌出来，一派天机，一任自然，是真正具有文人大气象的一种表达。

《功甫帖》

《功甫帖》只有九个字："苏轼谨奉别功甫奉议。"字虽少，但十分珍贵，是苏东坡与杭州有关的书法作品，因一次拍卖会而引人关注。2013 年中秋节，在纽约亚洲艺术周上，在苏富比拍卖公司推出的"中国古代书画精品"专场拍卖会上，苏东坡的《功甫帖》经过多轮角逐，被上海藏家刘益谦以 822.9 万美元拍得。

《功甫帖》是苏东坡在杭州写给朋友郭功甫的告别信。郭功甫是北宋诗人，年长苏东坡一岁，两人虽政见不同，却互赠诗画、唱和。翁方纲认为苏东坡写此帖约在熙宁四年至七年（1071—1074 年）任杭州通判时，他与郭功甫的告别也是在杭州。熙宁初年（1068 年）王安石执政，熙宁五年（1072 年）郭功甫升任殿中丞，后来以奉议郎致仕。苏东坡这幅手札大约是这段时间郭功甫路过杭州时所写，苏东坡当时约三十六七岁，这幅手札是在他艺术生涯的中期，也就是成熟时期创作的。《功甫帖》结构紧密，笔锋多变，用笔沉着，粗犷有力，浑然天成，极富神采，展现了苏东坡的人文情怀。

《功甫帖》流传过程中，被多次录入中国艺术典籍，如清代书法家翁方纲的《复初斋文集》形容这件作品"神采奕奕，照映古今，信苏书神品也"，并将其称为"天赐的书法精品"。徐邦达的《古书画过眼要录》中也有记载。

《游虎跑泉诗帖》

释文："紫李黄瓜村路香，乌纱白葛道衣凉。闭门野寺松阴转，欹枕风轩客梦长。因病得闲殊不恶，心安是药更无方。道人不惜阶前水，借与匏樽自在尝。"此诗苏东坡约写于元祐五年（1090年）。整帖以行书书写，共7行62字，纸本，纵26.5厘米，横34厘米，现藏于台北王世杰氏。

虎跑泉位于杭州的南山大慈定慧禅院（又称虎跑寺），关于虎跑泉的来历，有一个饶有兴味的神话传说。相传，唐元和十四年（819年）高僧寰中（亦名性空）来此，喜欢这里风景灵秀，便住了下来。后来，因为附近没有水源，他准备迁往别处，一夜忽然梦见神人告诉他说："南岳有一童子泉，当遣二虎将其搬到这里来。"第二天，他果然看见二虎跑（刨）地作地穴，清澈的泉水随即涌出，故泉名为虎跑泉。苏东坡经常喜欢来此地游览，有感而发，创作了《游虎跑泉诗》。诗帖中的诗句"道人不惜阶前水，借与匏樽自在尝"与他在《赤壁赋》中的"驾一叶之扁舟，举匏樽而相属"有异曲同工之妙，都表达了他旷达洒脱的心境。

《游虎跑泉诗帖》的书法风格肥而厚重，许多字与苏东坡的《赤壁赋》较为接近，显示出他独特的书法风格。此诗帖在书法史上有很高的地位，被认为是苏东坡书法作品中的佳作之一。这首诗在《苏轼诗全集》里名为《病中游祖塔院》，祖塔院就是虎跑寺。这两本诗帖，一本现收藏于台北故宫博物院，诗句完整；另一本后来由长风拍卖公司推出拍卖，其中脱落"水"字，字形略有欹斜，似乎与苏东坡病中的状况比较相符，这个本子在时间上应比台北故宫博物院收藏本要早些，不过此帖无自署年月。关于此诗作于何时，王文诰《苏文忠公诗编注集成》中，把此诗编入熙宁六年六月，认为是苏东坡在杭时所作《病中独游净慈，谒本长老，周长官以诗见寄，仍邀游灵隐，因次韵答之》中一首，但由此帖字体来看，肥而厚重，许多字与《赤壁赋》中字较近，不像熙宁时清劲秀逸的书体。诗集中，元祐五年亦有《卧病弥月，闻垂云花开，顺阁黎以诗见招，次韵答之》一首，与此帖中"因病得闲殊不恶，心安是药更无方"，皆病中语也。是时，东坡"无日不在西湖"，并游虎跑、龙井等地诸禅院，唱和之诗尤多，皆有旷达之思。这与他元祐初与新旧两党均不合，出知杭州的心境有关。因此，此诗帖似作于元祐五年前后。

《次辩才韵诗帖》

纸本，行书，29厘米×47.9厘米，台北故宫博物院藏。这件作品是苏东坡在杭州期间创作的书法珍品。

《次辩才韵诗帖》释文：

> 辩才老师，退居龙井，不复出入。轼往见之，常出至风篁岭。左右惊曰："远公复过虎溪矣。"辩才笑曰："杜子美不云乎：'与子成二老，来往亦风流。'"因作亭岭上，名曰"过溪"，亦曰"二老"。谨次辩才韵赋诗一首。眉山苏轼上。日月转双毂，古今同一丘。惟此鹤骨老，凛然不知秋。去住两无碍，天人争挽留。去如龙出口（山），雷雨卷潭湫。来如珠还浦，鱼鳖争骈头。此生暂寄寓，常恐名实浮。我比陶令愧，师为远公优。送我还过溪，溪水当逆流。聊使此山人，永记二老游。大千在掌握，宁有离别忧。元祐五年十二月十九日。

帖中所述辩才禅师与苏东坡两人之间的交往故事被后人传

为佳话。二人的交往令苏东坡为日后贬谪时期寻找到精神上的皈依。诗帖的第一部分,以苏东坡自序的形式,记录了一件发生在此时的故事:一次东坡谒访退居龙井的辩才,见天色已晚,苏东坡便夜宿寿圣院,二人秉烛夜谈。次日辩才禅师送客下山,两人在送行的途中谈个不停,十分投机,辩才一时竟忘了自己定下的规矩,不知不觉中送过了虎溪桥,到了风篁岭下。左右侍从惊呼:"远公,送过虎溪了!"禅师这才醒悟,哈哈大笑,引用杜甫的诗句说:"与子成二老,来往亦风流!"

为纪念这段佳话,辩才禅师不久后在桥上建了一座亭子,名为"过溪亭",亦称"二老亭"。此亭如今已成为龙井八景之一,在风篁岭下翼然独立。在诗帖的第二部分中,苏东坡便以诗歌赞扬了辩才禅师的品格,追忆了两人之间的感情。苏东坡在此诗中对辩才禅师超然物外、视去留得失为过眼云烟的佛家风范倍加赞赏。在他看来,自己与辩才的深情厚谊,就像溪水逆流一样难得和珍贵。

《次辩才韵诗帖》通篇风韵高古,稳重平和,不激不厉,而风规自远。与黄州时期的代表作《黄州寒食诗帖》相比,减少了书写时的跌宕起伏与欹侧变化,节奏更为平和,于平淡中体现出萧散简远的意味,实属难得的精品。

《书和靖林处士诗后帖》

纸本,现藏于北京故宫博物院。林逋(967—1028年),字君复,浙江大里黄贤村(今宁波市奉化区裘村镇黄贤村)人。曾漫游江淮间,后隐居杭州西湖,结庐孤山。终生不仕不娶。天圣六年(1028年)卒。宋仁宗赐谥"和靖先生",世称"林和靖"。通晓经史百家,精通诗书画,又酷爱梅花、仙鹤,有

"梅妻鹤子"的典故。因为人奇特，诗作丰厚，自然受到了在杭州任职多年的苏东坡的关注。苏东坡敬仰他的诗作和品行，元祐六年（1091年）苏东坡读过林逋诗后，书写了《书和靖林处士诗后》一诗，赞美林逋的诗和书法，表达了对林逋人格和艺术的敬仰。诗中"吴侬生长湖山曲，呼吸湖光饮山渌"描绘了林逋生长环境的优美与纯净，而"不论世外隐君子，佣儿贩妇皆冰玉"则展现了林逋的高洁不仅为世人所知，甚至连其身边人也都如同冰玉一般纯洁。诗中还提到"自言不作封禅书，更肯悲吟白头曲"，表明林逋不求功名，只愿以诗书表达自己的情感和思想。篇中"先生可是绝俗人，神清骨冷无由俗。我不识君曾梦见，瞳子了然光可烛"一句对林和靖的赞誉达到了顶峰。清乾隆皇帝南巡时，见到苏东坡的这幅诗书作品，十分欣赏，提笔在纸上写下近百字，盛赞前后两位诗人，御笔中有句曰："缅高风于千载，抒典雅以重赓。"

《北游帖》

《北游帖》是苏东坡写给杭州祥符寺僧可久上人。《咸淳临安志》载："西湖僧作诗者，熙宁间有清顺可久两人。顺字怡然，久字逸老。"《武林梵志》载："法师可久，钱塘钱氏子。天圣初，得度，学教观于静觉。喜为古律诗，先生监郡日，与师为诗友。居西湖祥符……"《北游帖》又名《致坐主久上人尺牍》，释文："轼启。辱书。承法体安隐。甚慰想念。北游五年。尘垢所蒙。已化为俗吏矣。不知林下高人犹复不忘耶。未由会见。万万自重。不宣。轼顿首。坐主久上人。五月廿二日。"此帖乃可久致信东坡后东坡所复信。信中所谓"北游五年"，乃指熙宁七年（1074年）十月离杭北上，赴密州太守任，又于熙宁十年（1077年）四月赴徐州太守任，再到元丰二年（1079年）三月到湖州太守任上，正好五年。上述诸地皆在杭州之北，故称"北游"。

《北游帖》是苏东坡写于元丰二年（1079年）的一封信，现藏于台北故宫博物院，其尺寸为26.1厘米×29.5厘米，展现了苏东坡行书的艺术魅力。这封信体现了苏东坡在书法上的精湛技艺和他对笔锋运用的重视。信中的文字不仅表达了苏东坡对友人的思念，还展现了他对书法艺术的深刻理解。苏东坡在书写时，非常注重笔锋的变化和运笔的合理性，通过合理的提按使转，使得笔画流畅自然，形成了具有个人特色的行书风格。

此外，《北游帖》也体现了苏东坡对书法艺术的独特见解和实践。他主张书法写意，追求创作心态的自由，蔑视成法，推崇"变法出新意"。苏东坡认为，书法不仅仅是技术的展现，更是内心感受和丰富联想的表达，格外追求主观情感的作用。他的书法作品"意造本无法"，即是在创作中追求自由、无拘无束的表达，重视灵感和自然，以达到"无意"的非功利心态，从而使作品更加生动和自然。

第四节　又说杭州的佛缘

相传，苏东坡前身乃五祖戒禅师。熙宁四年（1071年），苏东坡为杭州通判时，有一天，一位禅僧陪他造访西湖寿星寺。一进山门，苏东坡便觉眼中景物似曾相识，他便对禅僧说："我前世便是这寺中僧人，今日寺僧，皆是我当年法属。"他看参寥子将信将疑，又说："从山门忏堂一共有九十二级台阶。"派寺中小僧一数,果然不差。大家自然觉得和他更近了一层。以后苏东坡便常到寿星寺盘桓小憩,暑热时节便在竹荫下脱去上衣。寺里派一个名叫则廉的小僧随侍左右。一次,则廉发现苏东坡后背上有七颗黑痣,排列得状如北斗七星,便跑去告诉老住持。老住持说:"这说明苏先生是金骨,名在仙籍,暂时到人间作客而已。"苏东坡亦以五祖戒禅师转世自命。他认为自己前身一定是位修行人,他在《见六祖真相》中说:"我本修行人,三世积精炼。中间一念失,受此百年谴。"苏东坡的祖父及母亲,都笃信佛教。惠洪《冷斋夜话》中记载苏东坡自述:"先妣方孕时,梦一僧来托宿,记其颀然而眇一目。"终其一生,苏东坡皆喜"读释氏书,深悟实相",越到晚年越是深信。

这种信佛理佛开始"归诚佛僧"的思想转变,来自《黄州安国寺记》,东坡自述曰:

元丰二年十二月,余自吴兴守得罪,上不忍诛,以为黄州团练副使,使思过而自新焉。其明年二月,至黄。舍馆粗定,衣食稍给,闭门却扫,收召魂魄,退伏思念,求所以自新之方,反观从来举意动作,皆不中道,非独今之所以得罪者也。欲新其一,恐失其二。触类而求之,有不可胜悔者,于是,喟然叹曰:"道不足以御气,性不足以胜习。不锄其本,而耘其末,今虽改之,后必复作。盍归诚佛僧,求一洗之?"

此文在苏东坡佛教思想转变过程中具有标志性意义,他认为往后当诚心致力于根本之道,躬行体认,一洗心中的尘累与冗杂。这一转变反映出其佛学造诣进一步深化。

苏东坡在杭州是其游逛寺院最频繁的时期，故寺院题诗数量最多，苏辙有诗反映："昔年苏夫子，杖履无不之。三百六十寺，处处留清诗。"(《偶游大愚，见余杭明雅照，师旧识子瞻，能言西湖旧游，将行赋诗送之》)苏东坡诗中也写道："三百六十寺，幽寻遂穷年。……读我壁间诗，清凉洗烦煎。"(《怀西湖寄晁美叔同年》)苏东坡在《记宝山题诗》一文中还写道："予昔在钱塘，一日，昼寝于宝山僧舍，起，题其壁云：'七尺顽躯走世尘，十围便腹贮天真。此中空洞全无物，何止容君数百人。'"这些创作情景生动再现了苏东坡寺院书写的频繁和闲适之态。由于苏东坡与寺院的频繁接触，寺院的人文景观在苏东坡诗文中就有了充分展现。苏东坡诗歌中涉及寺院题材的数量是十分可观的，据笔者初步统计，苏东坡存世的2700余首诗歌作品中，其诗题含"寺""院""僧舍"等字的作品就有140余首。

此外，苏东坡与寺僧长老酬答唱和的作品也多涉及寺院环境，另有一些诗题虽不显寺院，但实际内容却是以寺院为依托和背景而发端的，此类作品也占有一定比例。统计起来，苏东坡寺院书写的诗篇总数远远超过200首，接近苏诗总数的十分之一。

我们今天就来聊聊苏东坡在杭州的佛缘：苏东坡来杭州做通判，发现此地真如佛国，他因而在《海月辩公真赞》中慨叹曰："钱塘佛者之盛，盖甲天下。"他遍游杭州寺庙，《怀西湖寄晁美叔同年》中写道："三百六十寺，幽寻遂穷年。所至得其妙，心知口难传。"他广泛交游方外之士，在《东坡志林》卷二中自谓："默念吴越多名僧，与予善者常十九。"苏东坡在杭州与辩才、道潜、惠勤、大通、常悟、维琳等多位僧侣关系密切，佛门中，苏东坡最为人熟识的朋友，就是以诙谐著称的佛印和尚了，两人之间的交往，在诸种传说的推波助澜下，成为经久不衰的谈资。其实，苏东坡佛门中最好的朋友并非佛印，而是道潜这位诗僧。

道潜（1043—1106年）本姓何，字参寥，於潜（今属浙江杭州市临安区）浮村人。何参寥天生就有做和尚的潜质，史称其"幼不茹荤"，从小就不沾荤腥，"以童子诵《法华经》"，遂剃度为僧。道潜虽然身入佛门，其才华并未遁空，内外典无所不读，能文章，尤喜诗，因而，在北宋诗坛也小有诗名。

熙宁四年（1071年），34岁的苏东坡出任杭州通判。而此时28岁的昙潜（即道潜）已是有名气的诗僧，在诗坛享有盛名。比如他的那首被苏东坡所称道的《临平道中》，就为大家所熟悉："风蒲猎猎弄轻柔，欲立蜻蜓不自由。五月临平山下路，藕花无数满汀洲。"道潜诗风清新流利、风流蕴藉，他是宋代诗僧中的佼佼者，著名的"九僧"之首惠崇曾称赞其诗颇似陶渊明："道潜作诗，追法渊明，其语有逼真处。曰：'数声柔橹苍茫外，何处江村人夜归'；又曰：'隔林仿佛闻机杼，知有人家在翠微'。"（《冷斋夜话》）据宋人吴自牧《梦粱录》记载："吴僧道潜，有标致。常自姑苏归西湖，经临平道中作诗云：风蒲猎猎弄轻柔，欲立蜻蜓不自由。五月临平山下路，藕花无数满汀洲。东坡赴官钱塘，过而见之，大称赏。"于是有了一段相识情缘：这首《临平道中》苏东坡很是欣赏，但不知昙潜（参寥子）是谁，后经多方打听，得悉昙潜是於潜西菩寺的一位和尚。于是，苏东坡在第一次去淤潜"视政"时决定专程到西菩寺拜访。当初，由于通信落后，昙潜云游在外，两人未曾谋面，苏东坡无功而返。

熙宁七年（1074年）八月二十七日，苏东坡与新任於潜县令毛宝、县尉方武同去西菩寺，拜访名僧辩才，夜宿西菩山。这次苏东坡终于见到了昙潜。自此后，昙潜与苏东坡建立了深厚的友谊。昙潜也因苏东坡的建议改名为道潜。从此以后，两个人交往密切，唱和往还，结为忘形之交。张邦基在《墨庄漫录》中说，道潜本名昙潜，是苏东坡帮他改为现名的。道潜之所以受到苏东坡如此器重，其诗才和禅学并不是浪得虚名。"诗句清绝，可与林逋相上下，而通了道义，见之令人萧然。"（苏东坡《与文与可》）苏东坡被贬黄州时，道潜曾去探望并跟随相从，居留黄州一年多时间。苏东坡常常拿出士大夫们给苏东坡的信，信中说："闻日与诗僧相从，岂非隔林仿佛闻机杼者乎。真东山胜游也。"苏东坡笑着颂道潜写的"隔林仿佛闻机杼"句，说："此吾师七字师号。"由此可见苏东坡对道潜的称赞。宋人魏庆之在《诗人玉屑》中也有类似记载，并补充说："东坡爱其诗，尝称'无一点蔬笋气味，体制绝似储光羲，非近世诗僧所能比也'。"道潜的这首《临平道中》，类似唐代诗人储光羲的田园诗，清新、自然、雅致，无一点世俗气。

绍圣四年（1097年），62岁的苏东坡贬居海南，道潜打算渡海相随，苏东坡写诗劝阻。由于道潜和苏东坡关系亲密，也受到牵连，被治罪还俗。"仇家吕升卿任浙西使者，收捉道潜，付苏州狱，枉法编管兖州"（释晓莹《感山云卧纪谈》）。到了建中靖国元年（1101年），道潜才平反昭雪，受诏复还，仍削发为僧。崇宁三年（1104年）道潜被皇帝赐号为"妙总大师"。留有《参寥子集》。

苏东坡与道潜之间同样流传着许多有趣的故事。据赵令畤《侯鲭录》记载，秋日，苏东坡在徐州做太守时，道潜前来拜访，馆于逍遥堂，士大夫争识之。"东坡馔客罢，约而俱来，红妆拥随之。"苏东坡戏言，今天参寥不留下点笔墨，令人不可不恼。遂遣官伎马盼盼施展姿色、持纸笔央求参寥作诗。道潜面对这位风姿绰约的美人，诗兴大发，当即口占一诗："多谢尊前窈窕娘，好将幽梦恼襄王。禅心已作沾泥絮，不逐春风上下狂。"苏东坡见之大喜曰："我尝见柳絮落泥中，私谓可以入诗，偶未曾收拾，遂为此人所先，可惜也。"参寥也因此诗名大盛，一座大惊，自是名闻海内。两人以诗相交，引为知己，保持了二十多年的深厚友谊。

  苏东坡的诗词富含禅机哲理，这和他与道潜这样的诗僧交往切磋、参透禅理、互为影响是密不可分的。苏东坡评论道潜："身寒而道富，辩于文而讷于口……与人无竞，而好剌讥朋友之过。枯形灰心，而喜为感时玩物不能忘情之语。"（苏轼《参寥子真赞》）寥寥数语，就刻画出诗僧道潜鲜明的个性形象。由此也可见两人惺惺相惜的知己之情。

  辩才和尚（1011—1091年），俗姓徐，名无象，法名元净，於潜县（今临安於潜镇）人。其家乐善好施，世以助人为乐事。相传，他出生时，有位外乡客路过，指着他家的房子说：这里有佳气郁郁上腾，当生奇男子。辩才刚生下来时，他的左肩上有肉隆起，状若袈裟绦，八十一天后才消失。他的伯祖父认为这是大德妙相，说：此乃宿世沙门，慎勿夺其所愿，让他终生事佛吧，八十一大概是他的命数啊！果然如他所言，后来辩才享年正好是八十一岁。（辩才与苏东坡的故事另述）

  除辩才之外对苏东坡影响较大的还有几位，如维琳大师（1036—1117年）。维琳，号无畏，是怀琏弟子。他是十方制改革后的第七任径山寺主持，与苏东坡前后交情达四十年。宋惟白编《建中靖国续灯录》卷 11 载有其简单的语录。曾主持大明寺，后住径山传法。据苏东坡《答径山维琳长老》的"与君同丙子，各已三万日"可知，他与苏东坡同岁，皆生于仁宗景祐丙子岁，三万日是概数，应是超过二万日的说法，是在 60 多岁时写的。苏东坡从海南北归，身患大病，住在置有田产的常州，写信给维琳说："某卧病五十日，日以增剧，已颓然待尽矣。……不审比来眠食何似？某扶行不过数步，亦不能久坐，老师能相对卧谈少顷否？"表明苏东坡对维琳感情之厚、思念之深。在另一封信中他说："某岭海万里不死，而归宿田里，遂有不起之忧，岂非命也夫？然死生亦细故尔，无足道者，惟为佛为法为众生自重。"（《与径山维琳》）在生死的最后关头，他既以"为佛为法为众生"自勉，也似乎是在勉励老友维琳。还有一封被认为是苏东坡绝笔的信，说："昔鸠摩罗什病亟出西域神咒，三番令弟子诵以免难，不及事而终。"从内容看，这三封信皆应写于建中靖国元年（1101 年）五月苏东坡北归行至真州发病之后，苏东坡于当年八月去世。因此，这三封信可看作是绝笔。苏东坡在他病入膏肓时写信请维琳来身边，陪伴自己走完人生路，足以体现他俩的情义。

苏东坡弥留之际，已失去听觉和视觉，维琳在他耳边大声说："端明宜勿忘西方！"苏东坡喃喃回应道："西方不无，但个里着力不得！"钱济明（苏东坡在常州的朋友）在旁也凑近耳畔大声说："固先生平时履践至此，更须着力！"苏东坡又答道："着力即差！"而后溘然而逝。

苏东坡在杭州做通判的时候，公务之余，常常游山玩水，吟诗作词，留下了许多有趣的故事。如与孤山寺的惠勤、惠思和尚的友情（另文述说）。杭州净慈寺大通禅师，苏东坡与其来往日子久了,成了好友,两人经常坐在一起喝茶聊天。不过,此时的苏东坡纯粹想从禅机妙语中寻得告解和安宁,并未深研佛理。但是,有慧根的人不需要学习,也能明天理,苏东坡就是这样的人。

大通禅师佛法精严,道行很深,但是规矩也特别多,谁要到禅房去见他,必须先要斋戒。有一天,苏东坡和一伙人来到大通禅师所在的净慈寺游玩。到了禅师的佛堂前,大家知道这位高僧的习惯,就都停步在外。苏东坡此时却突发奇想,他把同来的一个歌女带进了老和尚的禅堂,他想做个恶作剧,看看破了规矩的高僧会不会气急败坏。当他带着这个歌女进入佛堂向老和尚施礼时,大通禅师非常不高兴,但他拿这个年轻的通判大人也没有办法。苏东坡哈哈大笑,说若禅师能把诵经敲木鱼的木槌借给歌女用一用,他就写一首词向大通禅师谢罪。然后苏东坡就写了一首《南歌子》让那个歌女敲着木鱼演唱:"师唱谁家曲,宗风嗣阿谁。借君拍板与门槌,我也逢场作戏、莫相疑。 溪女方偷眼,山僧莫皱眉。却嫌弥勒下生迟,不见阿婆三五、少年时。"这首词充满了戏谑味道。前两句是说,禅师您唱的是谁家的曲子,继承的是哪一宗派?表面像是在问大通禅师属于佛教哪一宗派,其实是在嘲讽他:别这样道貌岸然,我知道你的根底。原来这位高僧早年也曾是风月中人。所以后面"借君"二句是说:你从前也狎过妓,我今天是学着你的样子逢场作戏。"借君拍板与门槌"意思是借用你讲经说法的拍板和棒,照你的样子讲经说法,也就是学你的样子。"溪女"指歌女,与"山僧"相对成趣。苏东坡嘲讽说,歌女才偷偷地瞟了你一眼,你不要装模作样地皱起眉头。最后两句说,只恨年轻僧人出生太晚,没有看见你少年时那放荡的样子。弥勒,即弥勒佛,此指寺内年轻的僧人。"阿婆三五、少年时",指老太婆只有十五岁,还是少女的时候,这里借以讥讽大通和尚少年时的放浪行为。这一番戏谑,弄得大通禅师也只能大笑起来。

苏东坡借这首词戏问大通禅师,未来弥勒至今不出世,怎知不是未敬三五女子之缺?何况,入庙来的阿婆,哪个不曾有三五芳华之多姿?

在苏东坡眼中,天下芸芸众生皆平等,歌女如何入不得寺庙?人生如戏,我借此来点醒你,别怀疑我的用心。大通禅师哭笑不得,却也认这个理。

元祐五年(1090年)八月,杭州净慈寺住持善本奉召赴京主持皇族家庙法云寺,杭州的信众认为善本一去,净慈僧俗一定会跟着星散。苏东坡认为净慈寺乃杭州名寺之一,只要有个佛学高深、精通禅修的人来做住持和尚,净慈寺仍然会扬名立万的。听了辩才和尚的推荐,他诚心前往越州邀请楚明长老来接掌净慈寺。后来的事实证明,净慈寺的法众非但未散,僧侣反而增多至五千余人。

这里特别值得一提的是苏东坡在径山寺推行的一项中国佛教界的重大改革——将住持由"自传制"改为"十方选贤制"(前文已述)。"十方选贤制"在当时可谓极其民主而科学,对径山寺随后的发展起到了推波助澜的作用。径山寺在南宋嘉定年间被列为江南"五山十刹"之首,闻名中外,佛事之盛,影响之大,有苏东坡的功劳。

一个地方长官,每天有堆积如山的案牍待他判行,每天有多少烦琐的人事要他应付,苏东坡之所以"欲将公事湖中了",无非要借清净的环境,做冷静的判断。苏东坡闲暇之日,喜欢到西湖群山寺院里,与和世俗利害无关的僧侣谈禅作诗,亦不过是求取心情放松、洗涤尘俗而已。我们不得不承认，他是一个艺术家气质浓重的智者，必须在有限范围内与凡俗隔离，置身于利害得失之外，但他同时却又抱持着一腔入世的热情，以及无怨无悔为民服务的真诚。

第五节　寻觅东坡杭州石刻

杭州作为历史文化名城，拥有众多摩崖石刻，这些石刻不仅是历史的见证，也是艺术文化的宝贵遗产。西湖群山遍布奇石，历代文人题咏甚多，自唐代以来形成了上千处摩崖题刻，元代僧徒凿出的浅龛佛教造像有14尊，吴越国刻有《钱元瓘墓星象图》石刻、南宋刻有《太学石经》石碑。据了解，从南宋开始，对西湖摩崖题刻的搜集、整理和研究就引起学者的重视，南宋《咸淳临安志》等方志就收录了不少摩崖题刻的内容。而到了清代中期，乾嘉学派的学者重视金石学，在《武林金石录》《武林石刻记》《武林访碑录》《两浙金石志》等各种金石志书中大量记录了西湖摩崖题刻。吴山上处处都有历史文化遗迹，有100多处石质文物，其中全国重点文物保护单位1处，省级文物保护单位2处，市级文物保护单位7处。其中宝成寺的曷葛刺造像及周边历史文化积淀最浓，还有许多珍贵的碑刻石刻文物有待挖掘、研究、展示。这些文物在我国历史上有着不容忽视的地位，彰显了东方古代石刻艺术的精美绝伦。在这些石刻艺术中，有苏东坡在杭州的珍贵遗迹，引人入胜。

苏东坡在杭州时四处游览，沉醉于杭州的山水之中，写下了数量可观的山水诗歌，也留下了众多摩崖题刻。从吴山感花岩到石屋洞，从大麦岭到飞来峰，西湖周围以及各县乡镇有许多与苏东坡有关的摩崖题刻、碑刻、石像,由于"元祐党禁"的发生,杭州苏东坡的手迹包括刻石在内多被毁除,保存下来的为数不多,留存在杭城四周的摩崖石刻弥足珍贵,让我们的后代能从另一个独特的视角了解欣赏研究苏东坡的杭州之旅。每当我们看到这些摩崖石刻,就会忍不住要讲述与苏东坡有关的逸闻传说,缅怀东坡的先贤遗风。

大麦岭题名

在杭州大麦岭东麓(今浙江宾馆所辖范围内),有一块不大的岩石,上刻苏东坡的题记:"苏轼、王瑜、杨杰、张璪同游天竺,过麦岭。"楷书,字迹清晰。题记高36厘米,宽34厘米。此刻不书年月,据《咸淳临安志》和《两浙金石志》,这一天是三月二日,他们四人同游龙华寺、大麦岭、天竺、韬光寺。

但据阮元考证:"同游三人与龙华题名同。又与咸淳《临安志》所载韬光题名同,二刻皆元祐五年三月二日,此一时之书,故不复纪年云。"可推知,此题刻作于元祐五年三月二日,即苏东坡第二次莅杭时。阮元认为:"东坡诸题,惟此刻未经党禁之摩砻者,尤可宝也。"宋朝时大麦岭石刻处有一座观音阁,苏东坡一行应该是途经此地,在阁中休息时题写在墙壁上的。后来,观音阁的主人为了把珍贵的手迹保存下来,请石工刻在了山石上。这处题记是苏东坡现存于杭州的唯一没有争议的题刻,对研究杭州地方史及苏东坡个人历史具有极高的参考价值。大麦岭所题,保存尚好,被列为浙江省级文物保护单位。王文浩的《苏诗总案》中说到过这件事:"苏轼题名党禁时都划去,所存大多出于后人补刻。惟此题系原刻故精彩倍常。"苏东坡当时在杭州龙井、韬光庵、下天竺、大麦岭等地都有题刻,后因卷入元祐党争，大部分题刻被后人凿平，有的经过后人补刻，只有大麦岭这处因地处偏僻，才保存下来。石刻上王瑜、杨杰、张璹他们三人是何许人也？王瑜与杨杰时任两浙路的提点刑狱官，是苏东坡的顶头上师加好友，张璹则是两浙路转运司的官员，相当于现在的省司法厅厅长和省交通厅厅长，主管社会治安和道路交通。为疏浚西湖献计献策，最后确定整个疏浚方案也是苏东坡的职责所在，这次西湖之行很有可能是为疏浚西湖调研做实地考察。

《表忠观碑》

在杭州碑林（原孔庙）内，保存着一块苏东坡撰文并书写的《表忠观碑》。此碑在历史上享有盛名。北宋熙宁十年（1077年），杭州知州赵抃有感于吴越国钱氏一门有功于北宋的统一事业，决定在龙山将已荒废的妙因观改修为表忠观，修复钱镠祠墓并将钱氏家族散落在杭城四周的墓迁修在表忠观中。当时，苏东坡在徐州任知州，受赵抃之请求，撰文并书写了《表忠观碑》。苏东坡此文800余字，书体俊逸、淳厚，称颂"吴越地方千里，带甲十万，铸山煮海，象犀珠玉之富，甲于天下"，赞扬最后一任吴越王钱弘俶在北宋统一全国时，"不待诰命，封府库，籍郡县"，顺应统一的历史潮流。

几经周折，于南宋绍兴二十九年（1159年），才真正刻石成碑供奉在观内，此时东坡已去世58年。而表忠观也经历了多次重修、扩建，辉煌未久，到元兵攻入临安之时，表忠观被毁，碑则被移入太学之中。

明嘉靖三十六年（1557年），由于宋刻版残缺，杭州知府陈柯重刻《表忠观碑》。此后宋刻《表忠观碑》湮没。明刻此文分为八块大碑,每块高 2.24 米,宽 1.04 米,每一字约占 0.09 米,后附陈柯的重刻题跋及钱氏三十世孙、三十二世孙重修表忠观的题记。明代嘉靖三十九年(1560 年),浙江总督胡宗宪将表忠观移至城内柳浪闻莺钱王故苑的灵芝寺旧址上,将陈柯重刻的石碑供奉于殿内。钱王祠现存的《表忠观碑》为明代遗存。该碑立于钱王祠"功臣堂"内直至今日。四石八面,每面 7 行,满行 18 字,字径比宋刻略瘦小。苏东坡的《表忠砚碑》实为杭州历史上一大珍贵文物。

《表忠观碑》虽有传世拓本,但均以杭州的刻石为原本。前些年,钱氏在海外子孙也派人前来杭州索要拓片。

2020 年夏天,南山路上的钱王祠进行维修,在西南碑亭附近开挖排水沟时,发现了 4 块沉甸甸的碎石,上面刻着碑文。专家研究后推测,这很有可能就是苏东坡宋刻版《表忠观碑》的碎石。

吴山感花岩诗碑

吴山现存有许多石刻,而最有名的石刻是"感花岩"诗碑,上刻有苏东坡诗作《留别释迦院牡丹呈赵倅》。

留别释迦院牡丹呈赵倅

春风小院初来时,壁间惟见使君诗。
应问使君何处去,凭花说与春风知。
年年岁岁何穷已,花似今年人老矣。
去年崔护若重来,前度刘郎在千里。

落款是"熙宁壬子芳春吉旦东坡题",落款的熙宁壬子是

1072年。这首诗在《苏轼诗集》中是熙宁九年（1076年）的作品，全名为《留别释迦院牡丹呈赵倅》，当时苏东坡正在密州任知州，不在杭州，本诗应写于密州。

既然这首诗是苏东坡的密州之作，为什么阴差阳错成为吴山"感花岩"的题诗呢？这个谜让我走了许多弯路，寻觅了许多资料但仍不得解。我最后还是只好认可以下解释：清代《两浙金石志》中注释，完全是"好事者"因吴山宝成寺旧称释迦院，就在此重刻了苏东坡在其他地方赋的《赏牡丹诗》，而且将诗的落款改为苏东坡任杭州通判期间的熙宁壬子即熙宁五年（1072年）。苏东坡曾两到杭州，熙宁四年（1071年）至熙宁七年（1074年）任杭州通判，元祐四年（1089年）至元祐六年（1091年）任杭州知州，其间为杭州百姓做了不少好事，好事者为了怀念恩泽万代的好官，在宝成寺这块佛地留下了给杭州人民的珍贵遗产。

顺便说一下摩崖石刻——感花岩："感花岩"三个字，是明代人朱术珣所刻。两侧的"岁寒""松竹"四个大字，是明代吴东升所写。至此，桃花、牡丹、梅花及松、竹均已出现，那么，此处被称为"感花岩"就自然而然了。这是一场美的附会，是吴山珍藏的一份瑰宝，是苏东坡和明代吴东升、朱术珣以及吴山的一段缘分。

石屋洞的石刻

杭州有著名的三洞：石屋、水乐、烟霞。为首的石屋洞，是五代吴越国第三代国王钱弘佐时期始利用原始山体开龛造像。很多人来石屋洞玩，主要为了看看洞内的罗汉，很少有人会仔细读石头上的字。在900多年前，苏东坡与友人同游石屋洞，刻下了25个字:"陈襄、苏颂、孙奕、黄灏、曾孝章、苏轼同游。熙宁六年二月二十一日。"这是目前为止发现最早的苏东坡留在杭州的摩崖题刻。苏东坡的名字排在最后,当时他还是"小弟"。熙宁六年(1073年)二月二十一日,他跟着陈襄(杭州知州)、苏颂(亳州知州)、孙奕(尚书都官员外郎、监泗州河南转般仓)、黄灏(太府寺丞知常州)、曾孝章(陈襄老乡,东坡好友)一起游石屋洞,然后题字,非常简单,只有时间、地点、人物。那么,我们还能看出什么故事?就是那年游石屋洞的6个人,如现在在朋友圈建了个群,名声惊天动地。单说苏颂:此时苏颂是从婺州调任亳州知州,北上履新时过杭州。苏东坡与苏颂是"六同"兄弟:同宗,同朝为官,同一个对手,同时为囚,同在杭州任知州,同时开辟创新之路,又同一年逝世。苏颂于宋真宗天禧四年(1020年)十二月十日出生,建中靖国元年(1101年)六月十八日逝世,享年81岁。他一生从政56年,历经五朝,官至宰相。苏颂官做得好,科技领域创下的成就更让后人骄傲。一是研制天文钟"水运仪象台",开启近代钟表擒纵器的先河。当时在《新仪象法要》中,绘星1460颗。而欧洲400年后观测到的星数,也只有1022颗。二是主撰药物学著作《本草图经》,这是中国古代药物学的一部重要著作。正如苏颂故居芦山堂大门两旁楹联所写:"尚书御史翰林第,将相公侯科学家",如实述说了苏颂一生的辉煌成就!

我们现在见到的石屋洞的"到此一游"那处题记石刻,你看到后,一定会觉得奇怪,怎么字口特别新?换言之,1073年苏东坡亲笔题刻的那块石头,并不是这块。原刻已毁。现石刻是20世纪90年代匠人选了个比较平缓的石壁复刻上去的,当时人们不知道原刻地址也就是北宋石刻准确的地址,它其实就在旁边，不过一步之遥。石刻底本来自杭州画家高野侯的收藏，他收藏了一张苏东坡石屋洞题名的旧拓本，1935年，这张拓片刊登在《东南日报》上，后在重刻时用上了，又给杭州重塑了一处东坡遗迹。

飞来峰题名

西湖周边的群山，有多少块石头？又有多少块石头还有字？千百年来，由于自然和人为原因，有一定数量的西湖摩崖题刻已经风化和遭到破坏。但是，也有一些通过专家的辛苦研究及修复得以恢复原状，人们才能一窥其原貌，略补缺憾，如飞来峰上"苏轼子瞻"这块石刻就是这样呈现给我们的。

2022年考古专家到飞来峰石窟寺调查时，对位于香林洞的沈辽（宋代书法家题名）进行了详细调查，在调查现场发现了石头的另一面有一处字龛，风化非常严重，字迹难辨，多次辨识无果后，调查人员对它进行详细拍照记录。2024年，参与调查的一名人员在翻看旧照片时，从照片中隐约辨识出字龛起首位置有一个字，疑似"杨"字，他与其他调查人员分享了这一发现，大家在讨论中，逐渐将"杨"字与另一处有记载的题名相联系。熟悉飞来峰的人可能知道，青林洞、香林洞位于飞来峰的南侧，即下天竺区域，根据历代志书的记载，这里除了沈辽题刻之外，还有一处著名的题名，为"杨绘四人下天竺题名"。调查人员回到现场，经过不断地尝试，最终在字龛上录得几行模糊的字迹，隐约可见"苏轼子瞻"的痕迹，其中"苏"和"子"、"瞻"等字尚能辨认，起首的"杨"字还算清晰。最后确认这处字龛就是杨绘等人留下的题名石刻，题名内容为："杨绘元素鲁有开元翰陈舜俞令举苏轼子瞻同游熙宁七年九月二十日。"从此西湖边又多了一处与苏东坡相关的痕迹。

从石刻时间看,这是苏东坡接到任密州知州调令后,当时的杭州知州杨绘、通判鲁有开、屯田员外郎陈舜俞三人为苏东坡送行而游览时所作的临别寄词。这块石刻的发现,是杭州人的福气。

西泠印社里的石刻

2022年12月15日,在浙江省博物馆孤山馆区西湖美术馆开幕的新展览——湖山镌永——杭州西湖历代摩崖题刻拓本展,让观众看到了200多件写在石头上的作品。其中有苏东坡西湖摩崖题刻,是宋元祐五年(1090年)苏轼等在智果院的题名,在展览里首次展出。

看看题刻上的内容:"苏轼、王瑜、杨杰同访参寥子。元祐五年三月二日。"石刻上还是四个人,但少了张璪,多了参寥子。怎么回事?(王瑜和杨杰是苏东坡的顶头上师,他们关系密切。而张璪是两浙路转运司的官员,相当于现在的省司法厅厅长和省交通厅厅长,所以这次游玩没叫上张璪。还有的说张璪游完大麦岭提前打道回府了)这一天,苏东坡去找参寥子。那段时间,智果寺的大殿正在重建,那个礼拜他去了好几次。这天,又是去视察工程,王瑜和杨杰也一起去了。再加上题刻上有参寥子的名字和题刻时间,这趟行程的真实性没有问题。参寥子是苏东坡的好友,在苏东坡诗文中多次出现,跟着他跑了很多个地方,又因为苏东坡被罚还俗,但他一直到圆寂都是苏东坡的铁杆粉丝。参寥子,就是宋僧道潜,字参寥,住在智果寺(当时的智果寺,还在孤山南麓,直到南宋,孤山上的寺院才全部迁移到北山上去了)。

现有的拓本是由民国古物保管委员会浙江分会拓的，书体书风都是苏东坡的，只是字口已经有一点残缺，不像原来那么饱满。这方题刻原石至今仍未发现。据推测，楼外楼、西泠印社可能有一些墙是贴着崖壁的。"这个题刻宋人没看到过，所以《咸淳临安志》里没有记载，但为什么民国时期的人看到了？可能那个时候房子重建了，发现了题刻。因为这个题刻是在智果寺大殿施工的时候刻的，可能在智果寺大殿的后壁（孤山智果寺后搬迁到葛岭）建成后，人们就看不见了，而西泠印社重建时，又能看见了，但我们现在又看不到了。"这种推测我喜欢，有比没有好！

苏东坡石像

1996 年 2 月，在历史上著名的佛教慧因高丽寺遗址（今杭州花家山庄），出土了一座珍贵的古代苏东坡石雕像。石像通高约 2.30 米，基座高约 0.5 米，人物造型是一尊文官形象，头戴幞头，身穿长袍，双手持笏于胸前，眉宇轩昂，冠服端丽，望之令人肃然起敬。据多位专家鉴定，此石像出于高丽寺遗址范围内，像主应是宋代杭州知州苏东坡，雕塑年代应是明代或早于明代。这是全国迄今为止发现的唯一的苏东坡古代石雕像，具有重要的文物价值和艺术价值。浙江省文物局决定，将石像头部与身躯镶接修复，并在原地建东坡亭，以供保护、瞻仰。

有关该石像的传说：苏东坡为了疏浚西湖，决定把淤泥葑草堆筑成一条南北走向的长堤，建堤要用南高峰下慧因高丽寺山门前的石块和硬土，但遭到僧人们的强烈反对，寺僧担心挖土石会破坏寺庙风水宝地。为了石块和硬土，苏东坡自愿雕刻真人石像，为高丽寺护法。于是，后世有了这尊石像如金刚般一直守护着高丽寺,守护着西湖的石像。

正是因为有了苏东坡这样一代又一代的好市长,才有了今天韵味独特、别样精彩的西湖,才有了这座晴好雨奇、创新包容的城市。

第六节　东坡美食造福杭城

苏东坡不但是一位文学家、书画家,而且还是个著名的美食家。苏东坡对美食很有研究,善于用普通的食物创制成鲜美可口的菜肴,其饮食文化已成为宝贵遗产,博大精深。虽说苏东坡一生颠沛流离,并非过着大鱼大肉的生活,而是沦落到"门生馈薪米,救我厨无烟"的境地,然而丰富的人生经验以及过人的学识涵养,让他将简单的吃食变成美食。或许可以这样认为:先生从美食中寻找、唤起、享受生活的真谛。他走遍大江南北,也尝遍了天下美食,不管是别人创造的,还是自己发明的,经他的口舌,它们便成为经典。所以流传下来的与他有直接关系的名馔不少,用其名字命名的菜肴更多。他不仅爱吃也会吃,在品尝美食时,还将喜爱的美食写进了诗里,吃猪肉时写下了《猪肉颂》,吃鸡肉时写下了《食雉》,吃鱼肉时写下了《鳊鱼》,吃竹更有《竹》诗……人活世间,不论贫穷富贵,唯有美食不可辜负,会吃的人才是会享受生活的人。

笔者在此盘点一下苏东坡在杭州创制的几道深受人们喜爱的菜肴,以及经苏东坡肯定而得以流传的美食。

东坡肉

首先不得不提的是闻名遐迩的"东坡肉"。而"东坡肉"

确切的说法,是起源于徐州,成名于黄州,扬名于杭州。

北宋神宗熙宁十年(1077年)秋,黄河决口,七十余日大水未退。徐州知州苏东坡亲率全城吏民抗洪,终于战胜洪水,并于次年修筑"苏堤"。百姓感谢苏东坡为民造福,纷纷杀猪宰羊,担酒携菜送至州府感谢苏公。苏公推辞不掉,便将这些肉加工成熟食后再回赠给百姓。有一本叫《大彭烹事录》的书,就专门记载了回赠肉:"狂涛淫雨侵彭楼,昼夜辛劳苏知州。敬献三牲黎之意,东坡烹来回赠肉。"(此时苏徐州还未称东坡居士)

元丰二年(1079年)苏东坡被贬为黄州团练副使,行走于市井间,自耕自足过着农耕生活,自号"东坡居士",他的爱妾王朝云心疼先生日夜操劳疲惫不堪,越来越消瘦,便买来价钱便宜的五花肉给苏东坡补身子。苏东坡吃着鲜香醇厚、油而不腻的五花肉,作《猪肉颂》一首:"净洗铛,少著水,柴头罨烟焰不起。待他自熟莫催他,火候足时他自美。黄州好猪肉,价贱如泥土。贵者不肯吃,贫者不解煮。早晨起来打两碗,饱得自家君莫管。"他将烧肉之法写在诗中,但此菜当时并无多大名声,也可能叫"东坡肉",也可能这碗肉只是王朝云烹制给苏东坡的家常菜肴。

"东坡肉"真正名扬天下应是在苏东坡到杭州做太守的时候。当时西湖已被葑草湮没了大半,他上任后组织民工铲除葑草,疏通湖巷,筑堤建桥,使西湖重新恢复了容貌,并增加了景点。杭州城里的老百姓都很感激他,听说苏东坡平时最喜欢吃红烧肉,于是不少人不约而同地上门送猪肉。他收到许多猪肉后,命人把五花肉切成大块,加葱、姜、酱油、料酒,慢火细焖,煨制成酥香味美、肥而不腻的红烧肉,分与疏浚西湖现场众人和城内居民吃，大家吃后，称赞此肉酥香味美、肥而不腻。此肉获得了很大声誉，人人齐赞"东坡肉"。"东坡肉"的名声于是在杭州西湖大堤上，在杭城大街小巷流传开来。后来此菜广为流传，成为杭城名菜之首，并受人们喜爱至今，成为中外闻名的传统佳肴，一直盛名不衰。

"东坡肉"一代一代地传下来，直到今天，它还是杭州的第一道名菜。杭帮菜博物馆门口的对联是"西湖美景春夏秋冬远近听听看看，杭州名菜东西南北古今品品尝尝"。"春"是苏堤春晓，"东"是东坡肉。苏东坡对杭州的贡献，从"春""东"这两个字中可见一斑！

东坡豆腐

其次是"东坡豆腐"，同样源于黄州。当时苏东坡生活清贫，便就地取材，用黄豆研磨成豆腐，加以改良创新，最终制成了这道色美味佳的菜肴。东坡用这道菜招待朋友，友人品尝后纷纷讨教做法，于是"东坡豆腐"便流传开来。

随着他迁职贬谪转移，到了浙江杭州，又到了广东惠州，走到哪里，他的"东坡豆腐"就在哪里广为流传。

豆腐，是我国最早发明创制的，而后传入世界各地。豆腐不仅含有丰富的营养物质，还具有食疗价值。明代李时珍在《本草纲目》中说，豆腐能"宽中益气，和脾胃，消胀满，下大肠浊气""清热散血"。

苏东坡很重视饮食养生，在《送乔全寄贺君》一诗中，他写下了这样的诗句："狂吟醉舞知无益，粟饭藜羹问养神。"他还在一篇题为《养生难在去欲》的小记中写道："夫已饥而食，蔬食有过于八珍。"在杭州做官时，他经常亲自动手制作美味豆腐菜。东坡豆腐的做法，按照林洪《山家清供》的记载是："豆腐，葱油煎，用研榧子一二十枚和酱料同煮。又方，纯以酒煮。俱有益也。"

"东坡豆腐"的雅号在杭州流传至今。曾有诗曰："煮豆作乳脂为酥，高烧油烛斟蜜酒。"在诗中，把豆腐作为美味佳肴招待亲朋好友，展现出一幅农家乐的景象。苏东坡在杭州时还特意赶到富阳去吃豆腐。

据传苏东坡在杭州还创造发明了"八珍豆腐"。他取用优质黄豆做成嫩豆腐，加肉末、火腿末、香菇末、蘑菇末、松仁末，用鸡汤烩煮成羹状，口味鲜美异常。他认为此菜有两大特点：一是取用豆腐、香菇、松仁等长寿之物为原料，有养生和延年益寿之功效；二是豆腐烹制得法，鲜美细嫩，胜于燕窝。因此菜用八种优质原料制成，故他提笔赐名为"八珍豆腐"。

糟烩鞭笋

苏东坡在杭州任职时，还创作了一道名为"糟烩鞭笋"的菜肴。那时苏东坡经常在闲暇之余往游孤山广元寺，与寺院的方丈、和尚交往密切。寺中有个叫梵英的和尚，常葺治堂宇，使精洁无比，常烹茶供客，茶芳洌异常，令人饮后齿颊生香，与一般的茶味不同。苏东坡每次去，必品梵英和尚的茶。这天苏东坡一杯茶落肚，只觉得清洌的茶香四溢，不仅滋润着喉咙，更抚慰着疲惫的心灵，让人陶醉于这舒心的氛围中。苏东坡问他是否是新茶，梵英和尚说烹茶必须新茶旧茶配合了用，香味才透得出来。这使苏东坡想起有个懂琴艺的人曾经对他说过的，琴之制作，不满百年，桐木的生意尚未绝灭，故其缓急清浊，还会与气候的晴雨寒暑相感应，所以琴以古者为贵。此理与梵英所言茶须新旧相交香味始见的道理相同。二人品茶交谈甚欢，不知不觉到了吃饭的时候，厨房里和尚们正准备用山间摘的竹笋炒菜来招待客人。苏东坡正好去厨房给水壶添水，看到灶头案板上烧饭僧炒出的既无色又无香的竹笋菜，就笑着对和尚说："今天我来给你们露一手，让你们尝尝我的手艺。"于是苏东坡亲自下厨。他拿起案板上的嫩鞭笋，拍了几下，而后用低油温炒笋，待炒出笋香后，放入清水，用长勺子捞了些香糟入锅同烧，和匀后立即勾芡。通过煸、炒、烩烹饪技术制成的"糟烩鞭笋"味道鲜美，和尚们品尝后回味无穷，苏东坡又将"竹笋烹饪法"亲授给了厨房和尚。从此，由苏知州创制的"糟烩鞭笋"素菜，便在浙江地区寺院与平民之中流传。

"糟烩鞭笋"现为浙江省杭州市的一道特色名菜，属于浙菜系；该菜品以嫩鞭笋加香糟，经煸、炒、烩制作而成，鲜嫩爽口，香味浓郁，富有特色。该菜经杭州厨师的不断改进，现已演变成素荤两用的糟烩鞭笋。素的用嫩鞭笋加香糟，并配以芝麻油、湿淀粉等佐料；荤的则将菜油换成猪油煸炒，以鸡油代替芝麻油淋浇。

东坡鱼

再者便是那令人垂涎的"东坡鱼"。苏东坡在杭州任职时，发现西湖盛产鲤鱼，且鲜美无比，便让家厨研究鱼的烹饪之法，最终研制出一道美味的东坡鱼。这道菜烹饪手法独特、味道鲜美。他以鲤鱼为食材，用冷水清洗干净后，在鱼身上斜切了五刀。然后在鱼身表面抹上盐，鱼肚子里塞上白菜心，放入油锅中煎。然后加入一些葱，继续炒，不要翻动。待鱼半熟时，加入姜片、料酒和少许酱油，继续煮，待鱼出锅前撒上橙丝，趁热上桌，即可食用。鱼身上的刀痕不仅让汤更容易浸入鱼肉，让鱼更入味，而且也方便用筷子夹起，鱼不会散开。其切口形似柳叶，故此菜又名"五柳鱼。"后来又在这基础上加入醋，变形成了"醋鱼"。在苏东坡的影响下这种鱼的做法风行杭州，继而流行于四方。

关于"五柳鱼"，还有一个广泛流传于民间的故事：佛印请苏东坡吃鱼，他将一尾刚从西湖里网上来的鲤鱼洗净，在鱼身两侧各切五刀，开始清蒸。鱼刚做好，苏东坡在窗外看了个满眼后遂进门。佛印想和苏东坡开个玩笑，背向苏东坡将鱼藏进一个磬里。苏东坡佯装毫不知情的样子，坐下来闭目做冥思苦想之状。佛印见了纳闷地问他："怎么回事？谁把苏大学士难成这个模样？"苏东坡道："今天早晨有人请我写副对联，我想了一上午只想出个上联，你说让人心烦不心烦呀？"佛印忙问："是什么上联如此难对呀？"苏东坡说："向阳门第春常在。"佛印心想这不是家家户户常用的俗联吗？便随口对道："积善人家庆有余。"苏东坡说："我的上联是向阳门第。"佛印说："我的下联为积善人家。"东坡说："我春常在。"佛印说："我是庆有余。"说到这时，苏东坡道："原来你磬有鱼呀，那就请快点端出来吧！"佛印这时才知道上了苏东坡的当了。佛印说："算你高明，你想吃鱼必须说出这道菜的菜名来。"苏东坡说："清蒸鲤鱼，鱼身上切了五刀，就叫五柳鱼吧。"没等东坡说完佛印急着说："应该叫东坡鱼，你看长长的鱼身，像你的长脸，五条刀痕，像你的五绺长须。"说罢二人便开怀大笑，从此"东坡鱼（五柳鱼）"这道名菜就在全国传播开来。

蓑衣饼

让人垂涎三尺的"蓑衣饼"即吴山酥油饼。吴山酥油饼为杭州传统名点,由油面层叠精制而成,色泽金黄,层酥叠起,上尖下圆,似座金色小山;上覆白糖,如皑皑白雪。酥油饼不仅造型美观,品尝起来酥脆而不碎,甜香而不腻,老幼皆宜,名闻中外。

传说"蓑衣饼"的名字,是北宋大诗人苏东坡取的。从前,吴山顶上有间夫妻点心店。夫妻俩为人老实,做吴山酥油饼。店小,本钱少,还不惜工本,真材实料做油饼,供应上山来游览观景的客人。他们做的油饼与别家不同,香酥多,薄而脆,人人爱吃,生意十分兴隆。一天,苏东坡身披蓑衣,脚登芒履,手拄拐杖,带上两名老卒,冒雨来游吴山。他一步一杖来到山上,只见很多游山的人喜滋滋地在吃油饼,不禁感到腹中饥饿,也到店里买了几个。他又向店里借了一张小竹椅,坐在野花点点的草地前,解下腰间酒葫芦,一口酒,一口饼,一边俯瞰西湖,一边眺望钱江,细细品尝起来。只见这油饼看上去油丝丝,闻起来香喷喷,一上口松脆脆,味道特别鲜美。苏东坡一连吃了三个饼,即兴吟了一首小诗:"野饮花前百事无,腰间唯系一葫芦。已倾潘子错著水,更觅店家为甚酥?"

苏东坡吃得味美,便问店家:"如此好的酥饼,有何美名?"店家回答:"山野小吃,要什么美名!"苏东坡仔细看看这种饼,一层层,一丝丝,像身上披的蓑衣一样,便随口说:"好个山野小吃,既不要雅名,就叫它'蓑衣饼'吧!"跟随苏东坡的老卒听了忙对店家说:"恭喜你们,恭喜你们,太守给这饼取名'蓑衣饼'啦!"店家夫妇一听,才知道这个吃油饼的人原来就是大名鼎鼎的杭州太守苏东坡,忙过来连声道谢:"谢谢苏大人,为山野小吃取了这么美的名字!"

从此,吴山蓑衣饼声名远扬。"蓑衣饼"与"酥油饼"三字字音相谐,此饼本身又油又酥,后来,大家就叫成"酥油饼"了。后几经人们改良,用面粉起酥制成酥油饼,被誉为"吴山第一名点",成为杭州小吃名点,流传至今。

天目暖锅

熙宁六年(1073年)的冬日,时值岁寒,苏东坡去临安西菩寺见道潜,前两次都没能与道潜相会,这次在风雪夜相会苏东坡更觉亲切,还兴致勃勃地跟着道潜雪中看山景,归时路过山中一家农家,两人都被诱人的饭香勾住。天寒地冻中,屋主见两人在门外徘徊,便将他们邀至家中,唤妻烹茶招待,主人观僧俗两人及随从有道骨仙风,且认出道潜,知其为名僧,就邀道潜及苏东坡一行人用晚餐。主人拿出罐中茶道:这茶是天目山特有的野茶,明前采摘,须用山涧溪水冲泡,清香甘甜。苏东坡一尝,果然回味甘甜。心想,原来这文人雅士专属的茗品,在这天目山中,竟是山间百姓家寻常之物。只是这茶略显粗野,饮用上也没太多讲究。至于置茶之器皿,亦是东坡从未见过的形制,色泽黝黑,却有釉质,比之钟鸣鼎食大家之茶具,别有一番情趣。雪落天目,农家炊烟,木桌热茶,身心俱暖。僧俗二人聊起了唐时白居易的《赠刘十九》。道潜笑称:"今晚该是绿茶溪涧水,红泥小火炉。出家人,不得沾酒。"东坡听罢,哈哈大笑:"晚来天'已'雪,共饮一杯无?今夜,这戒你是不破也得破!"说话间,菜已上桌,那锅中的炖品,正冒着滚烫的热气,在寒夜里分外诱人。掀开盖子,满锅香味扑面而来,只见锅里滚着肥美的冬笋块,汤里飘着些许油花,那是配为佐料的咸肉所致。细心的主人给苏东坡盛了满满一碗,给道潜的却是只捞笋,不放肉。肚子已饿的道潜此刻畅怀开吃,边吃边辩解:"贫僧只啖笋,非食肉!"东坡附和道:"些许油星,破也破,不破也不破。道潜兄所破终非酒。"在这寒冷的天目山雪夜,学士的兴趣,始终在锅里。荤素相宜,寒暖相彰,这是在百里之外的杭城,甚至这些年辗转各地,他都从未享用过的人间至味。于是他问主人:"这笋这锅这炉都好,不知这菜叫什么名?"主人道:"山野之菜,哪有什么名字?这炉产自八都谢家,这锅产自山下窑口,这笋可是满山可挖。寒冷冬日,我们山区都喜欢用这暖锅,图个热乎。您二位不要嫌弃寒碜。"东坡笑言:"我老家眉山有火锅,到天目有暖锅,有口福如此,也算一大幸事了!"经苏东坡的加持,从此"天目暖锅"这道菜,在天目山区一直延续,经久不衰!而这段逸事佳话,在民间演化成不同的版本,传颂至今。

  在苏大学士的一生中,美食是行到水穷处的相遇,也是坐看云起时的期许。从名满天下的"东坡肉",到起于乡野的"天目暖锅",荤素之间,俱是他对山川形胜的眷顾和对庶民百姓的体恤。诗词与美食,皆是苏大学士生命中的旷达与悲悯。而今,"天目暖锅"经过岁月的更迭与系统的创新,已经成为最具临安特色的一道待客佳品。其中食材,也从最初的竹笋咸肉,演变为天目食材皆可入馔。特别是经过重塑的暖锅器皿,成为临安地域文化的符号之一。

  苏东坡为我们留下的美食种类繁多,各具特色。这些美食不仅展示了苏东坡对美食的独特见解和创新精神,也体现了他对生活的热爱和对美好事物的追求。正是因为有了这些美食,我们才能更好地感受到苏东坡的魅力和智慧。

　　如今，苏东坡美食已经成为中国传统文化的一部分，也成为杭帮菜的一部分，受到了越来越多人的喜爱和追捧。无论是在家中品尝家人烹制的"东坡肉""东坡豆腐""天目暖锅"等美食，还是在餐馆里品尝专业厨师精心制作的"东坡鱼""糟烩鞭笋""蓑衣饼"等佳肴，我们都能感受到那份来自千年之前的美食情怀。

主要参考文献

1. 苏轼.苏轼文集［M］.茅维,编;孔凡礼,点校.北京:中华书局,1986.
2. 苏轼.苏轼选集［M］.王水照,选注.上海:上海古籍出版社,1984.
3. 苏轼.苏东坡全集［M］.北京:北京燕山出版社,2009.
4. 周辉.清波杂志［M］北京:国家图书馆出版社,2004.
5. 孔光宪.北梦琐言［M］.北京:中华书局,1960.
6. 周密.武林旧事［M］.北京:中华书局,2014.
7. 方勺.泊宅编［M］.北京:中华书局,1983.
8. 赵令畤.侯鲭录［M］.北京:中华书局,1985.
9. 潘永因.宋稗类抄［M］.北京:书目文献出版社,1985.
10. 潜说友.咸淳临安志［M］.杭州:浙江古籍出版社,2012.
11. 苏轼.东坡志林［M］.青岛:青岛出版社,2010.
12. 孔凡礼.苏轼年谱［M］.北京:中华书局,1998.
13. 王文诰.苏轼诗集［M］.北京:中华书局,1982.
14. 王水照.苏轼传［M］.天津:天津人民出版社,2000.
15. 林语堂.苏东坡传［M］.长沙:湖南文艺出版社,2015.
16. 董校昌.苏东坡在杭州的传说［M］.天津:百花文艺出版社,1994.
17. 李一冰.苏东坡新传［M］.成都:四川人民出版社,2020.

18. 王国平.苏东坡与西湖［M］.杭州：杭州出版社，2004.

19. 莫高.苏东坡与杭州［M］.杭州：浙江人民出版社，1985.

20. 王文正.前生我已到杭州［M］.杭州：杭州出版社，2021.

21. 周航.浙江民间故事［M］.杭州：浙江文艺出版社，2009.

22. 王益庸.洞桥来了个苏东坡［M］.北京：九州出版社，2023.

23. 卓介庚.径山高僧［M］.北京：作家出版社，2007.

后 记

苏东坡的一生，不仅值得我去读，更值得我去深思。

苏东坡总能找到生活的乐趣，他的笑容如此真切，如同阳光穿透乌云。他的诗作充满了笑意，他能在每一次贬谪中将生活过得有声有色。即使在最落魄的时候他也能将那被世人嫌弃的食材变成令人垂涎的美味、诗、远方……这就是苏东坡。

霓虹跨日，昙花一现，人的一生大致如此，但在近千年的回眸中，拥有最多追捧、追求、追寻、爱慕、崇拜、推崇和仰慕者的，唯有苏东坡。一提起苏东坡，你就会觉得他跟我们很亲近，跟我们都是一样的，我们身上的那些孤独、豪迈、洒脱、迷茫、纠结，在苏东坡身上都会出现，你会瞬间被感动。

我们爱东坡，爱他的文字，爱他的书画，爱他的美食，爱他的为官，爱他的豁达，爱他的潇洒……最爱的是苏东坡有一套自造的东坡生命美学。我们每个人可能或多或少都会遇到与苏东坡类似的事或遭遇，可以学学他，因为东坡生命美学多源自他自己的体悟。我们向苏东坡学的东西有很多，包括他的喜好读书、刻苦精神、交友之道、坚韧豁达以及在逆境中乐观前行的态度。那么，我们平常人应该学苏东坡哪些方面？这确实是一个很难精确回答的问题，林语堂在《苏东坡传》中这样写道："苏东坡是一个无可救药的乐天派，一个伟大的人道主义者，一个百姓的朋友，一个大文豪，大书法家，创新的画家，造酒试验家，一个工程师，一个憎恨清教徒主义的人，一位瑜伽修行者，佛教徒，巨儒政治家，一个皇帝的秘书，酒仙，厚道的法官，一位在政治上专唱反调的人，一个月夜徘徊者，一个诗人，一个小丑。但是这还不足以道出苏东坡的全部……苏东坡比中国其他的诗人更具有多面性天才的丰富感、变化感和幽默感，智能优异，心灵却像天真的小孩——这种混合等于耶稣所谓蛇的智慧加上鸽子的温文。"苏东坡确实太复杂了，央视纪录片《苏东坡》中，有这样一句话："几乎每个中国人，都会在不同的境遇里与他相遇。"坦率地说，当我们现代人遇到千年前苏东坡这种人生境遇时应该如何做？或者说向苏东坡学点什么？笔者归纳为学苏东坡"三爱"：爱风景、爱读书、爱美食。苏东坡这三大爱好受人追捧千年，而这三点我们平常人也可以学习、践行、品尝、享受。

爱风景养心：日子再苦也不停止寻找幸福的脚步，而幸福就在你眼前。一草一木、山村田间、清风明月就是幸福之源。苏东坡把风景比作朋友，在山水间来往穿梭如同拜访朋友，在山水自然的怀抱中，寻找属于自己的诗、路、远方。这就是苏东坡的山水观、风景观、幸福观。

每到一个地方，他总能找到怡然自得的舒服状态，这让那些想置他于死地的人气得跺脚。苏东坡就是这样，春夏秋冬，千山万水，每一处不同的地方，白日黑夜，每时每刻，都有不同的美好风景。对于普通人来说难以描述的，但"江山风月，本无常主，闲者便是主人"，自然界中的风景没有固定的主人，谁有闲适的心情去欣赏这些景色，谁就能成为它们的主人。这句话也鼓励我们不要被世俗的名利所累，要学会以悠闲的态度对待生活，去发现并享受身边的美好事物。不管是大河山川，还是楼台亭阁，或是一草一木，哪怕是孤独一人"与谁同坐，明月清风我",当我们能够静下心来、心无旁骛地去体会大自然的美丽时,它们就能让我们感受到内心的宁静与满足,从而拥有更加充实和快乐的人生体验。

苏东坡看到的不只是月色山川,花花草草更是生活中的美好与希望。在他看来,生活的美好并不在于外在的繁华与热闹,而在于内心的宁静与满足。只要有闲情逸致,就能在任何地方发现生活的美好。所以苏东坡不管如何被贬、如何孤独、如何艰辛、如何悲催,都能随遇而安、化腐朽为神奇。

爱读书开悟:读书遇见更好的自己。东坡的读书使他走出僻远的眉山,走上了更大的人生舞台;东坡的书生气使他有家国情怀和为民发声的底蕴,坎坷曲折的贬谪经历,使其更加坦然自若、乐观豁达。

读书就等于把生活中寂寞的辰光换成巨大享受的时刻;读书是在别人的思想和知识的帮助下,建立起自己的思想和知识。《苏轼文集》曾有记载:"士大夫三日不读书,则义理不交于胸中,对镜觉面目可憎,向人亦语言无味。"脚步不能丈量的地方,文字可以;眼睛到不了的地方,文字亦可以。

为什么要读书?我们的认知有局限,被你所处的年代或时代所局限。你所见到的人都跟你差不多,我们的认知水平只是你最接近的六个人的认知水平的影响或认知水平的平均数。只有读书才能与死去的先贤交流,穿越时空与不同时代、不同地域、不同国家的人交流,大儒大贤大圣你没有机会碰到,但他们的智慧和知识,你能从他们所写的作品里学到。

读书带给我们最直观的收获就是:知识丰富了我们的大脑,增长了我们的见识。从更深层次看,读书影响的是我们的修养和气质,"腹有诗书气自华"。坚持读书,我们会发现,书特别神奇，它不是棍棒，但是能够赐予我们力量；它不是羽毛，但是它会让我们翱翔。

苏东坡不管在朝堂上还是在贬谪的路上都手不释卷，"睡听晚衙无一事，徐徐。读尽床头几卷书。"东坡谪居黄州后，"杜门深居，驰骋翰墨，其文一变，如川之方至，而辙瞠然不能及矣"（苏辙语）。在儋州古城（今中和镇）"食芋饮水，著书以为乐"（苏辙语）的苦日子里，他在垂暮之年完成了《书传》《易传》《论语说》三部学术著作，人称"海外三书"。读书使苏东坡文采斐然，气质超群。在跌落人生低谷时，更给了他超脱绝境的智慧。

爱美食释怀：美食能治愈一切困苦，东坡品尝美食，得到的不仅是一种物质享受，更是一种精神上的快乐幸福感。苏东坡的条件，许多人都可以达到：精于品鉴，敢于尝试，乐于下厨。放下架子放下烦恼放下迷茫热衷于钻研美食、享受美食，这是苏东坡能靠自己主动掌控幸福感的方式之一。

他热爱美食，但是不择精粗，从最日常、最普通的食物中发现美食的乐趣。这也体现了他开放包容、乐于接纳的性格。

吃东西，"哺糟啜醨，皆可以醉；果蔬草木，皆可以饱"。喝酒不是一定要喝名酒，哪怕是酒糟，喝一喝，吃一吃，嚼一嚼，也是可以醉的。犯不着去追求什么名贵的东西，果蔬草木也是可以吃饱的。"推此类也，吾安往而不乐？"所以他走到哪里，都会很快乐，什么样的生活条件，他都会很满足。作为"吃货"的苏东坡，善于从日常普通的食物中发现美食的乐趣，这也是他让今天的我们觉得更加可亲、可近、可爱、可敬的原因。

其实，相比来说，在他任职的地方美食又好又多，但他写的美食并不多。而当他遭贬黄州、儋州、惠州时，描写的美食要比在汴京、杭州、徐州、扬州时多得多，写得也最为用心。为什么会出现这样的状况？是因为这些偏远的地方比较富庶吗？美食原本就多吗？一定不是这样，当地只有蔬菜瓜果农家菜。戴罪来到这些偏僻之地，苏东坡内心肯定不舒服。要排遣这些不舒服，只能寄情山水，寄情美食，发现美食，制作美食，在平常的蔬菜瓜果油盐酱醋茶中寻找乐趣。如在黄州，他发现了很多美食，那里不仅笋香、鱼鲜，而且饼酥、肉美，能充分满足他的口舌之欲。"长江绕郭知鱼美，好竹连山觉笋香。"长期寻求美食的经验，使他一看见长江环绕着村郭，就能立即意识到这里的鱼一定味美，一看见漫山遍野的竹林，就知道这里的笋一定香。

由此可见，苏东坡对美食的描写和追求，与他的生活体验紧密关联。他追求美食并不是为了享乐，而是为了生存，不是只为满足口腹之欲，追求纯粹的味觉享受，而是把心中的失望、孤独、悲伤、不满、艰辛化成碎片，在各种美食享受中让自己的心境化为诗和远方……

苏东坡一生的诗词、遗迹、故事有许许多多，在民间广为流传，说者乐道，听者喜闻。笔者把苏东坡在杭州留下的零星片段的趣闻逸事串联起来，同时保持每个故事的历史性、独立性和完整性，希望创作出一部引人入胜的叙事作品，让读者能够跟随故事的进展，感受苏东坡的魅力和伟大！

本书的文字资料来自杭州苏东坡纪念馆、相关书籍、网络信息等。在此，感谢所有资料提供者对本书的贡献。